现代会展经济与管理规划教材

现代会展经济学

杨 勇 编著

清华大学出版社
北京交通大学出版社
·北京·

内 容 简 介

本书将经济学的相关理论与会展的特殊现象相结合，运用规范的经济学分析方法，对会展及会展产业中的行为主体及其生产消费行为进行了系统的分析，考察了会展产品、会展产品效用、会展产品需求、会展市场和产业组织行为等会展产业现象，从深层次分析了会展背后的经济现象。本书的框架独具匠心、自成体系，突破了原有教材的编写模式。在编写过程中，参阅了大量国内外文献，并辅以大量扩展性阅读材料，体现出课程的研究性、开放性和互动性特点。

本书共七章，第一章介绍了会展经济学的研究对象，包括会展的概念、会展的分类、会展平台的界定及会展平台的作用等内容；第二章从信息的角度探讨了会展产品作用机制，并分析了会展产品构成的基本要素；第三章从产品差异化、产品质量信息传递及品牌声誉的创造等角度论述了会展产品的效用；第四章主要从参展商和消费者角度分析了会展产品需求，以及影响参展商和消费者会展产品需求的因素；第五章分析了会展产品市场行为，探讨了会展产品竞争力形成的差异化途径；第六章对会展产业组织行为进行了探讨，分析了会展产业纵向一体化和横向一体化的动机、形式和效应；第七章从宏观角度分析了会展的经济社会效应，构建了一个严谨的研究会展经济社会影响的分析框架。

本书是在教学实践基础上，为会展管理、旅游管理等方向的研究生或本科生专业课而编写的教材。鉴于书中的内容既可以帮助经济专业人士增强对会展经济的了解，也可以帮助会展从业人员从经济学的角度重新认识会展，因此，还可作为对会展发展感兴趣的社会自学者的参考书。

图书在版编目（CIP）数据

现代会展经济学/杨勇编著 . —北京：清华大学出版社；北京交通大学出版社，2009.12
（2025.3 重印）

（现代会展经济与管理规划教材）

ISBN 978-7-81123-853-2

Ⅰ. 现…　Ⅱ. 杨…　Ⅲ. 展览会-服务经济学-教材　Ⅳ. G245　F063.1

中国版本图书馆 CIP 数据核字（2009）第 185156 号

责任编辑：谭文芳

出版发行：清 华 大 学 出 版 社　　邮编：100084　　电话：010-62776969
　　　　　北京交通大学出版社　　邮编：100044　　电话：010-51686414
印 刷 者：北京虎彩文化传播有限公司
经　　销：全国新华书店
开　　本：185×230　印张：11.5　字数：255 千字
版　　次：2010 年 1 月第 1 版　　2025 年 3 月第 11 次印刷
书　　号：ISBN 978-7-81123-853-2/F·537
定　　价：29.00 元

本书如有质量问题，请向北京交通大学出版社质监组反映。对您的意见和批评，我们表示欢迎和感谢。
投诉电话：010-51686043，51686008；传真：010-62225406；E-mail：press@bjtu.edu.cn。

前　　言

　　自 20 世纪 90 年代以来,中国会展业在全球会展业中异军突起,形成了一个新兴的会展市场。不论是从会展项目数量、项目规模,还是从会展总体水平和影响来看,中国已成为亚洲乃至世界的会展业大国,并正逐步成为区域性会展中心。而在学术研究层面,会展研究也逐渐走进了政府和经济学家们的视野,为新闻媒体和广大民众所关注。而且,鉴于会展经济对经济发展和社会生活带来的影响越来越巨大,人们开始从更高层次和角度上谈论"会展经济"以及如何迎接会展经济时代的到来。

　　值得注意的是,就会展经济的研究而言,有关研究不仅模糊了会展研究的理论边界,而且结论中充满了大量想当然的表述,影响了有关研究结论的可信性和严肃性。尤其是,"会展经济学"的教材建设滞后于我国会展经济的发展。近年来,虽然出版了一些著作,但是,与我国会展业发展的现实和会展专业建设的需要相比还存在不小差距,不能有效地满足教师和学生的需要。一般说来,有关"会展经济学"的研究视角或是泛泛地研究涉及的系列会展经济现象,或是基于一般经济学理论进行生硬地应用,偏离了会展经济学研究所应有的专业视角,也影响了会展经济学研究的深度和广度。

　　实际上,会展作为一种新兴经济形态,尚处在发展和完善的过程中,这对研究带来了很大的困难,如何寻求合适的视角对会展经济进行深入的研究就显得更加迫切。本书在编写过程中,注重保持规范经济学的体例和范式,并在逻辑关系、内容结构等方面尽可能符合经济学的框架,试图探索"会展经济学"可接受的一般体系。基于上述初衷,本书依照经济学的一般框架,将经济学的相关理论与会展市场的特殊现象相结合,把会展的本质抽象为商品交易的基本"平台",然后在此基础上对会展经济学涉及的内容做了系统介绍,包括会展产品及其效用、会展产品的需求主体及其动机、会展市场行为、会展产业组织行为等,并从理论和实证角度分析了基于会展平台所形成的会展经济社会效应。

　　本教材的编写得到了华东师范大学精品教材建设专项基金的资助,并且承蒙北京交通大学出版社谭文芳老师热心而负责的帮助得以顺利出版,在此一并表示深深地谢意。但是,作为一门崭新的课程,本书虽然在写作过程中积极借鉴了许多成果,但疏漏乃至错误之处肯定不少,期待广大读者批评指正,以促进"会展经济学"的繁荣与发展。

杨　勇

2009 年 11 月

目　　录

第一章　导　　论

第一节　会展现象与经济学

早在几千年前，会展就已经出现了。在古代，它被称为集市，是现代商业博览会的前身，在这里，商贩和农民聚集到一起交换货物。发端于这种鄙陋形式的会展逐渐成型，并随着社会政治和经济的发展而逐渐在内容、形式、功能及办展方式等方面不断变化。17～19世纪，在工业革命的推动之下，欧洲首先出现了工业博览会。此后，各种形式的博览会、展览会在全世界范围内蓬勃发展起来，并随着信息技术、网络技术的飞速发展不断创新，对整个人类社会的经济、政治、文化等各个领域的发展都产生了积极的影响。

一、会展现象

今天，对于球迷来说，四年一次的世界杯是一种具有超级诱惑的"饕餮盛宴"，世界杯不仅是一场足球比赛，更是一场金钱的盛会、经济的盛宴。"世界杯经济"和足球赛一起，搅热了众多经济领域，[①]除了东道主外，许多国家的众多经济领域都从这一为期一个月的比赛中大大获利，而"世界杯"品牌的拥有者国际足球联盟更不例外。为此，世界杯的范畴早已超出了足球本身，已经延伸到了社会经济生活的各个角落，甚至成为经济增长的"助力器"。其他"像奥林匹克运动会或世界博览会这样的大型节事，一向与大规模的公众消费、相关设施和基础设施的建设、城市地区的再发展和再繁荣等问题相联系，这些都会对当地社会造成相当大的影响。"[②]而2010年的上海世博会作为上海城市品质升级的一次契机，同样是一场盛宴，"为世界各地的规划师、建筑师、发明家、学者、金融家、企业家都提供了一个展示风采、博取利益的舞台。"[③]

---

① 据北京娱乐信报（2006年6月27日）报道，世界杯期间，哈尔滨市的一些饭店在为顾客准备电视机的同时，特别推出了"罗纳耳朵"、"贝壳汉姆"等精品菜肴。许多客人都对这几道以足球明星命名的菜名颇感兴趣，该新创意让该酒店的客人增加不少。

② HALL C M. *Hallmark Tourist Event：Impacts，Management and Planning*［M］. London：Belhaven Press，1992.

③ 朱勍：世博园区历史旧建筑及其环境的更新与发展［J］. 江南论坛，2006，（7）：7－11.

延伸阅读1-1：魅力足球的全球经济影响力

凭借世界杯的声势，足球所带来的经济效应也凭借其自身的魅力而逐渐展现出来。足球的持久魅力带来了足球经济的长盛不衰，每逢世界杯期间，足球所产生的经济影响力便会更加凸现出来。

1. 交流的盛宴

首先，全球足球盛事带来了跨地域的精神交往，尤其是，随着全球经济一体化进程的加快，基于足球交流的加深促进了更深入的经济一体化。其次，交流是经济的催化剂。世界杯所展现的主办国和各参赛国的风貌无疑为众商家提供了更为丰富的注意力资源，这些资源经过适当的方式便可转换为无形资本或实实在在的经济收入。

2. 强大的经济辐射力

首先，带动了旅游业和餐饮业的发展。尤其是对主办国而言，旅游业和餐饮业都将直接获益。

其次，世界杯赛场上，众多足球明星所打造的世界杯盛宴为媒介提供了丰富的稀缺内容资源，在一定时期内促进了媒介经济的繁荣和广告经济的发展。

第三，世界杯极大地激励着消费并有力地带动了区域经济的发展。有专家认为，随着世界杯由原有的体育竞技演变为一种具备完整产业链条的经济形态，对于企业来说，世界杯平台更是一个企业品牌竞技的梦幻舞台，围绕世界杯展开的整合营销和整合传播，将直接带动的是产品销量的增加，而企业的知名度与美誉度的快速提升，其衍生出来的附加价值无法估量。而对于一个地区而言，区域经济的整体发展也会在很大程度上受到世界杯的利好影响。2002年，韩日世界杯给韩国和日本带来的直接经济效益分别达到88.8亿美元和258亿美元，韩国的就业率在开幕的当月更是创下1998年金融危机以来的最高记录。

资料来源：陈鹏. 世界杯经济——魅力足球的全球经济影响力[J]. 中国经贸，2006，(7)：52-53.

二、会展与经济学

在现实生活中，经济学以多种方式影响着人们的生活和对世界的理解，那些你在普通经济学课堂中可能觉得不胜其烦的内容，应用到会展时就变成了充满激情的话题。例如，当前在会展业谈论较多的话题之一是场馆建设，而要理解一个城市是否应该建设相当规模的会展场馆以及有关场馆建设的选址，就需要经济学工具和分析。同样，在确定对参展商所收取费用的讨论中，必须先理解市场支配力（Market Power）——个体和群体制订价格的能力——这个基本的经济学概念。

所谓市场支配力是指市场交易主体对市场交易所能产生的影响力，或者说，是市场交易主体在相关市场享有优势地位，使其具备在相当程度上不受其竞争对手、客户及最终消费者影响而自行其是的能力，因此能够防止在相关市场上保持有效的竞争。这种影响力主要表现在两个方面，一方面是对竞争对手的压制，另一方面则是对交易对立方（比如客户）的控制。其实，若无经济学的帮助，会展业的很多平常事件好像都是无法解释的，于是，这就是会展经济学登场的地方了，并且，随着会展业发展的日趋成熟及其在整个世界经济中所具有的重要地位，会展逐渐成为经济学应用研究所涉足的一个重要领域。那么，会展作为一种由经济学（至少部分是）引起的无穷无尽的当前热门议题的源泉，其经济学视角下的具体研究领域、研究对象及研究方法是什么呢？

第二节　会展的概念和分类

任何一门学科的建立，都是人类社会发展到一定历史阶段的产物，是人们社会实践活动的概括和总结，而一门学科往往就在于一组相关概念的集合。① 会展作为一种专门的经济活动引起人们的注意已经有 100 多年的历史，在界定会展经济学的研究对象之前，我们首先需要界定的就是关于"会展"的一组概念。然而，国内外学者在有关会展的概念上一直处于一种众说纷纭的局面之中，对会展含义及范围的界定各不相同，对会展活动的分类更是五花八门。

一、会展的定义

1. 会展的内涵和外延

程红等（2003）区分了展览与会展，认为展览是"在固定地点，定期和不定期举办的具有展示、交换产品和服务，交流信息等功能的一种社会性活动"；②而会展则有狭义和广义之分，狭义的会展是指"展览及伴随其开展的各种形式的会议的总称"，广义的会展"除了展览及伴随其举办的会议以外，还包括大型国际会议（如世界建筑师大会、世界万国邮联大会、世界妇女大会、APEC 会议等）；体育运动会（如国际奥林匹克运动会、各大洲运动会、国内运动会等）；以及各种形式的节、日（如旅游节、花卉节、饮食节、澳大利亚全国农业日等）。"③刘大可等（2004）则认为，会展活动包括展览、大型活动、会议、节庆活动及其他诸如个人演唱会等不具规律性的特殊活动④。这是一个过于笼统的概念，但是却也注意到了某些会展活动所具有的不规律特性，而这也正是会展行业中大量小型活动所具有的特性。

会展不仅是一系列的活动，而且是一种重要的交易平台，程红等（2003）所做定义中对会

---

① 在当代著名的认识论专家冯契看来，概念是从感觉、意象抽象而来的，是理论思维的基本形式，是对事物本质属性的反映，理论思维就是"用概念来摹写和规范现实，化所为事实，揭示事物之间的本质联系。"(冯契. 认识世界和认识自己[M]. 上海：华东师范大学出版社，1996：167.)

②③⑤ 程红等. 会展经济：现代城市"新的经济增长点"[M]. 北京：经济日报出版社，2003：6.

④ 刘大可，王起静. 会展经济学[M]. 北京：中国商务出版社，2004：3－8.

展所具有的"展示、交换产品和服务,交流信息等功能"的认识就体现了这样一种特性⑤。另有其他学者在关注会展的类型和分类时,也注意到了这一点,镇剑虹等(2005)将会展定义为"在一定地域空间,由许多人聚集在一起定期和不定期的、制度和非制度、传递与交流信息的社会活动,它包括各种类型的会议、展览展销活动、体育竞技运动、大规模商品交易活动等。其中会议和展览是会展的重要组成部分。"①许传宏(2005)则特别强调了会展所具有的交易平台的作用,将会展定义为"特定空间的集体性的物质文化交流交易活动",②因此,会展便具有了与通常说的会议不同的性质,成为主要为了实现某种目的集中在一起,参与者通过物品或图片的展示,集中向观众传达各种信息,进行参展商之间、观众之间及参展商与观众之间的双向交流,以达到扩大影响、树立形象、实现交易、投资或传授知识、教育观众的目的。由此,会展就具有了广泛的外延,它不仅包括各种类型的会议、展览展销活动、体育竞技活动、集中性的商品交易会,而且包括世界贸易组织会议、广交会、世博会、奥运会、高新技术博览会等活动。

2. 概念误区辨析

无疑,在许多会展研究中,存在着概念上的误区,尤其是在会展与会展旅游关系的界定上,由于国内会展研究尚处于起步阶段,许多专家学者、政府官员包括企业经营管理人员对会展和旅游之间关系的理解还存在种种误区,影响了我国会展业的发展。

常见误区之一是在许多文献中把会展业与会展旅游混为一谈,这种观点在旅游界颇为盛行,许多涉及会展旅游业的论文实际是以会展业作为研究对象或主要研究对象,这是旅游概念泛化的一种表现,这种倾向的基本逻辑就是认为会展业是旅游的一部分(王春雷,2004)③。比如,杨亮(2002)就认为"会展业是会展旅游业的简称",并从狭义上将会展界定为目的地以当地拥有的会展场馆及相关设施为依托,召集并举办各类国内、国际会议和展览等事项,并以此作为主要的盈利手段的一种经济活动形式;而从更广义的范围来看,则还包括与之相关的饭店、餐饮、交通运输、通信、金融、广告、传媒等服务行业,是旅游业的一个重要分支。④王云龙(2003)也曾撰文指出,会展旅游业是旅游业利用会展业的旅游属性和依托会展业的发展优势形成的新型产业,它是会展业优化发展的必然结果,也是旅游经济的重要组成部分⑤。但是,这些提法并不符合现实情况,因为,尽管会展活动与旅游活动都伴随有大规模的人员流动,但两者在操作原理上有着本质的区别。会展旅游只是会展业与旅游业有机结合后的一种旅游产品形式,或者说是旅游企业实现经营多元化的重要途径之一,二者不能混为一谈。

常见误区之二是认为会展业是旅游业的一部分。比如,戴学锋(2004)认为,"会展业也

---

① 镇剑虹,吴信菊. 会展策划与实务[M]. 上海:上海交通大学出版社. 2005:3.

② 许传宏. 会展策划[M]. 上海:复旦大学出版社. 2005:3.

③ 王春雷. 国内会展旅游研究述评[M]. 桂林旅游高等专科学校学报. 2004,15(6):77 - 82.

④ 杨亮. 会展旅游业的状况分析和策略初探[M]. 山东经济. 2002,(5):63 - 65.

⑤ 王云龙. 会展活动与旅游活动的比较:兼论会展旅游概念的界定[M]. 旅游学刊. 2003,18(5):47 - 51.

是当今世界都市旅游业的重要组成部分"，其主要理由是"各国旅游部门都非常重视会展旅游业的发展，……有些国家或地区还专门成立了会展旅游管理部门"。① 这种观点存在明显的漏洞，因为，无论是旅游主管部门开始专门研究会展活动对旅游业的作用，还是各大旅游企业纷纷拓展会展旅游业务，都不能改变会展活动的信息交流或产品展示的性质。需要注意的是，会展业与旅游业是有一定关联，但服务性质、领域和服务特点又各不相同的两个产业群，这些现象只是说明了会展活动对旅游业的巨大推动作用，而不是相反。

二、会展的分类

相比较而言，国外的研究者在研究过程中对会展进行了更为细致的分类和界定，而不仅仅简单地局限于 MICE，即 Meeting、Incentive、Conference 和 Exhibition，这在事件（Event）的研究中就能够得窥一斑。在很多国家，MICE 产业已经获得了显著的发展并将继续保持增长的势头，伴随着这种趋势，有关事件研究的文章、专著也不断得以涌现（比如：Getz，1997等），②这些著作大部分将研究的视角定位在：事件不仅是一种有效的旅游者吸引物，而且是经济和社会发展的催化剂（Goldblatt & Supovitz，1999）。③

有关事件的研究涉及以下一系列的概念。

1. 事件

事件是短时发生的、一系列活动项目的总和及其发生时间内环境设施、管理和人员的独特组合（Getz，1997）③。但是，在事件的定义中，研究者并没有达成一致认可的定义（Hall，1989）⑤。

2. 特殊事件

特殊事件（Special Event）是发生在赞助主体或举办主体日常进行的项目或活动之外的事件，具有一次性或者非经常性的特点；并且由于特殊事件是发生在人们日常生活体验或日常选择范围之外的事件，因此，它为事件的顾客提供了休闲、社交或文化体验的机会（Getz，1997）⑥。而 Goldblatt（2002）则简洁地将其定义为"与日常生活不同的事件。"⑦

3. 节事

在西方有关事件的研究中，常常把节日（Festival）和特殊事件（Special Event）合在一起作

① 戴学锋．会展旅游业：问题与机遇并存[M]．中国会展，2004，(8)：39－41．

②④⑥ GETZ, D. *Event Management & Event Tourism*[M]．New York：Cognizant Communication Corporation．1997．

③ GOLDBLATT J J, SUPOVITZ F. Book reviews. *Dollars and Events：How to Succeed in the Special Events Business*[J]，Wiley，New York，1999．

⑤ HALL C M. *The definition and analysis of hallmark tourist events*[J]．*Geography of Tourism and Recreation*．1989，19(3)：263－268．

⑦ GOLDBLATT J. *Special Events：Twenty-First Century Global Event Management*[M]．New York：John Wiley，2002：6．

为一个整体来进行探讨，在英文中简称为 FSE（Festivals & Special Events）（约翰·艾伦，2002）①，中文译为"节日和特殊事件"，简称"节事"（戴光全等，2003）②。近年来有关节事的概念性和实证性研究大量迅速地涌现出来，但是由于产业历史的短暂以及相关研究文献的有限，在节日和事件之间并不存在严格的界限（Arcodia & Robb, 2000）③，并且节日经常被归类到事件之中（Hall, 1992）④，由此，对其所做的归纳也必然是不完整的（Getz, 1997）⑤。不过，有关研究依然表明，二者之间存在着一定的区别，其中，主要的区别就在于这两种活动持续事件的不同（Hall, 1992）⑥，即节日是每年都会举行的，而事件则是不定期、一次性发生的。

4. 标志性事件

根据 Hall（1989）的定义，标志性事件（Hallmark Event）是"定期或一次性举行的、具有国际地位的大型展销会、博览会、文化和体育盛会"，⑦这种事件的主要功能在于为举办地提供了保持其在旅游市场上所具有的突出地位的机会。而 Getz（1997）则将其定义为一种重复举办的事件，并且，对于举办地来说，标志性事件具有传统、吸引力、形象或名声等方面的重要性，从而使得举办事件的场所、社区和目的地赢得市场竞争优势，并随着时间的流逝与目的地融为一体⑧。

5. 重大事件

从规模和重要性来看，重大事件（Mega-Event）是指能够使事件主办社区和目的地产生较高的旅游和媒体覆盖率、赢得良好名声或产生经济影响的事件（Getz, 1997）⑨。在实际运作中，重大事件一般称为"大型活动"（约翰·艾伦，2002）⑩。Mossberg（1997）则将重大事件界定为"对举办城市来说具有长期影响的短期举办的事件"，其经常被提及的对城市的影响是通过电视等媒体所进行的城市形象的更新或重塑。⑪ 由此，重大事件具有充分的潜能来影响整

① 约翰·艾伦. 大型活动项目管理[M]. 王增东，王磊，译. 北京：机械工业出版社，2002.

② 戴光全，保继刚. 西方事件及事件旅游研究的概念、内容、方法与启发：上[J]. 旅游学刊. 2003，18（5）：26 – 34；戴光全，保继刚. 西方事件及事件旅游研究的概念、内容、方法与启发：下[J]. 旅游学刊. 2003，18（6）：111 – 119.

③ ARCODIA C, ROBB A. A Future for Event Management：A Taxonomy of Event Management Terms[C]，in J. Allen., R. Harris, L. K. Jago & A. J. Veal（eds.）. *Events Beyond 2000：Setting the Agenda*. Proceedings of conference oin event evaluation, research and education, Sydney, July 2000. Australian Center for Event Management, University of Technology：Sydney, 2000.

④⑥ HALL C M. *Hallmark Tourist Event：Impacts, Management and Planning*[M]. London：Belhaven Press, 1992.

⑤⑧⑨ GETZ, D. *Event Management & Event Tourism*[M]. New York：Cognizant Communication Corporation. 1997.

⑦ Hallmark tourist events are major fairs, expositions, cultural and sporting events of international status which are held on either a regular or a one-off basis. 参阅 Hall C M. The definition and analysis of hallmark tourist events[J]. *Geography of Tourism and Recreation*, 1989, 19（3）：263 – 268.

⑩ 约翰·艾伦. 大型活动项目管理[M]. 王增东，王磊，译. 北京：机械工业出版社，2002.

⑪ MOSSBERG L L. The Event Market[J]. *Annals of Tourism Research*, 1997, 24（3）：748 – 751.

个经济并在全球传媒行业产生巨大的反响(McDonnell, Allen & O'Toole, 1999)[①]。

　　Getz(1997)还从旅游业发展的角度将重大事件界定为"事先经过策划的、持续时间有限的事件,这种事件对主办地在如下方面具有非凡的影响,即游客量、旅游者花费、旅游地名声,以及由此产生的高知名度与更加显著的形象、相关的基础设施与组织层面上的发展和由此导致的旅游目的地容量和吸引力充分地提升。"[②]并把事先经过策划的事件(Planned Event)分为9个大类,如表1-1所示。在Getz的分类中,展览会/展销会、博览会、会议等商贸及会展事件是会展业(Meeting Industry)和广义会展(MICE)最主要的组成部分(保继刚等,2003)。[③]

表1-1　事先经过策划的事件分类一览

文化庆典 Cultural Celebration	教育科学事件 Educational and Science
- Festival 节日 - Carnival 狂欢节 - Religious Events 宗教事件 - Parades 大型展演 - Heritage Commemorations 历史纪念活动	- Seminars, Workshops, Clinics 研讨班、专题学术会议,学术发布会 - Congresses 学术大会 - Interpretive Events 教科发布会
商贸和会展 Business and Trade	休闲事件 Recreational
- Fairs, Markets, Sales 展览会、展销会 - Consumer and Trade Shows 交易会 - Meeting and Conventions 会议 - Publicity Events 广告促销 - Fund-Raiser Events 募捐、筹资活动	- Games and Sports for fun 游戏和趣味体育 - Amusement Events 娱乐事件
体育赛事 Sport Competitions	政治和政府事件 Political and State
- Professional 职业比赛 - Amateur 业余竞赛	- Inaugurations 就职典礼 - Investitures 授职、授勋仪式 - VIP Visits 贵宾观礼
文艺和娱乐事件 Art and Entertainment	私人事件 Private Events
- Concerts 音乐会 - Other Performance 其他表演 - Exhibits 文艺展览 - Award Ceremonies 授奖仪式	- Personal Celebrations 个人庆典 - Anniversaries 周年纪念 - Family Holidays 家庭聚会 - Rites de Passage 宗教礼拜
	社交事件 Social Events
	- Parties, Galas 舞会、节庆 - Reunions 同学、亲友联欢会

　　资料来源:引自 GETZ D. *Event Management & Event Tourism*[M]. New York: Cognizant Communication Corporation, 1997: 7.

　①　MCDONNELL I, ALLEN J, O'TOOLE W. *Festival and Special Event Management* [M]. Brisbane, Australia: John Wiley, 1999.
　②　GETZ D. *Event Management & Event Tourism* [M]. New York: Cognizant Communication Corporation. 1997: 5.
　③　保继刚,戴光全.西方会议会展与会议旅游:发展简况、研究简介与国际机构[J].中国会展, 2003, (14): 57-59.

Roche(2000)则从研究事件的现代性角度出发,综合事件的规模、目标观众及市场、媒体类型覆盖面等标准,把事件划分为重大事件(比如世博会、奥运会、世界杯等)、特殊事件(比如F1国际汽车大奖赛、泛美运动会等)、标志性事件(比如国家体育赛事等)和社区事件4类。① 其中,重大事件是指具有戏剧特点、可以反映大众流行诉求和有着国际重大意义的大规模的文化、商业和体育事件,堪称现代社会的大型"狂欢秀"。重大事件一般由国家政府不同的部门联合起来并与非官方的国际组织共同组办,因而可以说是"官方"版本大众文化(the "Official" Version of Public Culture)的重要部分。国际节日和事件联合会(IFEA)把节事分为大型节事(Large Events)、小型节事(Small Events)、艺术节日(Arts Festivals)、体育事件(Sporting Events)、展览会(Fairs)、与公园和游憩相关的事件(Parks & Recreation Events)、城市相关的事件(City Offices),以及会议与观光局相关的事件(Convention & Visitors Bureaus, CVB)等类型。而对于特殊事件而言,IFEA根据对其成员的调查推断,在全球范围内总量约达1 000 000的特殊事件对全球经济造成了巨大的影响,并给人们的生活带来了巨大的变化,这些有规律重复举办的事件包括社区节日(Community Festivals)、大型展演(Parades)、商品展销会(Fairs & Fair Shows)、体育盛会(Sporting Events)、狂欢节(Carnivals)、汽车博览会(Car Shows)、艺术品展览会(Art Shows)、花卉博览会(Flower Shows)、气球联谊会(Balloon Rallies)及首次演出(First Nights)等。②

总之,会展是指围绕特定主题多人在特定时空的集聚交流活动,其概念内涵是指在一定地域空间,许多人聚集在一起形成的、定期或不定期、制度或非制度的传递和交流信息的群众性社会活动,其概念的外延包括各种类型的博览会、展览展销活动、大型会议、体育竞技运动、文化活动、节庆活动等。而关于会展的分类应主要考虑两个方面:一是会展的内容,即会展的本质特征,包括会展的性质、内容、所属行业等;二是会展形式,即属性,包括会展规模、时间、地点等。

根据会展性质,可分为贸易和消费两种性质的会展。贸易性质的会展是为产业即制造业、商业等行业举办的会展,会展的主要目的是交流信息、洽谈贸易。消费性质的会展基本上都是展出消费品,目的主要是为了直接销售。会展的性质由会展组织者决定,可以通过参观者的成分反映出来:对企业办开放的会展是贸易性质的会展,对公众开放的会展是消费性质的会展,具有贸易和消费两种性质的会展被称作是综合性会展。

根据会展内容,可分为分综合会展和专业会展。综合会展指包括全行业或数个行业的会展,也被称作横向型会展,比如工业展、轻工业展;专业会展指展示某一行业甚至某一项产品的会展,比如钟表展。专业会展的突出特征之一是常常同时举办讨论会、报告会,用以介绍新产品、新技术等。

根据会展规模,可分为国际、国家、地区、地方会展以及单个公司的独家会展,这里的规

① ROCHE M. *Mega-events and Modernity: Olympics and expos in the growth of global culture*[M]. London: Routledge. 2000.

② 国际节日和事件联合会(IFEA). 见: http://www.ifea.com/about/.

模是指参展者和参观者所代表的区域规模，而不是会展场地的规模，不同规模的会展有不同的特色和优势。

根据会展时间，又可以进行如下划分：(1)定期和不定期，定期的有一年四次、一年两次、一年一次、两年一次等，不定期展则视需要而定；(2)长期和短期，长期可以是三个月、半年、甚至常设，短期展一般不超过一个月。

根据会展场地，可以分为室内会展和室外会展。室内会展多用于常规会展，比如纺织展、电子展、会议等；室外场馆多用于展示超大、超重展品及人员规模宏大的会展，比如航空展、大型活动等。在几个地方轮流举办的会展被称作巡回展，比较特殊的是流动展，即利用飞机、轮船、火车、汽车作为展场的会展。

第三节　会展经济学的研究对象

学习过经济学基础知识的人都知道，经济学是一门研究稀缺性资源配置问题的学科，作为经济学的一个分支，会展经济学的研究对象的界定过程中，需要回答两个问题。

首先，我们所界定的会展经济学研究对象是一种稀缺资源吗？经济学基础假设之一就是资源的稀缺性，一旦舍弃了这个假设，机会成本(Opportunity Cost)等经济学的基础概念就失去了存在的价值，而这将会影响到其他一系列经济学分析存在的合理性和必然性。机会成本是由于将资源使用于某一方面而不能用于其他方面时所放弃的最大收益，它是微观经济学最基本的概念之一。当我们被迫在稀缺物品之间做出选择时，都要付出机会成本，一项决策的机会成本是另一种可得到的最好决策的价值。我们生活在一个存在稀缺性的世界上，我们的经济活动就是解决欲望无限性和资源有限性之间的矛盾，于是，就必须进行选择，学会有效配置资源。[①]

其次，经济学研究资源配置时假定经济行为人是理性的，比如，在商品市场上企业总是追求利润最大化，而消费者总是追求效用最大化，那么，在会展市场上这些基本方法仍然适用吗？答案是肯定的。会展市场上同样存在对有关会展产品的供给和需求，追求利润最大化是每一个会展企业的基本目标，而获取最大化的效用水平是每一个会展消费者的基本需求，由此，整个会展市场的交易过程就成为交易各方所进行的理性决策的结果。

有了理性行为人和资源稀缺这两个基本假定，会展经济学就找到了与经济学理论共同的逻辑起点。目前，国内对会展现象所做的经济学研究仅仅处于起步阶段，多数研究关注于有关会展业的实践操作和问题分析，对其所做的经济学方面系统研究则显得相当欠缺。正如会

---

① 格列高里·曼昆(Mankiw, N. Gregory)在其著名的《经济学原理》中创新性地归纳出了经济学十大原理，其中第二条就是，"某一事物的成本就是你为得到它所放弃的东西"，并由此提出了经济学中最重要的概念"机会成本"，即"获得某物必须放弃的任何东西"。(MANKIW N G. *Principles of Economics*[M]. 3rd ed. Thomson-Southwestern, USA, 2004:5 - 6.)

展概念界定的多样化一样，就会展经济学的研究起点而言，在对会展经济学研究对象的界定上也呈现出纷繁芜杂的状态。

一、会展经济

程红等(2003)定义了会展业和会展经济的概念，其着眼点在于会展业的内涵范围和外延范围，以及会展业的产业归属，这为分析会展提供了一个比较全面的产业视野。程红等认为，从属于第三产业范畴的会展业是"会议业和展览业的总称，是指围绕会议、展览的组办，会展的组织者、展览场馆的拥有者、展览设计单位开展的一系列活动"，①进而兴起的是一种新的经济类型——会展经济，即"以会展业为支撑点，通过举办各种形式的会议、展览传递信息，提供服务，创造商机，并利用其产业关联效应带动交通、通信、酒店、餐饮、旅游、零售、广告、印刷、装饰、物流货运等相关行业发展的一种综合经济，即会展与其相关服务的总和。"②

刘大可等(2004)则区分了会展、会展产品与会展经济的概念，认为作为经济学视角下的会展产品主要包括活动场所(会展中心、酒店及体育场馆等)、活动内容及广告宣传平台；而相对于会展活动和会展产品而言，会展经济则是"一个涵盖范围更广的概念，主要是指因会展活动的存在和会展产品的交易而引发的经济活动，以及为促进会展业的发展和促成会展产品的交易而引发的经济活动"，③具体包括由会展活动自身所带来的经济现象、由会展活动衍生出来的经济现象、因展会而促成的经贸交易活动，以及为促进会展业的发展而引发的经济活动。由此，刘大可等(2004)认为，会展经济学的研究对象为会展的需求、供给理论、不对称信息下的会展参与者决策行为、会展产业组织与市场结构、会展业的政府行为与管理体制，以及会展业国际化模式与对策。

另外，有学者认为，在国外研究中，如果将行业作为一个整体来进行讨论的时候，MICE 和 Convention and Meeting 等几个术语是可以交换使用的(许传宏，2005)④，其实，从上文关于会展概念的分析中就可以看出，事实并非如此。还有许多文献中将会展业与会展旅游业混为一谈，甚至将会展业总体看成是都市旅游的组成部分(王云龙，2003)。⑤

就国内研究者对会展研究的重点而言，在概念界定上主要着眼于通常所说的 MICE 及其简单的外延内容，而且研究的重心也主要落在了 MICE 活动对经济、社会的宏观影响，而并没有对这一个行业进行较为严谨的经济学分析。而对于一个行业进行研究的经济理论分析的起点，就是对研究对象的明确界定。

每一门科学都以客观领域内的事物作为自己的研究对象，在作为自己研究对象的特定领域内去发现这一事物本身所固有的客观规律，从而以这些规律来为社会实践服务。刘大可等

①② 程红等. 会展经济：现代城市"新的经济增长点"[M]. 北京：经济日报出版社，2003.
③ 刘大可，王起静. 会展经济学[M]. 北京：中国商务出版社，2004.
④ 许传宏. 会展策划[M]. 上海：复旦大学出版社，2005.
⑤ 王云龙. 会展活动与旅游活动的比较：兼论会展旅游概念的界定[M]. 旅游学刊，2003，18(5)：47－51.

关于会展经济学研究对象的定义混淆了会展研究学研究对象和研究内容之间的区别，其重点落在会展经济学所涉及的各种研究领域，而忽略了对会展经济学研究中的基础性成分的恰当定位。如此，对会展经济学研究对象所具有的资源稀缺属性及优化配置等方面的认识也就有所欠缺。那么，什么是会展经济学的研究对象呢？

从经济学的角度来看，会展可以指具有某类共同特性的会展活动集合，这是一个相当宽泛的概念界定，包含了各种类别的会展活动。然而，同一个活动有许多不同的特征，用不同的视角去审视这些会展活动的各类特性，则可将同一项活动划归于不同的会展类型，这样，会展经济学的研究边界有时似乎就显得飘忽不定。其实不然，会展经济学作为一门应用经济学科，对"会展"进行界定的立足点，与其说是理论上的严密性，不如说是现实的可用性，也就是说，会展经济学对"会展"界定的基准——会展活动的某类特性——是有选择性的，这也是考虑到研究的方便性而做出的权宜性变通。从资源的稀缺性及配置资源的优化过程来说，会展经济学的研究对象是会展活动所提供的供会展利益相关者(Stakeholders)交流信息、完成交易的平台。

二、会展平台

美国学者巴利·西斯坎德(2005)从市场营销学的角度，强调了商业会展的功能性特点，认为"在全球范围内，商业会展已成为了专业化、密集型的营销手段。"[①]该论述其实已经界定了会展业的归属及其在整个产业环境中的功能性定位。另一位美国学者黛博拉·偌贝(2004)则更多地关注会展的具体形态，她将会展分为消费品展会、行业展会、横向展会、纵向展会、联合展会、国际展会及其他类型的展会，并且，她认识到会展业所面临的一个尴尬局面，即"直到目前，人们并没有把会展业务看作一个单独的行业，而是把它看作其他行业的附加工作，或者其他行业的附属业务，甚至与旅游、酒店(或旅馆)和餐饮服务行业相混淆。"[②]实际上，随着行业的发展，会展已经成为与经济领域中各层次均有着密切关联一种经济活动，并逐渐以一个独立的行业类别出现，而不再是经济舞台简易化的商业活动，在制造商、批发商和零售商等领域的各个层次中均有着独特的市场位置。并且，在当今全球市场中，虽然高科技电子系统的运行强化了非人性化的沟通，但是却忽略了经济交往中的关键因素——人的接触，而会展则为此提供了一个良好的契机。在这个意义上，黛博拉·偌贝(2004)对会展的功能做了一个精练而准确的论述："对现在和可预见的将来而言，会展已成为人与人之间建立联系的一种方式，……在这里，人们可以触摸、看、听、嗅和品尝。因此，会展依然是一个最有效的市场战略的简单混合，因为没有其他能够提供这种三维展示的媒介了。"[③]

黛博拉·偌贝的分析提供了一个关于会展的比较恰当的论述，正是从这样一种功能性

① 巴利·西斯坎德. 会展营销全攻略：循序渐进解开成功会展的秘诀[M]. 郑睿，译. 上海：上海交通大学出版社，2005.

②③ 黛博拉·偌贝. 如何进行成功的会展管理[M]. 张黎，译. 北京：高等教育出版社，2004.

定位和产业位置出发，会展业所提供的一种关键性产品就是由一系列会展活动所打造的信息交流、商品交易的平台。该平台的生产（建设）及其运作效率不仅遵循了理性"经济人"的利润（或效用）最大化的假设，而且为资源的流动及优化配置提供了良好的实现机制。从这一出发点来分析会展业中的现象，构成了会展经济学的分析起点和基础。

即以会展业中狭义的会议和展览而言，会议是围绕某个主题，通过口头、书面文字和电话网络等多种手段，达到人与人之间的思想、信息交流活动的临时组织；展览的字面含义即将物品陈列出来供人们观看，既具有观赏教育功能，又具有销售推广时效。会议和展览的业务范围均涉及各种领域，提供以卖方与买方为主体的企业或公众参与信息、业务交流的合适平台，通过社会化和市场化的方式规模性地解决某一方面信息不对称的问题。更重要的是，会议和展览更加融为一体。① 比如会议市场最主要的客源是协会会议，协会会议一般是与贸易展览会相结合举办的。此外，国际性的会议一般以会议为主，但是会议期间总要结合一些商业性的展览活动；国际性的展览会以展览为主，但展出期间研讨会、专题会等会议越来越多。会展业正是具有以上共性的所有会议和展览企业的集合。

从会展业的操作流程看，在展前为选择主题进行市场调查和行业咨询，分析同类展会市场，联系场馆，办理有关展会的报批、立项等手续；在展会进行中服务好参展商与买家，如展位分配、展品进出场、展品的有关管理、数据统计，提供展中协调、活动安排和展外的交通、旅游、购物等服务指南；展后跟踪调查，与主承办机构和参展商分析展会的成败、提出工作改进和进行一些座谈以便促进会展经济的发展。会展业所提供"平台"运作效率的高低直接影响会展利益相关者各方的利益是否实现，由此，提供合适而有效的会展平台产品就成为会展企业所面临的主要任务。在这个基础和平台上，会议和展览都是为某个主题市场的买家和卖家牵线搭桥，首先通过企业专业化的分工，对客户、会展商（及展品）进行系统整合，确保会展买方和卖方主体（及展品）的数量及质量，提升会展的主题，并且通过集中营销，全面展现行业或专业水平，体现规模经济性，从而减少信息不对称带来的市场交易成本，提高市场效率。

具体说来，会展经济学的研究以会展业所能提供的"平台"为核心，而在这个核心周围，形成了不同的研究内容与层次。

首先，居于平台之上的，是会展业经营者或参与者所进行的会展管理、活动设计及提供的有关服务，这是会展业所能够提供的有形的产品，通过这些有形的产品，会展的平台功能得以充分发挥。

---

① 因为只要有信息交流，就可能有会议手段的利用，如会议与体育活动结合就形成以运动比赛为主、会议为辅的运动会。会议与展览活动的结合也是如此。

其次,居于最外层的是与会展业有关的产业政策和产业结构。不同会展企业之间的竞争、合作导致了多样化的市场竞争格局,根据哈佛学派所提出的 SCP 理论分析范式①,会展市场结构决定了会展企业的市场行为,而在一个给定的市场结构下,市场行为又是会展企业市场绩效的决定因素。

再次,在市场结构以外,一个不容忽视的因素就是来自政府的政策和法规,这些政策和法规提供了会展业发展的制度空间,并以制度的形式规范会展业的经营与发展,是保证会展平台发挥作用的制度性保障。

上述内容构成了基于会展平台研究而形成的会展经济学的研究范围(见图 1 – 1)。

图 1 – 1　会展产品结构层次图

总之,会展产品是以会展平台为核心,包含会展管理、活动设计及有关服务等外部产品的一系列元素的组合。会展产品是一种服务产品,作为会展商经营的对象,在产品特性组合意义上,会展产品就成为为了满足会展各方需要,围绕会展平台所提供的一系列服务的组合。会展平台主要是指具有不同规模、不同档次或不同其他特性的主题性活动,它构成了会展产品的核心,是驱动和满足有关参展各方需要的最为根本的动机。但是,参展各方要消费这样一种平台产品,还需要借助其他一系列元素才能实现,这些元素同样也成为会展产品的组成部分。由此,不难归纳出会展产品所具有的部分如下特征。

① 综合性,指会展产品作为一种服务产品,是由多项服务形式组合而成的混合产品,是满足会展各方多种需要的综合性服务产品。从会展活动涉及的服务各方来看,会展平台的设计者(组展商等)、会展场馆提供者、会展服务的提供者(服务承包商等)等均具有高度的合作关系,尤其是随着现代会展业的发展,会展各方对会展产品的要求越来越高,任何一个企业也不能单独提供一个综合性会展服务产品。

---

① 1938 年,梅森教授(Mason)在哈佛大学建立了第一个产业组织理论研究机构——梅森联谊会。1939 年梅森出版的《大企业的生产价格政策》提出了产业组织的理论体系和研究方向,为产业组织理论体系的最终形成奠定了坚实的基础。1959 年,梅森的弟子贝恩(J. Bain)出版了第一部系统论述产业组织理论的教科书——《产业组织理论》,完整提出了 SCP理论分析范式,即结构(Structure)、行为(Conduct)、绩效(Performance),该理论范式的提出标志着传统产业组织理论体系的最终形成。由于以梅森、贝恩为代表的现代主流产业组织理论的开创性研究基本是以哈佛大学为中心展开的,因此,该学派被称为哈佛学派。

② 不可感知性，又称无形性，是指与有形的实体产品相比，以服务为主体内容的会展产品其实是无形的，会展各方有时在消费之前或之中无法触摸或感受到会展服务的存在，甚至对于有些会展服务的效果，会展各方需要等待一段时期才能感受得到。

③ 消费的即时性，即会展各方对会展产品的消费与会展产品的提供是在同一时间、同一地点进行的。这种特性决定了会展产品的提供方在提供相应的会展产品时，离不开处于需求地位的会展各方的参与和配合。

④ 会展产品的物质载体与非物质服务。会展产品是以无形服务为主体内容的特殊产品，作为一种整体性"组合产品"，它由各种物质载体和非物质的服务构成，而又以服务为主。需要注意的是，虽然会展产品的主体是服务，但是，构成会展产品的某些元素必须借助于物质载体才能表现出来。比如，就会展的规模特性而言，据《北京现代商报》（2002 年8 月7 日）报道，2002 年时，北京发展会展经济遭遇规模瓶颈，当时没有一个展馆面积超过10 万平方米。硬件软件设施上的种种不足致使北京会展业拱手让出了大量商机。比如，北京国际会议中心的会议预约已安排到 2003 年，有的会议甚至已安排到 2006 年。而来自市政协的这些统计数据表明，北京会展业已经遭遇到了规模瓶颈问题。一方面，北京由于缺乏大型展馆、会展场馆单体规模小、结构不合理，使得一些大型、特大型会展无法安排。另一方面，会展场馆有限的容纳力使得一些"落花有意"的客户只能"望单兴叹"，在 2002 年北京国际汽车展上，由于国展中心展出面积有限等原因，法拉利、保时捷等大客户拿不到其所需要的大型展位，不得不放弃参展。① 另据《第一财经日报》（2005 年1 月13 日）报道，为打破会展经济发展瓶颈，北京市已决定在首都国际机场西侧建立一个规模达到 20 万平方米的大型会展中心，2006 年年底完工一期工程建设，并在 2004 年1 月正式下发的《北京市会展业发展规划（2004—2008）》明确了北京会展业发展的具体步骤和措施。②

三、会展平台的功能

1. 信息沟通功能

企业面临环境的改变不仅影响到企业经营策略的改变，而且影响到企业与其关联企业之间的关系，而如果企业不能就环境的改变做出必要的适应性改变，就会面临生存的危机。在会展活动上，生产商、批发商和分销商汇聚一堂，进行交流、贸易，某种程度上甚至就是一个信息市场。企业可以利用各种信息渠道宣传自己的产品，推介自己的品牌、形象。企业与顾客可以直接沟通，得到及时反馈。企业可以收集有关竞争者、新老顾客的信息，企业能了解本行业最新产品动态和行业发展趋势，构成决策依据。重大事件对商业和投资活动均具有重大的影响，在这样的一种经济视角下，Chalip（2004）认为受其影响的相

① 谢姝. 北京会展经济遭遇规模瓶颈[N]. 北京现代商报，2002 - 8 - 7.
② 常菁. 北京会展业突破瓶颈，欲建 20 万平米会展中心[N]. 第一财经日报，2005 - 1 - 13.

关活动包括"由该项事件所引致的一系列活动，……这些活动寻求从该事件中获得长期利润的最大化。"①2000年悉尼奥运会也由此成为澳大利亚政府制订计划以促进长远商业发展的机会（O'Brien，2006）②。而Baum和Oliver（1991）的研究认为，相互之间有着强联系的企业在竞争中具有明显的生存优势。进言之，企业间强联系的存在增强了企业对抗市场不确定性的能力，从而在市场中获得了更为稳定和广大的生存空间，这种强联系的形成依赖于不同企业之间资源的共享及信息的沟通，而会展作为信息交流的平台为这种企业间关系的构建提供了良好的平台。③

延伸阅读1-2：奥运TOP强强联手，可口可乐和联想结成市场战略伙伴

2006年3月21日，两大奥运TOP赞助商——可口可乐公司和联想集团在上海举办了合作签约仪式，正式宣布结成市场战略合作伙伴关系，就共同助力北京2008奥运会签署合作意向。同时，作为各自行业的领导企业，双方在充分利用品牌、渠道及营销等综合优势，联合发动一系列大规模的合作推广活动，在品牌建设和市场拓展上谋求双赢。首先，双方将搭建品牌共享的平台，通过创新的形式，为消费者提供丰富的应用体验。联想将成为可口可乐授权产品的供应商，为可口可乐设计、生产包括台式电脑、笔记本和其他数码产品在内的各类授权产品。其次，基于品牌理念上的契合，双方将充分共享各自的优质客户资源，促进双方业务的同步增长。

作为中国唯一一家国际奥委会全球合作伙伴企业，也是奥运TOP阵营中的新兵，联想在都灵奥运会上出色地完成了向冬奥会提供IT服务的任务，表现十分优异。而可口可乐是奥运会持续时间最长的赞助商，对奥林匹克运动的贡献为世界树立了一个精诚合作的典范。联想与可口可乐的强强携手，特别是基于奥运会的全面合作，同时也将有力提升双方各自的品牌影响力，促进双方业务的发展，也将会使消费者获得更精彩的体验。

资料来源：联想网站. 奥运TOP强强联手，引领酷爽数字新生活——可口可乐和联想宣布结成市场战略伙伴[EB/OL]. http://www.lenovo.com.cn/about/news/legend4750.shtml，2006-3-21.

---

① CHALIP L. Beyond Impact：A General Model for Host Community Event Leverage[C]. *In* Sport Tourism：Interrelationships，Impacts and Issues，B. Ritchie and D. Adair，eds.，pp. 226-252. Clevedon：Channel View Publications，2004：228.

② O'BRIEN，DANNY. Event Business Leveraging：The Sydney 2000 Olympic Games[J]. *Annals of Tourism Research*，2006，33(1)：240-261.

③ BAUM J C OLIVER. Institutional Linkages and Organizational Mortality[J]. *Administrative Science Quarterly*，1991，(36)：187-218.

Dwyer 等(2000)在其研究过程中提出了一个评价会展活动(Events and Conventions)"有形"和"无形"影响的分析框架,认为会展活动具有能够"增强观念的交流,促进商业联系,为持续的教育和培训提供会议场所,推动技术的转让等"功能。[1] 有关研究者对其提到的"促进商业联系"进行了深入的研究,Chalip(2001)进一步提出,需要在公共部门和私人部门之间建立制度化的联系,以制定出有利于体育事件等会展活动发挥其应有的影响作用的经济、体育和旅游政策。[2] 因此,与会展有关的各利益相关者之间关系网络的建立对于会展业发挥其应有的经济影响具有至关重要的作用,这些包括商业网络、持久性关联等在内联系方式对有形和无形的资源交换有着重要的影响,而正是资源的流动导致了在不同企业之间的优化配置。

2. 网络构造功能

许多关于市场上企业间关系的研究关注于买卖双方之间的双向信息、资金方面的交流(Conrad 等,1999,Henning-Thurau 等, 1997)[3],但是,近年来有关战略管理的研究重点则放在迅速出现的企业战略联合等方面(Ahuja,2000;Kraatz 等,1996), [4] 即企业在产能、技术、专用性资产等方面实现自发的合作、交流和共享。有些学者已经开始从网络系统的视角来研究这些企业战略联合(Gulati, 1998)[5],而探究会展产业在形成这种网络过程中所具有的作用就是其中的一个重要方面(Gulati, 1999)[6]。企业网络系统内信息等无形资源的交流随企业间非人际关系和信任程度的发展而得到增强(Galaskiewicz & Wasserman, 1989)[7],为此,一个促进资源有效配置和降低环境风险的有效途径便是造就不同企业间紧密的网络关联系统。

① DWYER L,et al. A Framework for Assessing "Tangible" and "Intangible" Impacts of Events and Conventions[J]. *Event Management*, 2000, (6): 175 – 189.

② CHALIP L. Sport and Tourism: Capitalising on the Linkage[C]. *In* Perspectives 2001(Vol 3): The Business of Sport, D. Kluka and G. Schilling, eds.. Oxford: Meyer and Meyer, 2001:77 – 89.

③ CONRAD C, BROWN G, HARMON H. Customer Satisfaction and Corporation Culture: A Profile Deviation Analysis of a Relationship Outcome[J]. *Psychology and Marketing*, 1997, (14): 663 – 674. HENNING-THURAU T, KLEE A. The Impact of Customer Satisfaction and Relationship Quality on Customer Retention: A Critical Reassessment and Model Development[J]. *Psychology and Marketing*, 1997, (14): 737 – 764.

④ AHUJA G. The Duality of Collaboration: Inducements and Opportunities in the Formation of Interfirm Linkages[J]. *Strategic Management Journal*, 2000, (21): 317 – 343. KRAATZ M, ZAJAC E. Exploring the Limits of the New Institutionalism: The Causes and Consequences of Illegitimate Organizational Change[J]. *American Sociological Review*, 1996, (61): 812 – 836.

⑤ GULATI R. Alliances and Networks[J]. *Strategic Management Journal*, 1998, (19): 292 – 317.

⑥ GULATI R. Network Location and Learning: The Influence of Network Resources and Firm Capabilities on Alliance Formation[J]. *Strategic Management Journal*, 1999, (20): 397 – 420.

⑦ GALASKIEWICZ J, WASSERMAN S. Mimetic Processes within an Interorganizational Field: An Empirical Test [J]. *Administrative Science Quarterly*, 1989, (34): 454 – 479.

延伸阅读1-3：企业网络

最近几十年，企业网络以其独特的优势，日益成为现实生活中一种重要的组织形式，表现出持久的生命力和不断发展的趋势，引起了经济学家的普遍关注。企业网络作为数目有限的企业所形成的一种与专业化有关的柔性组织，它通过网络内成员间的长期协作以及惩罚机制形成信任，从而可以分散专业化的风险。因此，企业网络是通过加强企业之间协调来提高市场反映速度、获得整个生产过程高效率的生产组织方式，也是一种通过协作使创新分散化的装置，网络主体间的互动关系是一种可以产生信任的合作装置，也是技术进步的重要源泉。

作为研究企业和组织理论的新的分析框架的网络经济学及其网络所蕴涵的社会资本分析范式对于当前中国经济学的发展与创新有着重要的意义。并且，由此而引发的生产组织方式的革命性变革对机会主义假定、企业理论、产权理论以及市场理论等提出了挑战。

随着企业网络实践和理论的发展，研究者从开始以企业为本的研究转向对企业之间网络关系的描述与理解。他们将市场主体——企业作为网络中的结点，并以企业网络关系为出发点，来研究企业网络的性质、企业网络存在的必要条件和充分条件、企业网络的所有权结构以及企业网络的合约性治理。在对企业网络性质的认识上，倾向于将企业网络看作是通过企业之间快速传递和分享客户信息来避免或降低不确定性影响、企业之间共用或交换不可言传知识的一种制度安排。

资源依赖论提出的假设是，组织将试图控制资源供应，以降低不确定性，通过内部战略或外部战略，达到共栖式发展。新组织理论则认为企业网络的作用不仅在于获取技术资源，更在于弱势企业宁愿与受到高度重视的企业保持联系，以便根据他们的组织条件保证必要的支持和合法性。另外，企业网络的功能还在于通过跨企业的协调，增加衔接的可靠性，实现从最初研制开发、原材料加工，一直到客户生产全过程资源配置的合理性。网络成员之间交易的不仅是不可言传的技术知识，更多的是与特定行业相关的管理知识、管理经验，甚至是管理理念和企业文化。这种交易渗透在网络成员密切交往中，而这种特殊的网络产生的是超乎一般的收益，给予了相关企业以合作的激励。

（资料来源：黄泰岩，牛飞亮.西方企业网络理论述评[J].经济学动态，1999，(4)：63-64；刘东.回应企业网络对经济学的挑战[J].南京社会科学，2003，(1)：6-9；杨瑞龙，朱春燕.网络经济学的发展与展望[J].经济学动态，2004，(9)：19-23；杨瑞龙，冯健.企业间网络及其效率的经济学分析[J].江苏社会科学，2004，(3)：53-58.)

会展作为一个平台，提供了供参与的利益各方建立、沟通企业网络的机会，而这种机会最终有利于交易的进行。在这样一些网络系统架构中，主要包括三个层次的内容：(1)参与者、其参加的活动及其所控制的资源；(2)资源在不同企业之间通过流动实现优化配置；(3)

会展活动承担的平台功能。Olkonnen(2001)以体育赛事的赞助商为例，认为，体育赛事的赞助商之间及有关利益相关者之间形成了一个复杂的网络，且该网络架构对于咨询、媒体、商品和服务的供应商等相关各方紧密关系的形成具有显著的促进作用。[①]

3. 整合营销功能

会展作为企业的一个有效的营销平台，为企业展示产品、收集信息、洽谈贸易、交流技术、拓展市场提供了桥梁和纽带作用，因此，会展在企业市场营销战略中的地位日显重要。在发达国家，会展营销已经成为很多企业的重要营销手段。

整合营销理论认为，在营销可控因素中，价格、渠道等营销变量可以被竞争者仿效或超越，而产品和品牌的价值难以替代，因为它们与消费者的认可程度有关。整合营销的关键在于进行双向沟通，建立一对一的长久的关系营销，提高顾客对品牌的忠诚度。会展具有整合营销功能，可以利用多维营销的组合手段，如会展的报刊、电视、广播、因特网、户外广告、实地展示、洽谈沟通等各种营销方式，这种整合营销功能有利于企业与顾客的交流，增强消费者对企业产品与品牌的认同度，促进企业销售工作。

此外，会展还具备其他营销工具的相关属性：作为广告工具，会展媒介将信息针对性地传送给特定用户观众；作为促销工具，会展刺激公众的消费和购买欲望；作为直销的一种形式，可以直接将展品销售给观众；作为公共关系，会展具有提升形象的功能。Brown(2002)展示了会展所提供的这样一种机会，即会展的组织者、主办者、承办社区间的紧密联系为承办社区将其社区形象植入主办者的媒体宣传计划提供了便利。[②] Chalip(2004)也指出，会展企业网络系统所提供的战略性宣传计划大大促进了利益相关者(承办方、媒体、主办方及商业机构和政府等)参与会展的可能性，由此打造而成的网络系统不仅包括信息联系，而且还包括经济、社会、法律、技术联系。[③] 近年来，关于会展业对该网络的构建及其对经济发展所造成影响的研究也逐渐增多起来(Chalip & Leyns, 2002；O'Brien & Gardiner, 2006)[④]，Chalip(2004)认为，会展对承办社区所具有的短期和长期影响能通过利用会展利益相关者各方网络关系中所形成的机遇充分得以实现。[⑤]但是，关于促成会展网络关系的研究文献却一直比较欠缺。

会展以一种产业的形态促进了更为广泛企业网络间关系的形成，并且，不同的会展平台

① OLKONNEN R. Case Study: The Network Approach to International Sport Sponsorship Arrangement[J]. Journal of Business and Industrial Marketing, 2001,(16): 309 - 329.

② BROWN G. Emerging Issues in Olympic Sponsorship: Implications for Host Cities[J]. *Sport Management Review*, 2002, (3): 71 - 92.

③⑤ CHALIP L. Beyond Impact: A General Model for Host Community Event Leverage[C]. *In* Sport Tourism: Interrelationships, Impacts and Issues, B. Ritchie and D. Adair, eds., pp. 226 - 252. Clevedon: Channel View Publications, 2004: 228.

④ CHALIP L, LEYNS A. Local Business Leveraging of a Sport Event: Managing an Event for Economic Benefit[J]. *Journal of Sport Management*, 2002, 16 (2): 132-158. O'BRIEN D, GARDINER S. Networking and Relationship Development through Pre-Event Training: The Sydney 2000 Olympic Games Experience[J]. *Sport Management Review. In Press*, 2006.

对于企业网络形成或信息的传递具有不同的特性或效率，这也是一些企业选择性参加会展的原因所在。一方面，企业根据实际的发展战略、发展方向有选择地参加符合其经营目标的会展产品，而另一方面，会展平台的低效和不成功，也往往会成为企业采取"用脚投票"退出会展的原因。就会展或会展企业自身而言，如何打造有效的网络信息传递平台，就成为一项会展活动成功与否的关键。为此所进行的会展微观经济主体的运营、会展组织形式的选择、会展市场结构的改变均形成了会展经济学所研究和关注的内容。

第四节　会展经济学的学科性质

一、微观经济学

会展经济学是一门新兴的应用经济学科，会展经济学研究的是基于会展"平台"的会展市场的运行，主要关注会展企业的行为——这与市场结构和市场演变过程具有密切的关系，以及涉及相关的公共政策的广泛领域。因此，它是微观经济学中分化发展出来的一门相对独立的经济学科，微观经济学也就成为会展经济学分析的理论基础。

微观经济学的研究重点是个量分析，它以单个经济主体（企业、家庭、个人）的行为作为分析对象，研究企业如何利用其有限的资源，决定生产什么、生产多少，以及如何生产的问题，同时考察个人或家庭如何在收入有限的约束条件下做出消费决策，以实现自身效用的最大化。微观经济学的个量分析对说明单个会展业经济主体在一定条件下经济行为及其效果具有相当大的作用，但是，微观经济学并不研究单个会展业经济主体形成的群体的行为活动及其所造成的总体规律，而实际的会展经济活动恰恰是很多一系列相互联系、相互作用、具有某些共同特点的会展业经济活动主体组成的集合。

二、产业经济学

如果我们假定，当且仅当企业生产的商品是完全可以替代的同质产品时，它们才属于同一个产业，则实际上所有的产业只会存在一个厂商，不同的企业至少要生产略有差别的商品（无论是物理上的、区位上的、可用性上的，还是消费者信息或其他方面的），所以，产业的定义不能过窄。本书对会展的界定，服从会展经济学特定研究、分析的需要，其目的就是为了研究会展行业中企业间的竞争关系，由此，会展业就是指"生产同类或有密切替代关系产品、服务的企业集合。"但是，这些会展企业之间的关系也并不是一成不变的，会展企业之间出于利润方面的考虑，经常会出现退出、进入、合并等方面的现象，由此导致了会展市场结构的改变及会展经营策略的变更，这是产业经济学视角下所要着重研究的内容。为此，本书在研究过程中，结合了产业组织学、产业结构以及有关公共政策、规制政策等有关内容。

另外，在更为广阔的产业经济学视角下，会展经济学不仅研究会展产业内企业运行，同时也将会展业作为一个独立的研究对象，研究会展业与其他产业间的相互关联和作用。根据王云龙（2003）的研究①，会展活动产生于日趋激烈的商业竞争环境，迫使业主加强了营销时效的把握和争取客源的手段，在提高了对社会化市场运作要求的背景下，依托优势产业资源，提供以经济主题居多的销售会、展览会等产品，以达到促进贸易、特定资源和信息交流的目的。会展业具有广泛的相关部门与产业链，包括货物运输、海关、边检、商检、税务、工商、消防、保险、酒店、城建、设计、装潢、礼仪、广告、展具制作、交通、休闲观光等行业，其在服务领域上对应流通领域和信息领域，主要提供展位、洽谈服务、信息交流等服务内容。在经济性质上来说，会展的产业性质可以归纳为以资源为依托、服务为媒介的"第三产业"，并由于其广泛的产业关联而对经济具有巨大的拉动作用。会展经济学的这种研究的出发点是为了解决基于社会再生产过程中，各类部门之间、制造业各工业之间，以及行业内各中间产品之间均衡状态的分析需要。这种分析需要是由于微观经济学和宏观经济学的某种程度的"失灵"造成的，因此，需要用产业经济学的观点和方法去分析和解释会展经济中的一些现实问题。

三、宏观经济学

宏观经济学的特点则是总量分析，它以国民经济中的经济总量的变化及其规律作为研究分析对象，考察国民生产总值、国民收入、总投入、总消费、货币发行、物价水平、外汇收支等总量变动及相互之间的关系。宏观经济学主要着眼于防止和克服由于总量失衡导致的经济危机，以求经济总量的均衡，或者是通过对总量失衡原因的分析，指出市场在总量调节方面的缺陷，证实政府干预经济活动、调节经济总量的必要性。可见，宏观经济学只讨论社会再生产过程中的最终产品的综合及其运动，至于这一运动中的各个环节，以及中间产品的生产和交换关系，即产业间的关系却被抽象掉了。而各种具体生产与具体需求之间、中间需求与中间供给之间、最终需求与最终供给之间，以及各部门之间的结构均衡状态，才能为总量失衡分析提供具体的原因分析。会展业作为宏观经济体系中的产业形态之一，对其进行具体产业层面上的分析，也正是会展经济学分析过程中所不可回避的方面。

四、会展经济学

会展作为会展经济学的研究内容，可以界定为两层含义。在微观经济学层面上，当我们分析会展经济学研究的经济个体时，会展企业就是一个很好的切入点。作为会展经济学研究的微观个体，会展企业是一个追求利润最大化的营利性组织，其目标函数便可以由此确定，从而可以研究企业的最优行为决策。在产业组织层面上，当我们分析会展企业间的市场关系的时候，会展业是指"生产同类或有密切替代关系产品、服务的企业集合。"这样划分的依据

---

① 王云龙．会展活动与旅游活动的比较：兼论会展旅游概念的界定[M]．旅游学刊．2003, 18(5)：47－51.

是，只有生产同一或具有密切替代关系的会展产品或服务的会展企业组成的内部群，彼此间才会发生竞争关系，以如此的会展企业集合为研究对象，才有可能进行会展产业竞争、垄断，以及与其他产业间关系的分析；否则，我们对会展企业间、会展业与其他产业间的市场关系就缺乏判断的标准。

总之，会展经济学是一门新兴的应用经济学科，其研究起点是一系列概念的界定。通过对国内外关于会展、事件、会展经济等概念的对比分析可以发现，国内关于会展概念的界定显得粗糙而狭窄，并且将过多的研究和精力放在了"MICE"等内容上，有时甚至模糊了会展业和会展旅游的界限。而国外的研究则显得相对精致，尤其是在一些会展（比如事件）的分类界定上不仅细致，而且对会展研究的范围及使用的方法也相对具体而严谨。

通过对会展概念的对比分析，结合经济学研究中的资源稀缺性和理性"经济人"假设，本书将会展经济学的研究对象界定在会展所提供的"平台"上。会展"平台"构成了会展经济学研究的起点，围绕这样一个概念，形成了关于会展产业组织和产业结构研究，并进一步涉及到会展研究的产业政策以及法律规范等制度层面上的研究内容。因此，会展经济学研究过程中不可避免地要涉及微观经济学、产业经济学等经济学领域。

复习思考题

1. 怎样理解会展的概念及内涵？
2. 会展与经济学的结合点在哪里？
3. 会展的核心功能是什么？
4. 会展经济学的研究对象和重点是什么？
5. 讨论会展经济学研究的学科方法。

第二章 会展产品

第一节 信息与会展

一、信息与信息经济学

熟悉西方经济学的人都知道，在一直占据主导地位的古典经济学和新古典经济学中，经济学家在论证市场经济完美性的时候，其基本的假设之一就是信息的完全性。即市场参与者拥有对于某种经济环境状态的全部知识，市场参加者在任何时间和地点都能拥有任何希望获得的信息。

信息对任何经济行为主体的决策都是一种必不可少的资源，因此，信息如同其他社会财富一样是一种稀缺的资源，对其进行有效的配置同样是实现资源配置效率的有效途径。但是，完全的信息假定并不符合经济发展的现实，信息不对称才是对现实经济的真实描述，由此，着眼于经济活动中的信息因素，用不完全信息替代完全信息、不对称信息替代对称信息，在对传统经济学前提假设提出质疑的基础上形成的信息经济学（Information Economics）必然成为一种新颖的透视角度与方法。

1919年，信息经济学启蒙思想最早出现在索尔斯坦·凡勃伦（T. Veblen）的著作《资本的性质》中关于"知识的增长构成财富的主要来源"的论述中。1921年弗兰克·奈特（F. H. Knight）的《风险、不确定性和利润》出版，使信息经济学思想以较为完整的形式呈现在经济学的殿堂之中，为后来的信息经济学家点燃了第一盏明烛。奈特发现"信息是一种主要的商品"，并对不确定性做了开拓性的研究。此后，不确定性概念及其分析方式导致了经济学知识乃至经济学分支体系的重大发展，其中之一就是"信息经济学"的诞生。20世纪60年代，赫伯特·西蒙（H. A. Simon）、肯尼思·阿罗（K. Arrow）等一批欧美经济学家率先对传统经济学的"充分（完全）信息假定"提出质疑。20世纪70年代，乔治·阿克洛夫（G. Akerlof）、迈克尔·斯彭斯（M. Spence）、威廉·维克里（W. Vickery）、詹姆斯·莫里斯（J. A. Mirrless）、杰克·赫什雷弗（J. Hirshleifer）、格罗斯曼（S. J. Grossman）、乔治·斯蒂格勒（G. J. Stigler）等知名学者均从现实的制度安排和经济实践中发现，行为者拥有的信息不仅是不充分的，而且其分布是不均匀、不对称的，这将严重影响市场的运行效率并会经常导致市场失灵。这一发现构成了信息经济学产生和发展的重要基础，信息经济学研究正式兴起。从此出发，信息经济学逐渐形成了包括信息形式及效用、委托代理理论与激励机制设计、逆向选择与道德风险、市场信号模型、团队理论、搜寻与价格离散、拍卖与投标、最优税制理论及信息资源配置等内容在内的微观分析基础。

二、信息交流的平台

会展作为各种信息交流、碰撞、传递与嬗变的信息加工器，其本质就在于传递、交流并创造信息，人们可以在会展中进行各种信息交流，而且在交流过程中通过观点意见的碰撞产生新的思想、观念和想法，这些新的信息也将通过会展传播开来，从而促进相关产业的发展。因此，会展作为参展各方交流信息的平台，为有关信息的交流提供了一种有效的信息传递机制。1996 年，由美国会展行业研究中心(CEIR)委托德勤咨询公司进行了一项研究，为从事商业活动的人员确定他们的企业是否应该参与会展提供了所需的一切信息，研究结果被命名为"扩大展会在整个混合市场中的角色：展会的力量Ⅱ"，[①]这显示了会展在信息交流方面所具有的强大优势：

- 许多公司在销售过程中使用会展的频率高于 B2B 广告、直邮或者公共关系等方式。
- 比起广告、直邮和其他市场推广媒介，展会能更加有效地建立销售渠道(Sales Lead)以介绍新产品，以及获得订单。
- 91% 的业务决策人员表示展会是"极其有用"的信息来源。在收集信息的 13 种销售和市场工具中，他们把展会列在第一位。
- 参展企业在他们的商品交易展示活动中结合市场工具，同时设立、考核和测定目标，往往比那些不参加展会的企业更加容易成功。
- 展会帮助企业接触到新的客户。调查表明，只有 1/10 的观众在展会之前接触过参展商的展品。
- 对于各种市场因素的整合，既引起了观众的兴趣，也推动了交易的顺利进行。

可以看出，会展在传递信息、促进交易等方面具有强大的功能，它不仅为信息的交流提供了制度化的平台，而且以其多样化的外延产品(多样化的会展活动)和服务促进了信息的及时有效传递。

在会展活动中，厂商一般都来自相同领域或相关行业，而集群内企业通常都会集聚在相同主题的会展上，因此，会展就成为下游产业集群的市场需求与上游产业集群的市场供给在空间和时间上的集聚。作为行业信息在时间和空间的集聚，会展开放的商业贸易环境使参展商可以便捷地发现和共享某些信息资源，相互交流，使各种技术、商业、产品信息得到及时反馈，减少信息传播环节，避免在信息控制中出现的偏差，提高信息管理效能。另一方面，参展商与专业观众之间的沟通则具有很强的目的性、针对性，能在较短的时间内建立联系，且面对面地沟通能够迅速地发现和传递产品、价格、市场及产业发展等方面的信息，减少了双方寻找潜在对手的时间和费用，降低了交易成本。并且，企业可以通过及时的信息反馈，适时地调整自己的

---

① 《商展特刊》1996 年 6 月 3 日，Vol. 26，No. 2. 转引自黛博拉·偌贝. 如何进行成功的会展管理[M]. 张黎，译. 北京:高等教育出版社,2004:7－8.

经营方式,以适应市场竞争的要求。在此基础上,以价值规律为指导的交易有利于优化资源配置,最稀缺的资源以合理的价格配置到最需要的部门。

第二节　会展的经济学解释

一、信息集聚、交流的专业化平台

1. 信息不对称

在经济学理论中,信息的获取被看作经济主体进行经济活动(如消费、投资决策)的一个关键要素,也是使资源达到最佳配置的前提条件。但是在新古典经济学模型中,生产者和消费者被假定为可以获得所有信息而不需要任何成本,所以信息本身没有任何经济价值。施蒂格勒(Stigler, 1961)在 *The Economics of Information* 一文中指出,产品本身的差异性(如质量、售后服务)并不能解释所有的价格差异,因为完全同质的产品往往也存在价格差异,这种价格差异实际上与消费者对产品信息的匮乏有关,这种信息匮乏是由于买卖双方信息不对称造成的[①]。在这种情况下,消费者会发现进行信息搜寻往往可以获得经济上的节省。但是,收集信息需要花费时间、交通等成本,因此,信息实际上也是一种有价值的资源。

延伸阅读2-1: 信息不对称

信息不对称(Asymmetric Information)是指在市场经济活动中,各类人员对有关信息的了解是有差异的;掌握信息比较充分的人员,往往处于比较有利的地位,而信息贫乏的人员,则处于比较不利的地位。

信息不对称理论是由三位美国经济学家——约瑟夫·斯蒂格利茨、乔治·阿克洛夫和迈克尔·斯彭斯提出的。该理论认为:市场中卖方比买方更了解有关商品的各种信息;掌握更多信息的一方可以通过向信息贫乏的一方传递可靠信息而在市场中获益;买卖双方中拥有信息较少的一方会努力从另一方获取信息;市场信号显示在一定程度上可以弥补信息不对称的问题;信息不对称是市场经济的弊病,要想减少信息不对称对经济产生的危害,政府应在市场体系中发挥强有力的作用。

这一理论为很多市场现象如股市沉浮、就业与失业、信贷配给、商品促销、商品的市场占有等提供了解释,并成为现代信息经济学的核心,被广泛应用到从传统的农产品市场到现代金融市场等各个领域。

---

① STIGLER GEORGE J. The Economics of Information[J]. *Journal of Political Economy*. 1961, 69(3): 213-225.

纳尔逊(Nelson，1970、1974)从商品质量信息角度将商品划分为搜寻品、经验品和信任品。[①] 搜寻品(Searching Goods)是一些在购买前通过考察即可了解其质量的产品；经验品(Experience Goods)是人们在消费了商品之后才能知道其质量的商品；而信任品(Credence Goods)则是人们在消费之后也很难知道其质量的商品。这种产品分类表明，信息的传递在产品价值的实现过程中起着至关重要的作用。尤其是对于经验品和信任品而言，由于生产者掌握的产品质量信息是消费者无法了解的，消费者只能通过搜寻或使用经验才能获得。当消费者花费成本获得信息所引致的收益与消费者花费的成本相等的时候，消费者在获取信息的努力过程中达到了均衡。获取信息的成本越低，市场就运行得越顺畅，当获取信息的成本为零的时候，整个市场就能够实现无摩擦的平滑运行。

因此，完全信息仅仅是基于理论上的方便而对现实所做的一种简化的假设，而生产者和消费者之间的信息不对称对生产者、消费者及市场运行都产生了深刻的影响，并给市场运行带来了一系列不良影响，如优质产品被驱出市场，产品供应整体质量下降，消费者无法实现最优选择，而优质产品的生产者也饱受他人以次充好的不正当竞争行为的侵扰。因此，如何以有效的方式向消费者传递信息，就成为一些厂商在实现其产品的销售过程中所要考虑的内容。

延伸阅读2-2：柠檬市场

"柠檬"在美国俚语中表示"次品"或"不中用的东西"，"柠檬市场"也称次品市场，是指信息不对称的市场，即在市场中，产品的卖方对产品的质量拥有比买方更多的信息。在极端情况下，市场会止步、萎缩和不存在，这就是信息经济学中的逆向选择。柠檬市场效应则是指在信息不对称的情况下，往往好的商品遭受淘汰而劣等品会逐渐占领市场，从而取代好的商品，导致市场中都是劣等品。

著名经济学家乔治·阿克洛夫以一篇关于"柠檬市场"的论文摘取了2001年的诺贝尔经济学奖，并与其他两位经济学家一起奠定了信息不对称理论的基础。

阿克洛夫在其1970年发表的《柠檬市场：产品质量的不确定性与市场机制》中举了一个二手车市场的案例。指出在二手车市场，显然卖家比买家拥有更多的信息，两者之间的信息是非对称的。买者肯定不会相信卖者的话，即使卖家说的天花乱坠，买者唯一的办法就是压低价格以避免信息不对称带来的风险损失。买者过低的价格也使得卖者不愿意提供高质量的产品，从而低质品充斥市场，高质品被逐出市场，最后导致二手车市场萎缩。

---

　　① NELSON PHILLIP. Advertising as Information [J]. *Journal of Political Economy*. 1974, 81：729-754. NELSON, PHILLIP. Information and Consumer Behavior[J]. *Journal of Political Economy*. 1970, 78(2)：311-329.

2. 信息集聚、交流的平台

由于存在消费者在对产品信息了解上所处的劣势及获取信息难度，消费者对某些产品的消费就有可能受到阻碍，而会展作为传递、交流、创造信息的平台，就成为一种有关产品信息收集、加工、整理和出售的专业化机制。这种机制不但促成产品信息的集聚，而且根据消费者的需求，对各种产品和服务信息进行组装、打包，以形成不同风格、不同类别、不同专业特色的、适应消费者需要的产品信息组合。因而，会展可以说是一个以专业化形式代替消费者个人分散收集产品、服务质量和价格信息的机制。实际上，在会展平台上进行交易的就是各种产品和服务质量信息的组合，并且，这种专业化的信息机制还以其制度化的形式对产品和服务质量信息提供了一定程度的担保①。应丽君等（2004）分析了会展业价值的层次，认为，会展品牌化发展给会展带来了第二层次的附加价值，即"第三方认证"价值。"第三方认证"是市场经济中的一种通行的、重要的运行机制，是生产者与消费者之间的"见证人"。办得好的展览可以发挥这种"认证"作用，或者说，会展具有了"认证"功能。例如许多展览附加多种评奖活动，许多商家要在产品宣传中、产品包装上表示"获得某某展览会金奖"之类，正是这种"认证价值"的重要体现②。泰勒尔（Tirole，1997）认为，如果产品的提供者对产品质量或服务的质量担心，消费者在消费之前即使信息不完全也无须对产品或服务质量担心，因为担保制度与机制可以使消费者在事后获得赔偿。③ 于2006年08月27日至2006年08月30日在深圳会议展览中心举办的2006年亚洲电子产品贸易展暨美国电子产品展（AES）上，主办方巨流传媒在会展上推出了"质诚质量信用报告"，提供权威的产品质量信用参考，为采购商精确导航，也保证了有关产品和服务质量信息的有效传递，并且这一制度化的担保形式也在一定程度上消除了消费者的决策障碍。

因此，信息是会展的基石，会展业的基础价值就在于其"信息传播价值"（应丽君等，2004）。④ 会展展示的商品不同于商店里展示的商品，对观众来说，其真正的价值在于展示品内在的信息和意义。换言之，举办会展的目的在于让参观者与参展商相互交流信息。成功的会展能够让参观者从多角度获取信息，并能够与参展商互动交流。参观者获取信息的质量就是会展本身的质量。会展具备的其他信息交流形式所不具备的特性，即实物性、直观性和集中性，这也是会展所以能够存在和发展的根本理由。会展的"集中性"的派生意义就是它的"事件性"，能够吸引众多新闻媒体，能够产生"眼球效应"，而这正是它能够派生出相关活动、开发相关产业群、提高其附加值的内在潜质。

具体到会展平台所提供的信息交流实现机制上，刘大可等（2004）总结划分了会展平台的信息集聚和交流的模式及阶段，认为："不论是交易会、博览会、专业论坛还是大型活动，信息集聚和交流的模式几乎是一样的。这一模式可以划分为两个阶段：第一阶段是信息集聚阶

---

①②④　应丽君，张西振. 浅论中国会展业的发展战略重点[J]. 经济师，2004，（1）：54.

③　泰勒尔. 产业组织理论[M]. 张维迎，译. 中国人民大学出版社，1997.

段，新信息的需求方与信息的供给方从不同的城市或地区共同报名参加展会，如学术会议中拥有信息优势的知名学者作为信息的供给方通常被邀请为主讲嘉宾，而希望听到前沿学术理论的学者们将作为信息的需求方参加会议；第二阶段是信息交流阶段，信息的供需双方借助会展活动搭建的交流平台，进行信息的交流、传播和交易。还以学术会议为例，信息流程的第二阶段主要是专家与参会人员可以利用会议平台，相互交流，共同探讨，从而使信息供给方与需求方在展会现场找到结合点，并为双方会后进一步交流'牵线搭桥'。"①会展信息集聚与交流模式可以通过图2-1进行简单示意，其中圆环内为信息集聚和交流的第一阶段，圆环外部的信息集聚和交流则构成了第二阶段的内容。

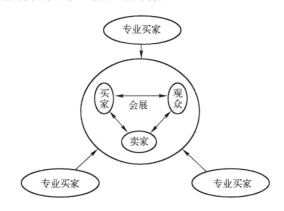

图2-1　会展信息集聚与交流示意图

二、节约交易费用的制度装置

1. 交易费用

会展这种专业化的信息收集和传递机制代替了消费者所进行的个人分散化的信息收集机制。那么，这样一个过程是如何实现的呢？我们用交易费用理论来进行解释。1937年，科斯（R. Coase）发表了其开创性的经典论文——《企业的性质》②，他提出，既然价格机制是公认的最有效的协调和配置资源的手段，那么，为什么企业还会存在呢？科斯认为，其主要原因在于使用价格机制是要支付成本的，包括发现相对价格、谈判、签订合约、监督合约的执行等都需要成本，这些成本也就是交易费用。企业的存在就是用企业内部交易来代替市场交易，以达到节约交易费用的目的。

① 刘大可，王起静. 会展经济学[M]. 北京：中国商务出版社，2004：65－66.
② COASE R. The Nature of the Firm[J]. *Economica*，1937，4：386－405.

2. 交易费用的节约

会展的存在将有关信息的供需双方整合到同一个平台之上,大大节约了有关信息需求者和供给者传递信息的成本,促进了有关交易的达成及市场的顺畅运行。只不过会展平台所节约的交易成本不是会展企业本身的交易成本,而是替会展参与者节约的交易成本,这也是会展存在的基础价值所在(应丽君等,2004)。[①] 这一点可以通过对会展存在与不存在的两种情况进行对比来说明。

我们假定消费者只与一种产品生产者——企业——进行交易,在不存在会展的情况下,交易过程如图2-2所示。

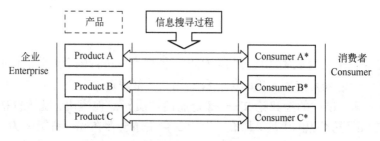

图2-2 不存在会展情况下消费者与企业之间的交易

为了分析上的方便,进行如下假定。

假定1:市场上存在三个消费者(Consumer)、三个企业(Enterprise)及三种产品(Product),每一个消费者在做出消费决策前对市场上三种产品都要进行信息搜寻。消费者对每一种产品进行信息搜寻的成本为1个单位,经过比较,消费者最终选择一种商品,并进行

---

① 应丽君,张西振.浅论中国会展业的发展战略重点[J].经济师,2004,1:54.

购买。购买过程中，消费者需要支付 1 个单位的签订合约、监督合约执行的成本。这样，每位消费者在产品搜寻、决策过程中要支付 4 个单位的交易费用。

假定 2：每个企业有一个消费者对其产品进行购买，该企业为产品的签约、交易过程也要支付 1 单位的成本，这样，三个企业就支付了 3 个单位的交易费用。

假定 3：三个企业所生产的产品的最终价格均为 10 个单位，消费者从产品上获得效用为 20 个单位。因此：

$$消费者剩余 = 3 \times (20 - 4 - 10) = 18 \ 个单位$$

$$生产者剩余 = 3 \times (10 - 1) = 27 \ 个单位$$

$$社会总体福利 = 18 + 27 = 45 \ 个单位$$

而在存在会展的情况下，上述交易过程就演变为如图 2 - 3 所示的情况。

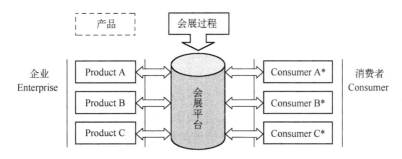

图 2 - 3　存在会展情况下消费者与企业之间的交易

我们仍然做如下假定。

假定 1：通过会展搜寻每一个产品信息的成本也为 1 个单位，这样一个成本将最终通过参展费的形式由消费者和生产企业分摊。

假定 2：由于会展提供了一个信息聚集、交流的专业化平台，并为信息的质量提供了一种制度化的担保，消费者搜寻信息的成本由此降低为 0 个单位，这样消费者只需要支付 1 个单位的签订合约、监督合约执行的成本。

假定 3：企业为产品的签约、交易过程需要支付的成本依然为 1 个单位。

假定 4：三个企业所生产的产品的最终价格仍为 10 个单位，消费者从产品上依然可以获得 20 个单位的效用，因此：

$$会展平台成本 = 3 \ 个单位$$

$$消费者剩余 = 3 \times (20 - 1 - 10) = 27 \ 个单位$$

$$生产者剩余 = 3 \times (10 - 1) = 27 \ 个单位$$

$$社会总体福利 = 27 + 27 - 3 = 51 \ 个单位$$

可以看出，会展平台在信息聚集及交流方面存在着巨大的优势，另外，在一次会展期间，会展对产品信息的搜寻是一次性的，但是这种信息却可以反复利用。也就是说，随着会展接待量的增加（或者说，对会展平台所提供信息的消费规模的增加），其信息的边际成本是下降的，直至边际成本为零。以世博会而言，按照国际展览局（BIE）的规定，世博会分为认可类和注册类两类展会，前者为专业性展会，展期为 3 个月，展出面积在 25 公顷以内；后者为综合性展会，展期为 6 个月，场地面积无限制。从 2000 年开始，注册类展会每 5 年举办一次，认可类展会在两届注册类展会之间举办一次。1993 年 5 月 3 日，中国正式加入国际展览局，并积极参与了国际展览局的各项活动。1999 年 5 月 1 日至 10 月 31 日，中国 1999 昆明世界园艺博览会在昆明成功举办，历时 6 个月。美丽的北国之都沈阳也于 2006 年 5 月 1 日—10 月 31 日成功举办了 2006 中国沈阳世界园艺博览会，成为继 1999 中国昆明世博会后的第二次在中国举办的世界园艺盛会，历时也是 6 个月。2005 年日本爱知世博会于 2005 年 3 月 25 日到 9 月 25 日在日本爱知县濑户市、长久手町和丰田市举办，历时共计 185 天。另外，2006 杭州世界休闲博览会（the 2006 Hangzhou World Leisure EXPO）于 2006 年 4 月 22 日至 10 月 22 日在杭州举办，历时也是 6 个月。这些大型而历时较长的会展活动为有关各方提供了持续的信息聚集和交流的平台，也大大有利于有关信息的重复利用。

如果每个消费者对每种产品只消费一次，对比一下两种情况就会发现，在不存在会展的情况下，每个消费者对产品信息搜寻一次，但是也只利用了一次，不能实现信息资源的共享，成本不能分摊。也就是说，消费者在对产品的信息搜寻上存在一定的"重复建设"，浪费了社会资源，降低了社会福利。市场上充斥着大量的产品信息，分散的消费者分别对产品信息进行搜寻会导致信息搜寻的重复进行，这时，会展就成为一个防止信息重复搜寻、节约交易费用的专业化的信息聚集、交流平台，通过这个平台，实现了信息共享，成本分摊，最终提高了社会福利。

威廉姆森（Williamson，1979）提出，交易成本大小与决定交易特性的三个维度有关，这三个维度是资产专用性、不确定性和交易频率。[①] 当一项耐久性投资被用于支持某些特定的交易时，所投入的资产即具有了资产专用性，资产越是专用的，其潜在的交易成本越大。不确定性则是与信息不完全和信息不对称相联系的，当不确定性很高时，交易双方很难达成交易。而交易频率作为描述交易性质的第三个维度，是指交易双方的交易次数，威廉姆森认为，一种交易方式（或组织）的确立和运转是有成本的，这种成本在多大程度上可以被所带来的利益抵消，取决于在这种组织中所发生交易的频率。如某种交易方式或治理结构的交易频率较高，交易成本就可以分摊到大量交易中，相对交易成本便下降了。在会展过程中，参与人数或参与企业越多，交易越频繁，会展的存在就越能增加社会的福利。

第三节　会展产品的基本要素

会展作为提供给参与各方进行信息交流的平台，本身就是一个"信息集聚与交易的市

---

① WILLIAMSON O E. Transaction-Cost Economics：The Gqovernance of Contractural Relations［J］，*Journal of Law and Economics*，1979，22：223 – 261.

场"，并且，"同一般的信息需求与供给方'一对一'的搜寻与交易模式相比，会展市场实现的是信息'多对多'模式的交流和交易。"①这种模式的转换，无论对信息供给方还是信息的需求方来说，都极大地扩大了选择的空间，降低了交易费用。正是由于会展是一种信息聚集、交流的专业化机制，其基本构成要素也就相应地表现为一个有机的系统。《现代展览系统的基本要素》②一文对现代展览的基本要素进行了分析，认为现代展览是由若干相互联系的要素有机构成的一个系统，在这个展览系统中存在着五大基本要素：(1)展览会的主体，即展览会的服务对象，是参展厂商即展览会的客户；(2)展览会的经营部门或机构，即专业行业协会和展览公司，是展览会的组织者；(3)展览会的客体，即展览会的展示场所，是展览馆或展览中心；(4)展览市场，即参展厂商获取信息和宣传企业形象的渠道；(5)参观展览的观众，即最终的用户和消费者。

一、参展厂商

参展厂商是会展产品最基础的要素，是指参加会展的企事业单位、团体及个体，没有参展厂商的参与根本就不存在展览会。参展厂商是会展产品的动力层次，正是由于市场的需求和参展厂商的存在，才产生了会展系统的其他要素。并且参展厂商是系统得以存在和发展的原始动力。如果没有参展厂商的会展行为，就不会产生展览组织者和观众的行为，也就无所谓会展系统。此外，参展厂商是系统活力的前提。参展厂商数量的多少和行为的活跃与否，直接关系着会展系统的生命力。事实表明，凡是参展厂商群体庞大，行业组织支持度高、会展竞争越是激烈的地区，会展系统越是活跃。

二、会展组织者

凡以经营会展业务为营利手段的单位都属于会展经营部门。目前我国的展览组织者有专营、兼营和代理三种形式。在成熟的会展系统中，会展组织者这个要素是指专营会展业务的机构和部门，即会展公司和一些行业协会。会展组织者必须具备两个条件：一是与特定的参展厂商发生业务关系，有特定的服务对象；二是创造出服务的产品——会展，即提供展示环境和信息。会展组织者在会展系统中的作用使它成为系统的主体。这是因为，参展厂商虽然是活动的起点，但它只是以服务对象的身份提出自己的服务要求，至于会展以什么形式组织、如何组织、能够取得什么效果，参展厂商是无能为力的；会展场所(媒体)是展览的举办地点，它只能决定会展在什么时候举行，提供最基本的服务而一般不参与展览会的组织与运作或是两套工作机构；会展市场是会展赖以存在的条件，但市场的经济性质决定它是以被动的方式参与会展活动；观众(消费者)虽然是会展过程的终点，但他是既定会展的接受者，也不可能参与展示产品的生产过程。因此，在会展系统中，只有会展组织者处于核心和支配地

---

① 刘大可，王起静．会展经济学[M]．北京：中国商务出版社，2004：65．

② 中国展会览．http://www.expo365.cn/News/Detail/2005-08/0808488796718750.html．

位，它不但决定会展的性质、特点和形式，而且决定会展的最终效果，所以，会展组织者的状况决定会展系统状况。

三、会展媒体

会展媒体是指展示传播信息的媒介物，这种媒介物在会展上称之为展示场所——展览馆或会展中心。会展项目经过策划出来后，如果不通过一定的方式集中向消费者展现其中的成果，会展的意义也就不存在了。在会展系统中，会展的生命在于展现和传播、媒体与会展组织者（主办单位）、市场和观众（消费者）发生密切的联系。参展厂商与展馆的联系通过会展组织者来实现。在会展系统中，会展场所的主要功能就是通过提供媒介及形象展示，付出智慧，传播信息，其情形恰似系统的神经。

四、会展市场

狭义的市场是指商品交换的场所，广义的市场是指商品所反映的各种经济关系和经济活动现象的总和。会展系统中的市场是指广义的市场，因为会展系统是一个开放的系统，它所涉及的内容和经济关系远远超出了纯粹商品交换的范围。在这个系统中，既有以会展为媒介反映参展厂商和消费者关系的商品交换行为，也有反映参展厂商与会展组织者和展馆之间的分工协作行为，所有这些关系都不是狭义的市场能够反映和包容的。

在会展系统中，市场这个要素的重要性随着商品经济的发展日益显著。一方面它使系统其他要素的功能通过市场发生有机的联系，各要素之间的联系一定要通过市场的商品交换来实现，没有商品交换的会展活动是不可思议的。即使是那种以树立企业形象和创造品牌印象为目的的战略性会展也是为商品交换的顺利进行所做的一种准备工作。另一方面，市场以它特殊的功能调整着系统各要素之间的关系，因为各要素行为方式的变化和行为后果，都要从市场中得到反馈，这样通过市场这个媒介反映出的会展——信息必然会影响各个要素的关系，并以此为据，做出相应的反应和调整，所以，市场是会展系统的纽带。

五、参展观众

消费者就是商品的购买者或使用者，包括生产消费者和生活消费者。在商品经济活跃发展的条件下，消费者数量是很难确定的。它包括两个部分：一是在会展直接作用下，采取某种消费行为的消费者，如那些在商品展示过程中面对面的劝说下，引起购买行为的消费者；二是在会展间接作用下采取某种消费行为的消费者，如在广告宣传作用下采取某种消费行为的消费者，或由于受到同类商品消费者的消费印象的感染，虽然没有直接接触商品本身，但通过会展中的广告信息传递在消费者之间的这种互动感染本身也是一种劝服。间接消费者的大多数是那些对某企业产品具有充分信任感的企业和个人，有时尽管厂家从未参加会展或做过专门的广告宣传，但产品质量的优良使其成为消费者公认的第一选择，拥有比较稳定的顾客。正是由于大量间接消费者的存在，会展与广告在传播中的作用各有异同，会展中又含有广告，使会展系统中的消费者难计其数。

在会展系统结构中，消费者是一切展览行为的起点。从社会再生产过程中看，如果没有消费，便不可能存在有目的的生产，没有生产便不可能产生参展厂商，也就不可能有其他行为。消费者还是会展行为的终点，因为会展活动之最终目的是为了满足消费者的购买和选择的需要，会展效果的好坏也要由消费者最后决定。因此没有消费者的行为，会展活动既失去了目的，也无法最后完成展览的全过程，所以，消费者是会展系统的起点和终点。

从以上分析可以看出，现代会展特别是经济贸易展览是由一系列要素有机联系在一起的一个系统，构成这个系统的基本要素是参展厂商、会展组织者、会展场地、市场和消费者。因此，按照系统论的方法可把现代展览定义为：会展是由具有法人地位的厂商出资，通过会展组织者策划的组织，利用会展这一特定的媒介向市场和消费者显示商品和劳务的信息，以达到一定经济目的的商务活动。

复习思考题

1. 什么是信息？信息在经济系统中具有什么样的作用？
2. 讨论会展在信息传递中的作用。
3. 什么是交易费用？
4. 分析会展对交易费用的节约机制和途径？
5. 作为系统化的产品，会展的基本构成要素是什么？

第三章 会展产品效用

效用是经济学中最常用的概念之一，用来衡量消费者从一组商品和服务之中获得的幸福或者满足的尺度。一般而言，效用是指对于消费者通过消费产品或者享受闲暇等使自己的需求、欲望等得到的满足的一个度量。对于会展产品的需求者来说，会展产品的效应构成了其购买或消费会展产品的基础，成为会展经济存在和发展的前提。

第一节 会展与产品差异化

一、产品差异化理论

完全竞争市场的基本假定是产品具有同质性，市场上存在大量的消费者和企业，消费者和企业都能够自由进入和退出市场，任何消费者和企业均不能影响市场上的价格，企业和消费者都是价格的接受者。但是，这仅仅是一种理论上存在的市场形态，完全竞争市场和处于另一个极端的完全垄断市场只是古典经济学和新古典经济学分析现实世界的一个工具，而在现实中，产品并不是同质的，异质性的或差异化的产品更为普遍。20世纪30年代，Chamberlin(1933)[1]和Robinson(1933)[2]突破了古典经济学的局限，通过引入产品差异对完全竞争理论进行了修正，使经济学发展进入了一个新的阶段。

实际上，较早涉及产品差异化的是Shaw(1912)，他认为，产品差异化战略是为了更好地适应人类的需要，而不是为了竞争，其结果是企业创造了需求，并且产品价格要高于一般产品价格。[3] Chamberlin(1933)以产品差异化研究建立了垄断竞争理论，并成为产业组织理论的发源之作。[4]在Chamberlin的垄断竞争模型里，产品差异化被定义为产品能在某一方面区别于其他产品或服务，并且这一方面对于买者来说特别重要，进而引致了对该产品的偏好。在垄断竞争理论中，他不仅注意到产品本身固有的差异化因素，如排他性的外观设计、商标、产品名称、包装、较好的质量、颜色、款式，而且一些非产品本身固有的因素也能影响买者的效用，成为形成产品差异化的重要因素，比如销售环境、服务态度、地理位置、经销商，等

①④ CHAMBERLIN E H. *The Theory of Monopolistic Competition*[M]，Cambridge：Harvard University Press，1933.

② ROBINSON J. *The Economics of Imperfect Competition*[M]，London：Macmillan，St. Martin'Press，1933.

③ SHAW，ARCH W. Some Problems in Market Distribution[J]. *Quarterly Journal of Economics*，1912，(3)：703－765.

等。因此，产品的差异化不仅来源于产品本身固有的特征，而且地理位置等外在因素也成为导致产品差异化的因素。此外，Chamberlin 认识到，消费者的感知和产品可被观测的非物理特征的重要性能够使产品在包装、地理分布产生差异并且，消费者对商标和商品名称、声誉、价值等方面也会产生真实或"虚拟"的差异。

后来，Smith（1956）把产品差异化描述为企业以广告和各种促进产品差异化行为试图改变企业面临的需求曲线，[①]其关于产品差异化的观点是改变产品特征的可感知的因素，这种观点与 Chamberlin（1933）和 Porter（1976）[②]的观点是一致的，只不过 Porter 的产品差异化因素包括了企业通过产品说明书来改变产品真实的物理特征。Porter（1976）认识到产品差异化是基于能被感知的真实的物理差异和非物理差异，产生于产品的物理特征和其他市场混合因素，他坚持产品差异化的传统定义，即产品差异化是具有竞争关系品牌的价格交叉弹性程度。

20 世纪 30 年代到 70 年代的产品差异化的研究并不成体系，但为产品差异化的研究奠定了坚实的基础。到了 20 世纪 70 年代，由于博弈论的发展及其在产业经济学中的广泛应用，产品差异化成为产业经济学研究发展最迅速、成果最丰富的领域之一，并成为新产业组织理论中的六大研究领域之一（其余研究领域为静态博弈理论、重复博弈和寡占理论、进入壁垒与进入遏制、技术进步与市场结构的动态演变、信息不对称）[③]。

二、产品差异与市场结构

在功能上，产品差异是决定市场结构的一个重要因素，是企业在经营上对抗竞争的主要手段，也是一种非价格壁垒。企业在其所提供的产品上造成足以引起购买者偏好的特殊性，使购买者将它与其他企业提供的同类产品相区别，以达到在市场竞争中占据有利地位的目的。因此，产品差异的重要性在于对买者需求造成影响，使消费者对某些企业或某些牌号的产品产生偏好，减少了同一产业内不同企业生产的产品之间的可替代性，从而形成竞争的不完全性和寡占或垄断。杨公朴等（2005）在更为广阔的产业视角下分析了产品差异与市场结构及市场行为、市场绩效的关系，认为，产品差异不仅独立地影响价格的形成，而且通过市场集中度、进入壁垒、非价格行为间接影响价格的形成，并最终影响市场绩效（见图 3 - 1）。[④]

另一方面，产业内的企业一般都不愿意在产品空间中定位于同一位置，其原因就在于同质产品竞争所导致的 Bertrand 困境（Bertrand Paradox），即：生产完全可替代产品的企业

①　SMITH, WENDELL. Production Differentiation and Market Segmentation as Alternative Marketing Strategies[J]. *Journal of Marketing*, 1956, (21): 3 - 8.

②　PORTER, MICHAEL E. *Interbrand Choice, Strategy and Bilateral Market Power*[M]. Cambridge, MA: Harvard University Press, 1976.

③　斯蒂芬·马丁. 高级产业经济学[M]. 史东辉，译. 上海：上海财经大学出版社，2003.

④　杨公朴. 产业经济学[M]. 上海：复旦大学出版社，2005.

会面对无约束的价格竞争，最终定价与边际成本 MC 相等，经济利润为零。或者说，在 n 个厂商成本对称（具有相同的成本函数，产品同质）的情况下，厂商静态博弈纳什均衡结果是厂商只能按边际成本定价，等同于完全竞争市场。[①] 即，对于一样的厂商 1 和厂商 2，其产品价格 P_1 和 P_2 对于一样的边际成本 C，有 $P_1 = P_2 = C$。Bertrand 困境暗示着，生产同质品的厂商在激烈的市场竞争态势下，有陷入恶性价格竞争的趋势，厂商间的博弈竞争促使产品价格趋向"降价－保本"的底线。因为，在同样的产品情况下，厂商吸引消费者的唯一手段是价格。

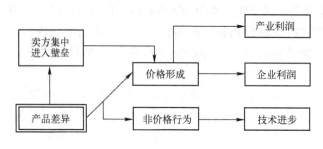

图 3－1　产品差异的影响

从 Bertrand 困境分析来看，引起价格竞争的起因根本上是因为消费者面对着同质的商品，产品之间的替代性极强，价格成为消费者购买时的唯一选择变量，降价也就成为厂商吸引顾客的唯一法宝。回避 Bertrand 困境最现实和最常见的做法是实现产品差别化，因为在市场上，厂商将不可避免地感受到价格和环境的竞争压力，它们在产品开发与选择时，会意识到相似程度太大的产品定位会影响价格竞争的密度。如果假设厂商 1 和厂商 2 选择的产品在产品特性空间中彼此靠得很近的话，意味着厂商 1 和厂商 2 之间具有完全的替代性，厂商 1 和厂商 2 面对着同一个消费群体，价格将成为消费者购买的决策因素，厂商 1 和厂商 2 之间将不可避免地展开激烈的价格竞争。产品越相近，价格竞争也会越激烈。因此，为降低产品相互间的可替代性，即降低价格竞争的密度，各厂商一般都不愿意在产品空间中定位于同一或很靠近的位置，而通常愿意体现出差异。实行产品差别化可以在一定程度上缓和或回避激烈的价格竞争，即厂商将有差异的产品定位于不同的产品空间，建立了固定的客户，企业对这些客户可以享有某种程度的市场支配力以获取超额利润，因此，企业通常都尽量把自己与其他企业的产品区别开来（李太勇，1995）。[②]

Chamberlin（1951）对差异化产品市场的分析也表明：差异化产品均衡产量低于完全竞争均衡产量，均衡价格高于厂商的边际成本，厂商通过差异化产品获得经济利润，并且随着产

---

①　而在 n 个厂商成本不对称（某些厂商成本函数低于其他厂商，产品同质）的情况下，成本最低的厂商以稍低于次高成本的价格占据全部市场份额，获得低于垄断利润但高于零的经济利润，由于只有一个厂商供应全部市场，该情况等同于完全垄断。

②　李太勇. 产品差别化与市场进入壁垒[J]. 外国经济与管理. 1995（5）：45－48.

36

品差异化程度增大，厂商的价格竞争减弱，利润增加①。Porter(1976)则指出企业与五种竞争作用力相抗争，而差异化战略可以建立起应对五种作用力的防御体系。② 通过差异化战略既可以培养客户的忠诚度又可以降低他们的价格敏感度，增强了企业的市场控制力，削弱了市场竞争强度，减少了被替代的可能性，提高了市场抵抗力。为此，Porter(1985)进一步认为，产品差异化战略是企业增强竞争优势的三大战略之一，如果企业能够给消费者提供某种独特的东西，那么它就与竞争对手差异化了，进一步，差异化可以使产品产生溢价，进而增强企业的获利能力。③

三、差异化形成的会展途径

对企业而言，要真正实现产品差异化，还需要把产品差异化的特征有效地传达到顾客。在早期市场上，信息传播只有几种基本的方法可供选择：电台广告、报纸广告、杂志广告、户外广告牌、公共关系及其他类似的方法。然而当各种手段变得更加专业化后，每种手段都必须予以特别的重视，有时候甚至需要进行专门的活动以将差异化的信息传递给不同的受众，会展就是其中的重要手段之一（见表3-1）。通过会展传递信息的功能将产品差异化信息传达到目标市场，让消费者感到产品的差异，从而在消费者心目中树立起与众不同的形象，进而占领市场。另一方面，从会展参与者的角度出发，会展是其获取商业信息的首要来源，他们通过这些信息来做出购买决定（见表3-2）。

表3-1　各种营销手段命中目标客户的效率

营销手段 受众	会　展	广　告	推销信函	公共关系
发掘潜力客户	39%	27%	20%	13%
获取订单	12%	5%	8%	8%
新品推介	42%	24%	28%	14%
提升品牌形象	42%	43%	19%	19%
扩大公司知名度	33%	32%	22%	24%
开拓全新市场	28%	25%	24%	15%

数据来源：CEIR，《会展的力量》报告第二版，Deloitte&Touche 咨询组，1996. 转引自：［美］巴利·西斯坎德（Barry Siskind），郑睿译. 会展营销全攻略：循序渐进解开成功会展的秘诀［M］. 上海：上海交通大学出版社，2005：6.

---

① CHAMBERLIN E H. Monopolistic Competition Revisited［J］. *Economica*, New Series, 1951, 18 (72)：343 - 362.

② PORTER, MICHAEL E. *Interbrand Choice*, *Strategy and Bilateral Market Power*［M］. Cambridge, MA：Harvard University Press, 1976.

③ PORTER, MICHAEL E. *Competitive Advantage*［M］. New York：Free Press, 1985.

表3-2 购买信息：你的营销方法效果如何？

贸易会展	91%
在商业出版物上刊登文章	86%
朋友/商业伙伴	83%
指南与目录	72%
制造商指定代理	69%
商业出版物上的广告	66%
实地考察	64%
新闻发布会与研讨会	59%
用户群体	41%
内部订购部门	40%
外部顾问	39%
零售/推销员	23%
报纸	22%
其他	2%

数据来源：CEIR，《会展的力量》报告第一版，西蒙斯市场调查署，1993. 转引自：巴利·西斯坎德. 会展营销全攻略：循序渐进解开成功会展的秘诀[M]. 郑睿，译. 上海：上海交通大学出版社，2005：4.

总之，会展提供了供参与各方进行信息聚集、交流的平台，对参与会展的企业而言，会展提供了推介产品的机会。就展览而言，根据展览内容可以将展会分为综合展览和专业展览两类。综合展览指包括全行业或数个行业的展览会，也被称作横向型展览会，如工业展、轻工业展。专业展览指展示某一行业甚至某一项产品的展览会。但是，不论是专业型展会还是综合型展会，总会有大量处于同一行业的企业参展，不同参展企业之间的竞争也就愈发激烈。在同一个会展上处于同一行业的不同企业之间存在着极强的替代弹性，如果产品是同质的，市场竞争就会十分激烈，企业没有进行市场推广的努力，也只能获得市场平均利润。为了获得超额利润，企业就需要使自己的产品能够脱颖而出，吸引消费者的注意力并满足消费者的需求。此时，产品差异化就成为企业应对同质化及激烈市场竞争的独门绝技。在将产品差异化信息向消费者进行传递的过程中，会展同样发挥着重要的作用。一方面，会展作为信息交流的平台，可以为企业差异化产品信息提供专业化的传递机制；另一方面，会展作为信息聚集平台，可以使企业通过差异化产品的提供避开激烈的市场竞争，实现消费者用本企业产品对其他企业产品的替代。

第二节　会展与产品质量信息

一、会展与产品质量信息显示

1. 会展与产品信息差异

信息差异源自消费者和厂商之间的信息不对称,而广告则可以部分解决双方之间的信息不对称问题,因此,信息差异主要研究广告对消费需求和产品差异的影响问题(杨公朴等,2005)[①]。其实,作为有效的信息集聚、交流的平台,会展在传递产品信息过程中具有更为有力的作用(见表3－1、表3－2)。会展根据其传播信息的内容可以分为两类:一类为传递产品的"硬"信息,包括产品的存在、价格和产品的物质形态等;一类是传递产品的"软"信息,包括产品的产品质量、品牌价值、情感诉求等。厂商通过会展可以向消费者提供产品信息,宣布某种产品的存在,甚至标明其价格,告诉消费者购买的详细地址,并且对产品质量进行描述,从而减少消费者的搜寻成本,加强市场竞争。但是,参加会展是需要花费成本的,当厂商参加会展所获得收益与所花费的成本相等的时候,厂商即达到了参加会展均衡点。因此,厂商并不能通过会展告诉消费者关于产品的所有信息,从而信息差异依然会存在。

Bain(1956)认为,信息差异可以构成市场进入壁垒,因为消费者倾向于忠诚于早先创立的品牌。[②] Schmalensee(1982)在一个正式的模型中肯定了 Bain 的直觉,表明一个已有的高质量品牌可以怎样获得超额利润,而又不会鼓励新的甚至是高质量的市场进入者。[③] 一般而言,生产者了解产品的质量,而消费者在第一次购买之前则不清楚,因此生产者和消费者之间存在产品质量信息不对称的问题。如果生产者和消费者之间没有有效地传递信息,那么市场运行将受到妨碍。产品市场上的这种质量信息不对称现象对高质量产品的生产者和消费者来说都是不利的。对高质量产品的生产者来说,由于消费者只愿支付市场平均价格购买其产品,而若按此价格出售,高质量产品生产者显然会遭受损失;若提高价格,则有可能导致产品销售不出去而被迫退出市场。因此,高质量产品的生产者希望自己的产品质量信息能被消费者了解。另一方面,消费者由于缺乏产品质量的信息,即使按照市场平均价格购买产品,也有可能买到低质量的产品,从而遭受损害。因此,消费者也希望了解产品质量的真实信息。由此可见,高质量产品的生产者需要积极传递产品质量信息,以减少消费者的搜寻成本。那

---

① 杨公朴. 产业经济学[M]. 上海:复旦大学出版社,2005.

② BAIN J S. *Barriers to New Competition*[M]. Cambridge:Harvard University Press,1956.

③ SCHMALENSEE R. Product Differentiation Advantages of Pioneering Brand[J]. *American Economic Review*,1982,72:349－365.

么，厂商如何向消费者传递其产品质量信息呢？

2. 产品质量信息传递

Kihlstromt & Riordan(1984)把产品市场分为高质量和低质量市场，将非信息性广告①作为传递产品高质量的信号。② Milgrom & Roberts(1986)则建立了一个双信号模型，产品价格和广告支出共同作为厂商的决策变量向消费者传递产品质量信号。他们认为，若单独使用价格信号，低质量产品的厂商就容易制订同样的价格来模仿高质量产品厂商的行为，因此，达到分离均衡就需要高质量产品厂商付出更高的代价，利用非信息性广告辅助价格来传递产品质量信号。③但是，Milgrom & Roberts(1986)模型结论成立的前提条件是消费者能够观察到厂商的广告费用，否则，非信息性广告就不能传递产品的高质量信号。

延伸阅读3-1：分离均衡

所谓分离均衡，是指不同的人在面对不同的契约下会做出不同的选择，最终使资源配置的效率提高。

在信息不对称的情况下，当某类局中人的类型可能存在多种情况且其中某种类型的局中人希望将自己的真实类型告诉外界时，这类局中人就可能向外界发出某种信号使自己得以区别于其他不同类型的局中人。处于缺少信息的一方，可以凭借设计不同的机制，来判别不同人的信息，扭转信息劣势方处于被动的状态，而不再是拥有信息的一方发出信号，不拥有信息优势的一方只能消极地等待。

另一方面，会展作为一种有效的传递信息的方式，同样具有传递产品高质量信号的功能，尤其是对一些大型活动来说，参与其实就是一种实力和质量的象征。第29届奥林匹克运动会组织委员会制定的《北京2008年奥运会市场开发计划启动书》④中在选择赞助企业时，就制定了如下主要参照标准。

资质因素。赞助企业必须是有实力的企业，是行业内的领先企业；发展前景良好，有充足的资金支付赞助费用。

保障因素。企业能为成功举办奥运会提供充足、先进、可靠的产品、技术或服务。

报价因素。企业所报的赞助价格是选择赞助企业最重要的考虑因素之一。

品牌因素。企业具有良好的社会形象和企业信誉，企业的品牌和形象与奥林匹克理念和

---

① 非信息性广告系指除了传递产品存在的信息以外，不传递其他任何信息的广告，大多数电视广告都属此类(Nelson，1974)。

② KINLSTROM R E, RIORDAN M H. Advertising as a Signal[J]. *Journal of Political Economy*, 1984, 92: 427-450.

③ MILGROM P, ROBERTS J. Price and Advertising Signals of Product Quality[J]. *Journal of Political Economy*, 1986, 94: 796-821.

④ 第29届奥林匹克运动会组织委员会网站 http://www.beijing-2008.org.

北京奥运会的理念相得益彰，产品符合环保标准。

推广因素。企业在市场营销和广告推广方面投入足够的资金和做出其他努力，以充分利用奥运会平台进行市场营销，同时宣传和推广北京 2008 年奥运会。

而国际奥委会全球赞助商计划——TOP 计划（The Olympic Plan）则是一个只授予那些国际型企业的顶级赞助商计划。根据规定，全球赞助商必须符合三个条件：其一，企业及其产品具有高尚品质和良好形象，居于世界领先地位；其二，是跨国公司，拥有充足的全球性资源；其三，能够协助推行国际奥委会营销计划。并且，国际奥委会全球赞助商计划作为奥运会的重要盈利模式，国际奥委会对全球合作伙伴还有着一些特殊的选拔程序和条件，在遴选企业合作伙伴时十分挑剔，其中之一就是要求入选企业在本领域内居于世界领先地位，是拥有充足全球性资源的跨国公司，并且设定了排他原则，在同一行业中只能挑选一家企业。这些条件加上巨额的赞助费用，TOP 计划实际上成为国际级大企业的贵族俱乐部，参与者基本上都是全球 500 强企业。

2004 年 3 月 26 日，联想集团宣布正式成为国际奥委会全球合作伙伴，这是中国企业进入奥运会 TOP 计划"零的突破"。联想成为国际奥委会的全球合作伙伴，意味着在 2006 年都灵冬奥会和 2008 年北京奥运会上，所有的台式电脑、笔记本电脑、计算技术设备等都将由联想独家提供。联想为都灵冬季奥运会提供了最高的保障，而都灵冬季奥运会也为联想带来了绝佳的品牌鉴定和平台，同时借助奥运会这个盛事，联想的品牌得以向全球推广。为此，联想启动联想品牌及奥运战略，在全球实施以 Lenovo 为主品牌的品牌战略，以奥运为契机，为 Lenovo 品牌赋予其创新的（Innovation）、高品质和可靠的产品（High Quality & Reliable Products）、卓越服务（Service Excellence）三大顶尖品牌特性，从而借力奥运会，将 Lenovo 的品牌与质量、可靠、创新的概念结合在一起。

二、会展与产品质量信息传递

下面将具体分析和研究会展对产品质量信号传递。①

假定一个厂商研制出一种新产品，产品质量有高质量 H 和低质量 L 两种类型。厂商知道产品的实际质量，而消费者不知道，因此，在厂商与消费者之间存在着信息差异。厂商的决策变量为价格 P 和会展费用 A，消费者在观察到 P 和 A 后决定是否购买，通过使用或者信息交流获悉产品质量的高低，这样就形成了一个不完全信息的扩展式博弈，厂商和消费者的均衡战略构成一个序贯均衡，并且，厂商和消费者在每个决策点的均衡选择是信息和消费者关于产品质量信念的函数。因此，我们可以归纳出如下分析前提。

前提 1：对于厂商的选择 (P, A)，消费者产生唯一的信念 $\rho(P, A)$，即产品高质量的概率。

---

① 本节模型借鉴了 MILGROM P, ROBERTS J. Price and Advertising Signals of Product Quality[J]. *Journal of Political Economy*, 1986, 94: 796 – 821.

前提2：厂商的利润函数为 $\prod(P, q, \rho) - A$，其中，$q(q = L$ 或 $H)$ 是产品的实际质量。

显然，消费者的初始购买关于预期质量 ρ 递增，重复购买关于实际质量 q 递增。但是，$\prod$ 不一定关于 q 递增，因为，成本可能关于 q 递增。我们假定利润关于 ρ 递增。

前提3：当 $\rho = 0$ 或 $\rho = 1$ 时，消费者认为他们已经知道了产品的实际质量。此时，定义

$$\pi(P, q, L) = \prod(P, q, 0) \tag{3-1}$$

$$\pi(P, q, H) = \prod(P, q, 1) \tag{3-2}$$

因此，$\pi(P, q, Q)$ 表示实际质量为 q、被认为实际质量为 Q 的厂商毛利润。

前提4：质量类型为 q 的厂商最优定价为 P_q^q，$P_q^q = P_H^H$ 或 P_L^L，这是一种完全信息价格。而在实际的信息情况下，由于消费者与厂商之间信息差异的存在，实际质量 q 可能不同于消费者信念中的 Q，此时，P_Q^q 表示最大化 $\pi(P, q, Q)$ 的价格。

上述前提为我们构建了分析的基础，在这样的一种分析前提下，我们来分析会展作为一种重要的信息传递机制在消弭厂商和消费者之间质量信息不对称所发挥的作用。另外，前文已经述及，会展是一种重要的产品信息传递平台（表3-1和表3-2），为此，将以产品质量信息的传递为出发点，分析厂商利用会展平台及时准确地向消费者传递产品质量信息的必然性。

推论1：如果消费者在购买之前就已经知道了产品的实际质量，那么 $\pi(P, q, q) - A$，就表示被认为生产质量为 q 的厂商净利润。显然，此时厂商的最优会展花费预算为 $A = 0$。

进一步，得出推论2。

推论2：对于 (P, A)，当且仅当下式成立时，存在分离序贯均衡

$$\pi(P, H, H) - \pi(P_L^H, H, L) \geqslant A \geqslant \pi(P, L, H) - \pi(P_L^L, L, L) \tag{3-3}$$

在分离序贯均衡中，高质量厂商选择满足不等式(3-3)的 (P, A) 组合，低质量厂商选择 $(P_L^L, 0)$，消费者信念为：

(1) 对于高质量厂商选择的点，$\rho(P, A) = 1$，$\rho(P_L^L, 0) = 0$；

(2) 对于其他的 (P', A')，$\rho(P', A')$ 足够小（比如为0），因此，没有博弈方愿意偏离到 (P', A')。

不等式(3-3)表明，高质量的厂商宁愿选择 (P, A) 被认为是高质量，而不愿意被认为是低质量；而低质量的厂商则恰好相反。无论低质量厂商在分离均衡中选择什么样的 (P_L, A_L)，这样的选择总会导致 $\rho(P_L, A_L) = 0$，因此，低质量厂商的最好选择就是 $\rho(P_L^L, 0) = 0$。

图3-2描绘了分离均衡存在的区域，其中，等利润曲线下的点对应更高的利润水平，不等式(3-3)在阴影部分均成立，阴影部分的每一个点都是一个分离均衡。尽管分离均衡非常多，但是许多均衡中的消费者信念都是难以置信的。例如，如果点 (P', A') 要成为均衡点，只有当消费者认为选择 (P', A'') 的厂商是低质量的厂商时才有可能，即使这样的选择是低质量场上的劣战略。低质量厂商选择 (P', A'') 的最好结果就是被认为是高质量厂

商，但是，这劣于选择$(P_L^L, 0)$，被认为是低质量厂商时的最坏结果。如果消费者相信厂商不会选择劣战略，那么，$\rho(P', A'')$一定为1，这样高质量厂商选择(P', A'')的均衡就推翻了。

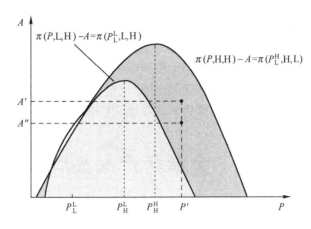

图3-2　分离均衡存在的区域

推论3：当且仅当(P, A)满足式(3-3)时，存在分离均衡。在分离均衡中，高质量厂商选择(P_H, A_H)一定是下式的解：

$$\max_{P, A} \pi(P, H, H) - A$$

s. t. $\pi(P, L, H) - A \leqslant \pi(P_L^L, L, L)$, $P, A \geqslant 0$ （3-4）

如果式(3-4)的解为(P^*, A^*)，其中$A^* > 0$，那么，可以P^*通过求解下式得出：

$$\max_{P} \pi(P, H, H) - \pi(P, L, H)$$

s. t. $\pi(P, L, H) - \pi(P_L^L, L, L) > 0$ （3-5）

剔除了劣战略，那么，分离均衡中的$\rho(P, A) = 1$就是位于曲线$A(P)$上面或在其更上面的点集合，其中当$A \geqslant 0$时，$A(P)$由等利润曲线$\pi(P, L, H) - A = \pi(P_L^L, L, L)$决定；否则$A(P) = 0$。均衡点不可能位于$A(P)$之下，因为$A(P)$下面的点有可能使低质量厂商被认为是高质量厂商。式(3-4)中，拉格朗日乘数(Lagrange Multiplier)测度了会展的边际收益。当$A^* > 0$时，会展的边际收益等于边际成本，边际成本是1。据此，推论3的第二个特征就可以从第一个特征推导出来。满足式(3-3)的点集是闭集，若是非空集，则包含了满足式(3-4)的约束点，这就可以得出存在分离均衡的结论。当然，只要式(3-4)存在唯一解，那么博弈均衡就有唯一的分离均衡。

由以上分析可以看出，对于厂商来说，参加会展及其带来的支出并不是一项可有可无的浪费性支出，而是必要的，厂商通过会展可以向消费者传递有关产品的信息，告诉消费者：厂商之所以花费巨资(比如前文提及的国际奥委会全球赞助商计划)参与会展活动，是因为其产品是高质量的，高质量的产品可以导致消费者的重复购买，由此收回巨额的会展费用。因此，参与会展向消费者传递了产品高质量的信号，解决了产品质量信息在厂商和消费之间的差异。

其实，厂商花巨资参与会展活动就是信息经济学或博弈论中著名的"承诺行动"。类似现象在现实生活中可以说比比皆是，如有实力的商店花大钱将店堂和门面进行豪华装修，有实力的公司或银行购买和使用高档轿车，有能力挣钱的人穿名牌服装、到精品店进行高消费，有军事实力的国家经常进行公开性的军事演习和新式武器试验，并对这种演习或试验大肆进行宣传报道……甚至有人说，奥林匹克运动最早也来自古希腊的男人为了向女人争相表明自己有着强壮的体魄，以博得女人的青睐而做出的"承诺行动"。[①] 如此诠释奥运会的起源可能有些牵强，不过却有助于理解会展在传递产品质量信号中的作用。

第三节　会展与产品品牌声誉

一、品牌声誉

1. 品牌声誉的作用

在本节中，我们使用品牌声誉(Brand & Reputation)这个词，将品牌和声誉作为同一个概念使用。美国市场营销协会对品牌的定义是："品牌是一种名称、术语、标记、符号或设计，或是它们的组合运用，其目的是借以辨认某个销售者或某群销售者的产品或服务，并使之同竞争对手的产品和服务区别开来。"[②]

这是一种带有浓厚的营销学色彩的定义，Aaker(1991)大体也持类似的观点，他将品牌定义为用于一种产品或服务上在某些特征上区别于同类产品或服务的名称或标识。[③] 美国学者 Keller(1993)提出了基于顾客价值创造的品牌创建理论，认为，品牌的价值基于顾客的认知，以及由这个认知而产生的对企业的品牌营销所做出的相对于无品牌产品而言的差异性反应，如果这个差异性反应是正面和积极的，则这个品牌就有正的价值；反之，如果顾客做出的是消极的反应，则这个品牌就有负的品牌价值。进一步，Keller 认为评价品牌创建最终成效体现在以下八个方面：品牌的忠诚度、不易受到竞争性营销行为伤害、更大的边际利润、对降价富有弹性、顾客对涨价不敏感、提高营销沟通的效果和效率、可能的许可收益、对品

---

① 蒲勇健. 大话张五常：52 篇经济学随笔[M]. 北京：经济科学出版社，2003：52 –57.

② 菲利普·科特勒. 营销管理[M]. 梅汝和，等译. 北京：中国人民大学出版社，2001：486.

③ AAKER D A. *Managing Brand Equity*：*Capitalizing on the Value of Brand Name*[M]. the Free Press，New York，NY，1991.

牌延伸更加积极的反应。①

因此，品牌通常是一家企业用以将自己的产品同竞争对手区分开来的名称、商标或是符号，而与品牌相联系的就是企业的声誉。根据 Fombrun 和 Rindova(1996)的定义："企业声誉是一个企业过去一切行为及结果的合成表现，这些行为及结果描述了企业向各类利益相关者提供有价值的产出的能力。并且企业声誉衡量了一个企业在与内部员工及外部利益相关者的关系中所处的相对地位，以及企业的竞争环境和制度环境。"②因此，品牌代表了企业，声誉反映了企业提供产品质量的历史表现。从质量上讲，品牌代表了产品或服务的质量信号，是质量和声誉的外在表现，其隐含的内容是企业的声誉，因此品牌和声誉是同一的(吴昌南，2006)③。在现代产业组织理论及管理学有关文献中一般都称之为"Brand & Reputation"(Selens, 1993；Luis M. B. Cabal, 2000)④，并将品牌声誉定义为消费者对某种产品品牌名称相对应的质量感知(Aaker & Keller, 1990)⑤。

在不完全信息状态下，人们并没有足够的能力和充分的信息去识别产品中所需要的某种"质"的"量"，如果某种产品中并不具有消费者所需要的质，或者说这种质的量较少的话，消费者就只会为这种产品出很低的价(甚至为零)。而在品牌声誉存在的情况下，消费者可以根据企业的品牌声誉来推断企业产品的质量(Paul Herbig & John Milewicz, 1993)⑥，提高消费者对产品质量的预期，进而影响到消费者的购买。Kleint & Leffler(1981)⑦、Shapiro(1983)⑧和 Allen(1984)⑨也曾论述过，消费者在购买之前对产品真实质量无充分信息的情况下，其购买决策主要依靠企业的声誉来判断产品的质量，这样产品的价格取决于企业过去提供产品质量的声誉。另外，产品或服务质量高，可以培育忠诚的消费者，创造产品的品牌声誉，形成产品的差异化，避免价格竞争。Ronnen Uri(1991)研究了价格竞争与质量供给之间的关系，认为，当产品质量不存在差异的时候，价格竞争就更激烈，而缓解价格竞争激烈程度的方法就

---

① KELLER K L. Conceptualizing, Measuring, and Managing Customer-Based Brand Equity[J]. *Journal of Marketing*, 1993, 57: 1 – 22.

② FOMBRUN C J, RINDOVA V. Who's Tops and Who Decides? The Social Construction of Corporate Reputations[J]. *New York University*, *Stern School of Business*, *Working Paper*, 1996.

③ 吴昌南. 中国旅行社产品差异化研究[M]. 上海：上海财经大学出版社，2006.

④ SELNES F. An Examination of the Effect of Product Performance on Brand Reputation, Satisfaction and Loyalty[J]. *European Journal of Marketing*, 1993, 27(9): 19 – 35.

⑤ AAKER D, KELLER K L. Consumer Evaluations of Brand Extension[J]. *Journal of Marketing*, 1990, 541: 27 – 41.

⑥ PAUL HERBIG, JOHN Milewicz. The Relationship of Reputation and Credibility to Brand Success[J]. *Journal of Consumer Marketing*, 1993, 10(3): 18 – 24.

⑦ KLEINT B, LEFFLER K B. The Role of Market Forces in Assuring Contractual Performance[J]. *Journal of Political Economy*, 1981, 89: 615 – 641.

⑧ SHAPIRO C. Premiums for High Quality Products as Rents to Reputation[J]. *Quarterly Journal of Economics*, 1983, 98: 659 – 680.

⑨ ALLEN F. Reputation and Product Quality[J]. *Rand Journal of Economics*, 1984, 15(2): 311 – 327.

是提高产品质量。[1] Gabszewicz & Thiees(1980,1979)[2]、Shaked & Sutton(1982,1983)[3]等人研究发展了纵向差异性的质量竞争。Landon & Smith(1998)采用波尔多葡萄酒业有关数据对质量、预期质量、声誉与价格之间的关系进行了实证研究，发现葡萄酒价格取决于当期质量和预期质量，但是，预期质量，即声誉对价格的影响是当期质量的近20倍。因为，品牌声誉是企业对产品质量的一种担保，可以克服消费者的购买疑虑，Landon & Smith(1998)指出，消费者更注重长期建立的品牌声誉，而建立品牌声誉需要企业长期提供高质量的产品。[4]

但是，这样一种研究视角是建立在一个暗含的前提下，即质量供给完全可以被企业控制，在这里，质量的形成过程及影响因素是不被关注的，因而品牌声誉的形成过程关键在于企业提供产品的质量，只要企业提供高质量的产品，并引起消费者的重复购买，声誉就会建立(张维迎，1996)[5]。然而，Emler(1990)和Bromley(1993)认为，一切社会实体(包括企业)声誉的形成过程有两个方面，即企业本身及外部。[6] 因此，企业应该在内部形成对其声誉形成过程进行监督(Leuthesser,1988；Bromley,1993)[7]，同时也应该对声誉建立有重要影响的销售商(或销售商)等外部因素进行监督。Allen,Erin & Deborah(1999)对具有下游经销商组织结构的制造商的声誉形成过程进行了实证研究，认为制造商对下游经销商的一体化行为，或更换经销商行为是基于制造商认识到经销商对制造商声誉的影响，并且根据自身的情况，制造商很明确应建立怎样的组织结构，以最大化自身在产业内的声誉。[8]

2. 会展与品牌声誉的形成

Deephouse(2000)认为，品牌的确是一种可以产生竞争优势的资源，但创造声誉是实实在在的管理问题，笼统地谈声誉对管理实践没有意义。他诉诸大众传播学研究的成果，提出媒

---

① RONNEN URI. Minimum Quality Standards, Fixed Costs and Competition[J]. *The Journal of Economics*, 1991, 22(4): 490-504.

② GABSZEWICA J, THIEES J F. Price Competition, Quality and Income Disparity[J]. *Journal of Economic Theory*, 1979, 20: 340-359. GABSZEWICA J, THIEES, J F. Entry (and Exit) in a Differentiated Industry[J]. *Journal of Economic Theory*, 1980, 21: 327-338.

③ SHAKED A, SUTTON J. Relaxing Price Competition Through Product Differentiation[J]. *Review of Economics Studies*, 1982, 49: 3-13. Shaked A, Sutton J. Natural Oligopolies[J]. *Economictrica*, 1983, 51: 1469-1484.

④ LANDON S, SMITH C E Quality Expectations, Reputation and Price[J]. *Southern Economic Journal*, 1998, 64(3): 628-647.

⑤ 张维迎. 博弈论与信息经济学[M]. 上海：上海人民出版社，1996.

⑥ EMLER N. A Social Psychology of Reputation[C]. *European Review of Sociology*, Vol. 13, W. Stroede M. Hewstone, ed. New York: Academic Press, 1990. BROMLEY D B. *Reputation, Image and Impression Management*[M]. West Succex, England: John Wiley & Sons, 1993.

⑦ LEUTHESSER, LANCE. Defining, Measuring and Managing Brand Equity[C]. *Coference Summary Report No. 88-104*, Cambridge, Ma: Marketing Science Institute, 1988. BROMLEY D B. *Reputation, Image and Impression Management*[M]. West Succex, England: John Wiley & Sons, 1993.

⑧ ALLEN M, et al. Reputation Management as a Motivation for Sales Structure Decisions[J]. *Journal of Marketing*, 1999, 63: 74-89.

体声誉(Media Reputation)概念，并把这个概念严格定义为"对一个呈现在各类媒体上的企业的总体评价"。[①] Deephouse 的工作使得企业声誉在一定程度上具备了物质载体，并为企业声誉管理树立了明确对象。

现实企业尤其是大型企业大都比较重视企业沟通，每年在公共关系方面有巨额支出，但是，究竟哪些项目的支出对企业品牌声誉有直接促进，是品牌声誉创造与管理的重要课题。由于会展可以积极地影响参展观众对企业的了解和评价，因此，企业通常会积极地通过会展平台专业化的集聚、交流信息的功能向消费者不断输送信息，以最终建立起自己的品牌声誉。另一方面，企业声誉是一种有价值却又高成本的资产，创造声誉既费时间又费金钱（Gray & Balmer, 1998; Fombrun, 1996），[②]现实中企业的巨额广告费用和其他公关支出也证实了这一点。按照这个逻辑，新成立的企业根本没有良好的历史业绩，在声誉资本方面会处于劣势。但事实并非完全如此，企业可以跳过 Fombrun（1996）、Gray 和 Balmer（1998）等人[③]设定的固有程序（尤其是时间约束）来建立自己的品牌声誉，会展就是其中的重要途径之一。Caves 和 Williamson（1985）的研究表明，受生产者控制的销售努力会使产品产生差别化效应。这也是大多数产业组织理论研究者的基本假设，在这一假设下，会展就具有了降低需求的价格弹性或者创造品牌忠诚度的功能。[④]

延伸阅读3-2：需求的价格弹性

需求的价格弹性简称为需求弹性，表示某一商品的需求量对它本身的价格变化的反应程度，它等于需求量变化的百分比除以价格变化的百分比，即：

$$需求弹性系数 = \frac{需求量变化的百分比}{价格变化的百分比}$$

或

$$E_d = \frac{\Delta Q/Q}{\Delta P/P}$$

如果需求弹性系数等于0，即 $E_d = 0$，则称需求完全无弹性，此时价格变动不会对需求量产生影响。

---

① DEEPHOUSE D L. Media Reputation as a Strategic Resource: An Integration of Mass Communication and Resource-Based Theories[J]. *Journal of Management*, 2000, 26(6):1091 – 1112.

②③ GRAY E R, BALMER J M T. Managing Corporate Image and Corporate Reputation[J]. *Long Range Planning*, 1998, 31(5): 695 – 702. FOMBRUN C J. *Reputation: Realizing Value from the Corporate Image*[M]. Harvard Business School Press, Boston, MA, 1996.

④ CAVES, RICHARD E, PETER J. Williamson. What is Product Differentiation, Really? [J]. *Journal of Industrial Economics*, 1985, 34(2): 113 – 132.

如果 $0 < E_d < 1$，则称需求缺乏弹性，此时价格的变动在比例上小于需求量的变动。

如果 $E_d = 1$，则称需求为单一弹性，它表明价格和需求量以相同比例变化。

如果 $1 < E_d < \infty$，则称需求富有弹性，这意味着价格的变动在比例上将引起需求量较大变化。

如果 $E_d = \infty$，则称需求具有完全弹性，此时价格的微小变动都将引起需求量极大的变化。

如果以 BR 代表品牌声誉的强度，θ_1 代表企业产品质量，θ_2 代表会展质量，显示了某一会展对产品品牌声誉形成的作用强度，有：

$$\mathrm{BR} = Af(\theta_1, \theta_2) = A\theta_1^{\alpha}\theta_2^{\beta} \tag{3-6}$$

其中，A 为市场环境；$0 \leqslant \alpha$，$\beta \leqslant 1$，$\alpha + \beta = 1$，并 θ_1、θ_2 均大于 1。

那么：

$$\frac{\partial \mathrm{BR}}{\partial \theta_1} = A\alpha\theta_1^{\alpha-1}\theta_2^{\beta} = A\alpha\left(\frac{\theta_1}{\theta_2}\right)^{\alpha-1} > 0 \tag{3-7}$$

$$\frac{\partial \mathrm{BR}}{\partial \theta_2} = A\beta\theta_1^{\alpha}\theta_2^{\beta-1} = A\beta\left(\frac{\theta_1}{\theta_2}\right)^{1-\beta} > 0 \tag{3-8}$$

可以看出，企业产品内在质量及会展都对企业品牌声誉的形成具有正向的作用，并且：

（1）当 $\alpha = 1$，$\beta = 0$ 时，企业品牌声誉由产品质量内生；

（2）当 $\alpha = \beta$ 时，企业品牌声誉的形成受产品质量和会展质量的双重影响，但主要受产品质量的影响；

（3）当 $\alpha < \beta$ 时，会展成为影响产品品牌声誉形成过程的主要因素，对于一些刚刚进入市场的企业而言，由于产品历史比较短，利用会展跳过 Fombrun（1996）、Gray 和 Balmer（1998）等人[①]设定的费时的固有程序进行品牌声誉的塑造就成为其走向市场的关键一步。

二、创造品牌声誉

会展在创造企业产品品牌声誉中具有重要的作用，因此，提升企业知名度、增强公司形象（Abbott & DeFranco, 2004; Arnold, 2004）[②]、提升品牌形象或知名度、塑造积极的公众形象（Robbe, 2004）[③]就成为企业参加会展的主要目的所在。并且，CEIR 在 20 世纪 90 年代中期进行

---

① GRAY E R, BALMER J M T. Managing Corporate Image and Corporate Reputation[J]. *Long Range Planning*, 1998, 31 (5): 695-702. FOMBRUN C J. *Reputation: Realizing Value from the Corporate Image*[M]. Harvard Business School Press, Boston, MA, 1996.

② 阿诺德. 展会形象策划[M]. 周新, 译. 北京: 中国水利出版社, 2004. [美]阿博特（Abbott, J.）, 德弗兰克（DeFranco, A.）, 王向宁, 译. 北京: 清华大学出版社, 2004.

③ 黛博拉·偌贝. 如何进行成功的会展管理[M]. 张黎, 译. 北京: 高等教育出版社, 2004: 65-66.

的多项调查结果表明，61%的决策人员把"产品亲和力"作为参加会展的最大利益点。①

　　市场竞争不仅是产品的较量和价格的较量，更重要的是品牌和形象的较量，而这正是会展发挥作用的领域。一方面，利用会展向所有关系利益人传达一致的品牌声誉形象，从而使自己的品牌声誉价值得到提升；另一方面，通过各类的公关活动，获得消费者的关注和青睐，与其建立融洽的双向沟通，并稳定其广博的产品消费群体。特别是车展模式，往往被称为汽车生产厂商们的"大擂台"。车展以其针对性和实效性而备受关注，立足车展，依托产品实体（或品牌客体），借助各种车展上的各种手段，传达产品切实性利益，通过会展方式来凸显产品个性，渲染品牌价值，从而在同质化竞争背景下赢得更多的机会，也是良好的树立产品品牌形象的机会。于2006年1月8日—22日在美国传统工业城市底特律 Cobo 会展中心举办的全球最具声势的乘用车展览会——北美国际汽车展（NAIAS）是美国唯一一个获得 OICA（Organisation International des Constructeurs d'Automobiles，世界各地的汽车交易商和制造商的联盟，总部在法国巴黎）承认的汽车展，但是该车展并不是以现场成交量为主，而主要是展示新车型、新产品，树立产品品牌，成为许多汽车厂商打造自己的品牌声誉的重要舞台。②

延伸阅读 3-3：展台秀：诉说品牌故事

　　在地下停车场的昏暗中寻找，追逐，逃脱……一部类似007的短片在把间谍斗志斗勇的潇洒演绎得扣人心弦的同时，也把片中英俊潇洒男主角的座驾——最新发布的英国捷豹轿车的性能论释得酣畅淋漓。

　　2005年上海国际车展上，……类似捷豹汽车把品牌内涵拍成小电影滚动播放已成为司空见惯的现象，知名的中外汽车展商，特别是高端品牌在展台大屏幕里播放的都是和该车有关的"故事片"或讲述该品牌历史的纪录片，而从1990年代中起参加的历次车展中，那些荧屏上播得更多的是汽车外观和性能介绍片。无论你是业内人士还是普通观众，你都能清晰地感到，品牌诉求的热浪已经向中国车市扑面而来。

　　如果你正巧站在两个都有歌舞秀的展区中间的走道，你的眼目会体验到特别的视听冲击——布满天花板的镁光灯投下无数灿烂的光束、十几套高级且巨大的音响在数万平方米的展厅里不停混响，看着东边展台的人稍不留神就会被西边的"仙乐"吸引走。顶级车展台有细长的劳斯莱斯也有方正的迈巴赫；越野车展台中既有路虎细水形成雨帘的细腻，也有荒漠沙石堆中大众越野车队的粗犷；此外，两层的、错层的、五彩的、简约的……此次各大汽车集团从世界各地带来的装演材料和创意理念更是让展台得以争奇斗艳的同时，也彰显出不同汽车品牌的个性。

---

①　转引自：黛博拉·倌贝. 如何进行成功的会展管理[M]. 张黎，译. 北京：高等教育出版社，2004：65-66.
②　冯淑娟. 国外展会宣传虚中求实[N]. 中国汽车报，2006-2-7.

都灵冬奥会为联想集团提供了打造国际品牌的最佳舞台，也拉开了联想集团在全球范围内打造国际品牌的序幕。作为中国首次出现在奥运赛场上的 TOP 合作伙伴，联想集团研究机构 IDC 的分析师 Richard Shim 说：联想最宝贵的财富——IBM 的 ThinkPad 品牌使用权——有效期仅到 2010 年，因此建立自己的品牌形象对联想而言是迫在眉睫，而"冬奥会正是建立品牌形象的一次良机。如果品牌大旗得已树立，消费者自然会关注 Lenovo；如若未果，Lenovo 这个名称也会耳濡目染般渗透到社会公众的意识中。"[①]对联想而言，能够经受住冬奥会这个世界上最复杂体育赛事的考验，本身就是对自身实力最强大的证明，由此，冬奥会成为联想发布打造全新品牌最好的地方，借助这样的舞台，联想正依靠自己源源不断地创新品质打造一个真正的国际知名品牌。

延伸阅读 3－4：联想与中国移动的奥运品牌战略

1. 让世界一起联想

2006 年冬奥会见证了联想"更快、更高、更强"的性能本色。都灵冬奥会期间，联想有 100 多的联想工程师参加整个冬奥会的技术保障工作，并提供台式机器 3713 台，触摸电脑 1054 台，笔记本电脑 630 台，服务器 348 台以及桌面打印机 600 台和磁盘阵列，同时有 7 家联想网吧共 165 台电脑开放，供运动员、教练员、陪练与他们的家人和支持者们保持密切联系。

针对运动员，联想在冬奥期间推出联想冠军计划，把联想充满激情和梦想、不断拼搏、追求卓越的企业精神，演绎得淋漓尽致。同时在欧洲，开始利用联想和奥运的标识参加各种展会；在英国，联想聘请一位英国奥运会冠军作其形象代言人，提升客户对联想品牌的认知度；在以色列邀请了其国家奥委会的官员参加，籍此，联想的品牌会在每个国家首先借助奥运会开始传播。

联想奥运营销的最终目的是帮助联想在全球销售带有 Lenovo 标志的产品，其借助冬奥会目标是为寻求展示自我的平台，冬奥会为联想揭幕 Lenovo 品牌国际化创造了最佳时机，"让世界一起联想"成为联想的最终目标。

2. 让奥运连接世界

奥运会是撬动品牌价值提升的最有力杠杆。

---

① BESSIE. 联想欲借冬奥会褪去 IBM 印记. 太平洋电脑网 Pconline, 2006－2－13.

中国移动在成为北京 2008 年奥运会合作伙伴后，如何利用奥运会这个巨大的舞台把自己真正锻造成全球一流的通信企业？如何在奥运营销中，提升品牌的知名度？这不仅是一次营销事件那样简单。2005 年 6 月 26 日，在北京工人体育场，"同一个世界，同一个梦想"的奥运口号通过中国移动的网络，用短信的方式同步发送到北京移动的 200 万户客户的手机上。这一具有创新意义的营销方式将口号的发布活动推向高潮，短信落地的一瞬间中国移动也实现了一次品牌传播的落地。中国移动也因此成为奥运历史上第一家通过短信方式同步发布奥运口号的尝试者。

早在 2004 年雅典奥运会时中国移动就为中国体育记者团、助威团提供了全面支持并在全国同步发起了"绿色环保总动员、回收手机旧电池"等大型环保社会动员活动。奥运营销不是一个仅在奥运期间展开的短期营销活动，而是一个不断将奥运精神与品牌文化整合的过程，对于中国移动来说，奥运会对于企业品牌、社会效益完全是一个获得多赢的平台。

资料来源："联想风暴"从冬奥会刮起[J]. 经营者，2006，(6)：32-33. 中国移动，让奥运连接世界[J]. 经营者，2006，(6)：32-33.

复习思考题

1. 什么是产品差异化？
2. 产品差异化在经济学发展中的地位是什么？
3. 会展对于产品差异化形成的作用是什么？
4. 从信息角度来看，产品质量的类型有哪些？
5. 会展对于产品质量信息传递的作用是什么？
6. 会展是如何影响企业品牌声誉的？

第四章　会展产品需求

实践证明，会展经济的兴起，对于促进相关产业的发展、增加就业、保持社会稳定、拉动城市建设和促进城市功能的充分发挥，改善投资环境、促进整个社会的繁荣与进步，推动国内经济发展并与国际接轨，起到巨大的作用。在微观经济层面上，会展产品以其专业化的信息传递功能成为生产厂商和消费者在进行生产、消费决策时使用的一种重要工具，因此，对会展产品的分析就不能脱离对生产厂商和消费者的分析，并且，会展是将两者紧密联系在一起的桥梁，是促进彼此合作和发展的纽带。可以说，生产厂商和消费者的需求带动了会展的发展，会展的发展又促进和加速了有关产品价值的实现。

第一节　会展需求主体和动机

一、会展需求主体

1. 会展需求

会展需求是指会展需求主体，也就是厂商和观众对会展产品和服务的需求，它是需求主体的一种主观购买欲望，是激发需求主体的需求动机和行为的内在动因。在会展市场中，有效的会展需求是指会展需求者有能力实现这种对会展产品和服务的购买欲望的需求，反映了会展市场的现实需求状况，是分析会展市场变化和预测会展市场发展趋势的重要依据，也是会展供给者制订经营计划、发展战略和营销策略的出发点。因此，科学分析会展需求及其影响因素对会展供给者、政府管理者和会展业的健康发展有着积极的意义。

会展需求是如何产生于会展需求主体中的？这是一个非常复杂的问题，牵涉到社会、经济和心理等多个因素，所有这些因素可以概括为外在因素和内在因素两个方面。

外在因素是独立于会展需求主体之外的，比如社会经济水平、社会文化、政策法规、会展供应商对会展需求主体的吸引力和需求主体所处群体的原有心理习惯和行为方式等。社会经济发展水平不仅表现在会展供给能力的强弱，而且表现在会展需求主体对会展产品的真实购买能力；社会的文化将从心理、行为及外在环境等几个方面影响会展需求主体是否选择购买会展产品和购买何种会展产品；政策法规通过规范会展市场的发展，保障会展需求主体的权益，提高他们的参与效用，从而提高其需求的欲望；而会展供应商则通过其营销策略、经营管理及吸引需求者的服务等方面来保持和增强他们的需求欲望；所处群体对会展产品的偏好、选择会展产品的行为及购买示范性将促使需求者的潜在需求转化为现实需求。

内在因素主要是指内在于会展需求主体的需求动机、财务状况（厂商用于营销的费用与观众的收入水平）和需求主体对会展供应商所提供的产品与其他的替代品效用的偏好等。人的任何行为都有一定的原因，只有在头脑中获得反映人才会产生相应的行动，没有对会展活动的需要这一心理的存在，就不可能产生和实现会展需求。

一般而言，厂商的会展需求动机主要有市场动机、交易动机、宣传动机、技术动机、信息动机、与会者和观众需求动机等。其中，市场动机主要包括了解市场需求变化情况、开拓新市场、推介新产品和寻求新的合作者等；交易动机主要包括培养潜在客户、寻找代理商和批发商，以及进行合同和现金交易；宣传动机主要有主动宣传或者通过获得媒体的关注而宣传公司产品和形象，提高企业和产品的知名度；技术动机主要是指掌握竞争对手技术发展情况和公司现有技术，以及将有技术在市场上已经和将引发的反应；信息动机则是与获取和发布信息有关的动机，如竞争对手发展情况的信息、消费者需求变化方面的信息、公司营销策略效果好坏与否方面的信息和市场发展情况的信息等；与会者的需求动机主要有交流、沟通、聚会，以及技术和知识的获取等动机；观众的需求动机则主要为购买动机、信息动机、娱乐动机、寻找合作者的市场动机和交流动机等。正是在这些动机的全部或部分的驱使下，才产生了会展需求者的购买行为，这些动机的强弱和结构的变化决定了会展需求量和会展需求质的变化；除此之外，厂商用于营销的费用越多，倾向于选择会展营销的可能性就越大，会展需求量也就越大；会展需求主体对会展产品满足自己需要的效用偏好越强，选择消费会展产品和服务的可能性就越大。

2. 会展需求主体

一般而言，会展需求主体可以分为两类：一类是愿意支付一定的费用来参与会展的厂商或观众；另一类是不需要支付费用，但是对会展同样有需求的厂商或观众。尽管在会展产品的需求主体涉及多种多样的相关者，比如运输部门、搭建商、媒体及旅游部门等，但是，从某种意义上说，最核心的主体依然是厂商和观众，其他利益相关者仅仅是由于为会展需求主体提供服务而派生出来的对会展的需求，如旅行社愿意参与会展是因为会展带来的外来人口具有住宿、吃饭、旅游、观光等需求，因此，他们需要的是由会展带来的是一系列的商业机会，而不是会展本身。

在本书中，我们将会展需求主体界定为如下两个。（1）厂商，即在会展活动中，提供产品、技术、图片等并进行展示的参与主体。（2）观众，一方面包括专业观众，即有可能成为直接用户或潜在用户的买家；另一方面包括普通观众，即希望从会展中获取新信息、体验新感受，但不是厂商主要目标客户的一般参观者；此外，还包括参会者，即对会议提供的信息由需求的各种会议参与人员。不过，需要注意的是，在各地举办的节庆活动中，观众的成分十分复杂和难以确定，既可以指外来游客，也可以指当地居民，只要他们参与或观看会展活动，就可以成为一般意义上的观众。

二、创造产品水平差异

作为信息传递、交流的专业化平台，会展能向消费者传递产品质量、价格、功能等产品的特征信息，影响消费者对产品的偏好，增加消费者对产品能的主观感知差异，从而影响消费者的购买行为。同时，会展能够为每个企业增加"商誉"成分，提升企业的品牌价值，降低价格竞争的广度和有效程度。可以说，会展是一个企业与其竞争者的产品形成差异的有效手段。

具体说来，会展对于企业产品差异化形成的作用可以分为两个方面。

一是在产品本身存在差异性的基础上，通过会展平台进行相关差异化信息的传递与交流，使消费者认识到本企业产品与其他产品之间存在的差异。在存在差异化特征的情况下，在产品的特征空间中，消费者有其自身的无差异曲线图，但是，如果消费者不知道该空间里有关竞争产品的存在、位置和特征的话，就不能明智地做出决策。而会展可以带给消费者关于产品存在、销售地点、价格、质量等信息，显示不同产品的不同特征空间，使产品的差异化信息得到描述和传递。

二是在产品本身无差异的基础上通过会展创造差异，也就是说，尽管产品同质，但是，通过会展使消费者增强对产品某一特征上的感知差异，形成主观上的产品差异。

延伸阅读4-1：无差异曲线

无差异曲线(indifference curve)是用来表示给消费者带来同等程度的满足水平或效用水平的两种商品的各种不同组合的轨迹。以 X、Y 两种产品为例，其无差异曲线表现如图：

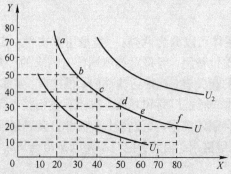

根据上图，无差异曲线具有如下特征：

（1）无差异曲线是一条向右下方倾斜的曲线，斜率是负的。表明为实现同样的满足程度，增加一种商品的消费，必须减少另一种商品的消费。

（2）在同一个平面上可以有无数条无差异曲线。同一条曲线代表相同的效用，不同的曲线代表不同的效用。

（3）无差异曲线不能相交，否则无差异曲线的定义会和它的第二特征发生矛盾。

（4）无差异曲线凸向原点。

具体来说，会展促进产品差异化形成的方式主要有两种：创造水平差异化和创造垂直差异化。所谓水平差异化，是指同一质量等级的产品在某些特征上的差异化，如产品的形象差异、品牌差异和销售地域的不同，等等。具体可以表现为两种产品之间的一些特征增加了，而其他一些特征却减少了，比如汽车的式样。而垂直差异化则是同类产品在质量级别上的差异性表现，具体表现为两产品之间所有特征的水平都提高或减少了，比如不同系列的汽车。鉴于此，本章将就会展对产品水平差异和垂直差异的形成分别进行分析。

1. 品牌感知位置

对于参观者而言，会展是一种一站式购物体验，他们需要的所有解决方案和信息可以在一个会展上得到全部呈现，因此，观众能够比较集中地进行比较和挑选，并能够亲身体验到全新的产品和服务。所以，会展为厂商提供了一个极好的展示其产品的机会，并确实能够给厂商带来利益，使其成为在整个销售过程中仅次于直销和地区分销的营销手段(见表4-1)，即参展商可通过会展使自己的产品从众多的产品脱颖而出，区别于其他产品，进而影响消费者的偏好结构和无差异曲线，这也就成为会展的重要功能之一。

表4-1　销售过程中使用的营销手段

直销/区域分销	85%	直接致函	62%
会展	81%	攻关	58%
广告	66%	电话销售	38%

数据来源：CEIR，《会展的力量》报告第二版，Deloitte&Touche 咨询组，1996. 转引自：[美]巴利·西斯坎德(Barry Siskind). 会展营销全攻略：循序渐进解开成功会展的秘诀[M]. 郑睿译. 上海：上海交通大学出版社，2005：9.

基于此，本书借助 Hotelling(1929)线性城市模型[①]对会展创造产品水平差异的过程进行分析，并设定这一过程主要是通过影响消费者对产品特征空间感知进行的。鉴于产品特征空间的多维性，本书进一步以会展通过影响消费者对产品特征空间中重要因素之一——品牌的感知而形成不同的偏好，进而创造产品水平差异化的过程进行分析。

假设1：为简化问题起见，假设市场中只有两家企业 i、j。它们的产品在客观是无差异的，但是，消费者对产品感知的主观水平特征(Subjective Horizontal Characteristic)会有不同的偏好，因此可以通过会展创造消费者对产品感知上的水平差异。

假设2：两企业具有相同的线性成本函数。

假设3：市场为完全信息市场，即每个企业和消费者都了解市场中的全部信息。

假设4：消费者均匀地分布于单位长为1的线性空间，总人口为1，线段上每一位置描述了产品水平特征空间 θ 上该消费者的期望点。

对于消费者 k，其特征位置由 $\theta_k \in [0,1]$ 表示。其效用与购买某一品牌的产品 x 的费用及感知位置(Perceived Location)有关，由 $(\theta_k - \theta_x)^2 (x = i, j)$ 给出。

---

① HOTELLING H. Stability in Competition[J]. *The Economic Journal*, 1929, 37(1)：41-57.

假设 5：消费者具有单位需求，并且从价格 - 特征组合最好的企业购买产品。

设 θ_i、θ_j 和 p_i、p_j 分别代表消费者对品牌 i、k 感知位置和感知价格，如果

$$(\theta_k - \theta_i)^2 + p_i < (\theta_k - \theta_j)^2 + p_j \qquad (4-1)$$

则消费者 k 购买品牌 i 产品；反之，则购买品牌 j 产品。如果式(4-1)两边相等，则消费者对于购买 i 和 j 是无差异的。

假设 6：如果两个企业都不参加会展，则两个企业的品牌形象，即品牌这一产品水平特征是同质的，此时，产品之间是完全替代的，消费者对两种产品的品牌感知位置为

$$\theta_i = \theta_j = 1/2 \qquad (4-2)$$

当企业参加会展时，会展结果改变了产品品牌形象和消费者对品牌的感知位置。我们以会展开支 E 等于感知位置的改变来表示会展水平，所以有

$$E_x = |1/2 - \theta_x| \quad x = i, j \qquad (4-3)$$

厂商会展开支呈凸性，即

$$c_x'(E_x) > 0$$
$$c_x''(E_x) > 0$$

并且
$$c_x(0) = 0$$

在上述假设基础上，对会展的作用进行分析。由于会展能够创造关于产品品牌的消费者感知水平差异，企业会在价格制定前通过参加会展进行产品品牌的塑造，将有关的产品牌的信息通过会展及时向消费者进行传递，影响消费者的对该产品的品牌感知度，形成消费者对产品品牌感知的水平特征空间差异，进而影响消费者的偏好结构。

因此，在两企业博弈的第一阶段，企业同时选择进行参与会展；在博弈的第二阶段，企业再同时选择价格。假定会展成本为零，这时，企业能够无成本地选择特征位置。在博弈的第一阶段，企业都选择最大可能的位置形成均衡；在第二阶段，当两个企业的距离增加时，均衡价格升高，参展企业通过会展的投入来改变感知的位置。

推论 1：如果企业不参加会展，双方的品牌是同质的，这将导致零利润的 Bertrand 竞争均衡。但是，如果企业参加会展，且会展成本不是很高的话，一个正的利润结果有可能出现。因此，均衡就是每个企业都参加会展，使得各自感知的位置向相反的方向移动。

假设企业 i 选择参加会展使消费者对其产品的感知位置向端点 0 靠近，企业 j 也选择参加会展使消费者对其产品的感知位置向端点 1 靠近。只要会展的边际成本小于边际收益，即

$$c_j'(1/2 - \theta_i) < (2 + \theta_i)/[3(\theta_j - \theta_i)] \qquad (4-4)$$

那么，企业 i 将参加使消费者对其产品的感知位置在端点 0 处的会展；同理，企业 j 也将参加会展，使消费者对其产品的感知位置移至 1 处。

因为会展能够创造产品的差异性，可以使企业获得在边际成本之上的定价能力，所以，只要会展成本开支符合式(4-4)，企业就会有一个大于零的参展均衡，消费者对企业产品的感知就会不同，产品实现了差异化，并使得企业有一个正的利润。

因此，通过会展创造的产品水平差异主要是指具有相似的价格和性能的产品之间，通过不同的消费者诉求导向，强化某一方面的产品特性，以适合个性化消费者的偏好，从而回避

产品之间的直接竞争的现象。严格地定义产品水平差异需要基于消费者偏好调查数据，同时述评差异性的实际效果与消费者可察觉的产品特性有关，而厂商在制造水平产品差异化的时候，会展就成为一个主要的营销手段。

2. 新产品推介

在影响消费者的品牌感知位置之外，在作为水平差异化出现的新产品的推介过程中，会展发挥着重要作用。美国会展行业研究中心CEIR(Center for Exhibition Industry Research)调查报告表明，81%的观展览者参加会展是为了寻找某一细分产业的新产品和新发展，所以，会展能够成功向市场推介新产品是合情合理的。西蒙斯的研究成果《会展的力量》也发现，会展的一个主要优点就在于它们传递"产品的可接近性"的能力，出席会展的决策者中，61%将可接近性作为他们的主要收益(CEIR,1994)。[①] 美国学者桑德拉·L·莫罗(Sandra,2005)认为将会展作为发布新产品的平台具有十分重要的意义："首先，会展按照行业习惯选择时间，这种做法实际上是在提醒市场关注在鲜明的行业专门事件中的新产品发布。会展通常会落入这个范畴。其次，会展有助于吸引特定产业的目标客户的注意力，从而使制造商得以向消费者传递新产品和新发展的消息。第三，会展能够推进销售。没有什么比将买卖双方汇集在一起的会展更适合发布新产品了。第四，因为会展是聚集买卖双方的最有效用和效率的方式，所以利用会展来介绍、演示和销售新产品的手段具有经济意义。最后，会展给公司介绍新产品概念提供平台；通过多种多样的营销和促销战略向其专门的观众推介；利用协同作用在会展现场发布新产品产生最终的、能动的影响。"[②]

会展调查有限公司(Exhibit Survey Inc.)通过对各行业会展的分析，发现对于参观者在展后几个星期是否还记得会展这个问题，某一些因素起了很重要的作用。这里所说的"记得"，包括是否能想起公司的名称及产品的基本信息。如果参观者对某次会展的记忆越长久，当他需要时，他就越有可能购买参展公司的产品。该公司列出了人们记住会展的原因(见表4-2)。

表4-2　展览印象指数

对产品的兴趣	64%	站台的色彩与设计	19%
知名公司	51%	职员	18%
产品演示	43%	赠品	15%
舞台/戏剧展示	26%	印刷品	13%

资料来源：转引自[英]阿诺德(Arnold, M. K.). 展会形象策划专家[M]. 周新，等译. 北京：中国水利出版社，2004：35.

① Center for Exhibition Industry Research(CEIR). *The Power of Trade Shows：Likes and Dislikes of Trade shows*[R]. Research Summary PT8,1994. 转引自：桑德拉·L·莫罗. 会展艺术：展会管理实务[M]. 武邦涛，等译. 上海：上海远东出版社，2005：47.

② 桑德拉·L·莫罗. 会展艺术：展会管理实务[M]. 武邦涛，等译. 上海：上海远东出版社，2005：47.

可以看出对于产品的印象构成了观众对于会展的长期记忆，这也构成了厂商向消费者传递其产品信息的重要契机，有效地传达关于本企业产品的信息并使各信息在观众脑海中留下深刻的印象就成为厂商实现其产品销售的只能重要途径之一。德国展览协会（AUMA）根据市场营销理论将展出目标归纳为基本目标、宣传目标、价格目标、销售目标及产品目标等五类，其中的产品目标包括推出新产品、介绍新发明、了解新产品推销的成果、了解市场对产品系列的接受程度及扩大产品系列等细分的目标。[1] 另有研究表明，给人印象深刻的三个要素依次是展台规模、产品卖点及现场展示（见表4-3）。

表4-3　除展位规模以外其他给人留下深刻印象的原因

产品卖点	39%	会展工作人员	10%
现场展示	25%	可得到的宣传资料	8%
展台色彩/设计	14%	知名合伙人	4%

资料来源：CEIR 报告 MC/RR5040. 转引自[美]巴利·西斯坎德(Barry Siskind). 会展营销全攻略：循序渐进解开成功会展的秘诀[M]. 郑睿译. 上海：上海交通大学出版社，2005：53.

产品的水平差异化着重于产品特性与消费者心理特征的契合，因而水平差异化在很大程度上是一种"虚拟"的差异化，通过会展创造产品的水平差异化，其实就是通过一种观念的传播或者是依赖于品牌的声誉来引起消费者的购买欲望。因此，会展作为企业营销体系中的一个关键环节，其作用就在于强化消费者对其产品特征信息的认识。一个明显的例子是"旅游"。如果从事的是旅游业，经营度假村、酒店或旅游胜地，要在会展上展出"真实的产品"显然是不现实的，用缩微模型也无法给消费者留下深刻的印象。这时，注意力焦点就应该关注于消费者的心理需求、所经营产品的特色，以及消费者心理需求与该特色之间的契合，最终形成消费者对所提供的产品产生心理感知上的购买偏好，赢得消费者，进而占据市场竞争的有利地位。具体说来，就是旅游景点有何与众不同之处？真正想表达的是什么？对顾客而言，这一景点意味着什么？与竞争对手相比有什么不同？比如，如果经营的度假村有世界上最好的鲈鱼垂钓场所，那就把鲈鱼带来；如果推广的是一个野营项目，就在现场布置一些动物、篝火或烧过的蜀葵；如果经营的是攀岩俱乐部，那就让一些背包登山族到现场表演一番……[2]

由国家农业部主办的中国国际农产品交易会，为我国优势农产品开辟国际市场、促进国际交流与合作搭建了重要平台，是成效显著的农产品贸易和技术交流盛会，已成为国家级、国际性的大型农业综合贸易盛会。于2005年10月17日至21日在北京农展馆举办的第三届农交会展示了大量的名特优新产品，参展商分别强调了其不同的产品特性。其中，中国农科院生物技术研究所、邯郸农业科学院和北京银土地生物技术有限公司合作选育的银棉2号在

---

① 转引自：许传宏. 会展策划[M]. 上海：复旦大学出版社，2005：45.
② 巴利·西斯坎德. 会展营销全攻略：循序渐进解开成功会展的秘诀[M]. 郑睿，译. 上海：上海交通大学出版社，2005：55.

展示的过程中强调了其高产、抗虫、抗病的特性；由中国水稻研究所科研人员育成的具有自主知识产权的新型超级稻——"国稻6号"具有产量高、米质优、抗性好、口感佳等特点；而昆明瑞鹤生态农业科技有限公司展示的"雪莲果"则不仅强调了其味道的鲜美，而且将其定位为"新特药食水果"，强调了其保健型功能，大大迎合了当前消费者对产品的保健诉求。[①]

三、影响消费者感知质量

1. 感知质量

所谓垂直差异，是指在产品空间中所有消费者所提及的大多数特性组合的偏好次序是一致的那些特性之间的差异，即在价格相等的条件下，关于产品特征空间的某一特征的自然排序。最典型的例子是质量，因此，垂直性差异主要研究的就是产品质量问题，研究厂商如何选择高质量、如何使高质量产品的生产厂商维持高质量产品的生产，而不是降低质量以谋求短期的利益最大化（杨公朴等，2005）。[②]

Lancaster（1975）、Gabszewicz 等（1981）、Shaked & Sutton（1983）等人[③]着眼于消费者效用和产品质量等方面，分析了产品差别化与市场结构之间的关系，并得出了如下结论：

（1）在垂直差异产品空间中，消费者的偏好是一致的，都认为较高质量是更好的，并且，高质量产品的售价将高于低质量产品的售价；

（2）高质量企业比低质量生产者制定较高的价格，并赚取更高的利润；

（3）由于提高产品质量会导致产品技术研究和设备投入的增加，进而影响到企业的固定成本或变动成本，由此，产品差别化和提高产品的技术必然对市场结构产生影响。

既然质量——尤其是消费者感知的质量——是影响厂商利润及市场支配力的重要因素，那么，在消费者心目中树立起关于本企业产品的高质量认可度就成为一些厂商营销过程中的关键所在，而会展在厂商影响消费者感知质量的过程中发挥着关键性的作用。

作为一种重要的、有效的产品差别化手段，会展一般具有两方面的功能：一是传播信息功能，二是诱导购买功能。对前者而言，有关章节已经进行了分析，而后者主要是通过会展诱导消费者首先形成对某一种产品质量的认可，进而专门购买某一企业或某一品牌的商品的功能，从而培养消费者对产品的忠诚度，有效地把该产品和其他与之有替代关系的产品分割开来。此外，会展还具有另外一种功能，即拥有顾客所有权，指顾客将某一企业组织放在他们头脑中能最好地满足他们需求的公司名单首位，这构成了企业可持续竞争优势的关键。对企业而言，"拥有"顾客意味着成为单个顾客的第一选择，这些单个顾客希望某一企业是他们

① 第三届农交会展示品种精选[J]. 农业新技术，2005，(6)：41.

② 杨公朴. 产业经济学[M]. 上海：复旦大学出版社，2005.

③ LANCASTER K. Socially Optimal Product Differentiation[J]. *American Economic Reveiew*，1975，65（4）：567-585. GABSZEWICZ J J, et al. International Trade in Differentiated Products[J]. *International Economic Review*，1981，22（3）：527-534. SHAKED A, SUTTON J. Natural Oligopolies[J]. *Economictrica*，1983，51：1469-1484.

长期的伙伴，因为消费者形成了对该企业的产品的高质量感知，从而使得该企业产品对他们而言具有了长期价值。

2. 价格－质量博弈

关于会展对促进产品垂直差异化形成的作用，可借助下述模型来进行分析。

在垂直差异模型中，消费者关心所购买品牌的感知质量，并且，消费者对品牌感知质量上具有相同的排序。也就是说，在同一价格水平上的高质量品牌与低质量品牌的比较，所有消费者都偏好于高质量的品牌。因此，以两个企业 i、j 为例，有连续人口规模的消费者，每个消费者在价格－质量组合的企业中购买一单位的产品。

假设 1：设 z_x 为消费者对品牌的感知质量，$z_x \geq 0$，$x = i, j$。

假设 2：消费者 k 对品牌 x 的购买意愿由 $\phi_k z_x$ 给出，其中，ϕ_k 代表消费者对某一品牌产品质量的评价，并且 ϕ_k 在消费者人群中均匀地分布于 $[0, 1]$ 之间。如果 $\phi_k z_i - p_i > \phi_k z_j - p_j$，则消费者 k 将购买品牌 i；反之，如果 $\phi_k z_i - p_i < \phi_k z_j - p_j$，则消费者 k 将购买品牌 j；如果两边相等，消费者 k 购买品牌 i 和购买品牌 j 是无差异的。

假设 3：虽然品牌 i、j 的真实质量是无差异的，但是，会展却可以影响消费者对它们的感知质量。厂商参加会展的水平可以用感知质量等于会展开支 E 来定义：$z(E_x) = E_x$。并且，会展开支曲线是凸性单调增加的，有

$$c'_x(E_x) > 0$$
$$c''_x(E_x) > 0$$

并且

$$c_x(0) = 0$$

假设 4：两个企业的成本函数是相同的，且呈线性。

企业 i、j 进行两阶段博弈。在博弈的第一阶段，双方同时选择会展来决定品牌的感知质量；在第二阶段，双方同时选择价格。如果企业双方都不参加会展活动，那么消费者将只严格地根据价格选择品牌，这样就导致一个利润为零的 Bertrand 竞争均衡。但是，如果一个企业选择参加会展，消费者就将依靠感知质量和价格来选择品牌。在这种情况下，企业的需求由 $(\phi_x, p_x)(x = i, j)$ 给出。

推论 1：当双方价格为 p_i、p_j 时，ϕ 决定了消费者在品牌 i、j 间选择是无差异的：

$$E_i(p_i, p_j) - p_i = E_j \phi(p_i, p_j) - p_j \tag{4-5}$$

式（4－5）变形得：

$$\phi(p_i, p_j) = (p_i - p_j)/(E_i - E_j) \tag{4-6}$$

如果消费者拥有的 $\phi > \phi(p_i, p_j)$，消费者将购买品牌 i；反之将购买品牌 j。

由此，企业 i、j 各自的收益 π 为

$$\begin{aligned}
\pi_i &= [1 - \phi(p_i - p_j)]p_i - c_i(E_i) \\
&= [1 - (p_i - p_j)/(E_i - E_j)]p_i - c_i(E_i)
\end{aligned} \tag{4-7}$$

$$\pi_j = \phi(p_i - p_j) - c_j(E_j)$$
$$= [(p_i - p_j)/(E_i - E_j)]p_j - c_j(E_j) \qquad (4-8)$$

推论2：由式(4-7)和式(4-8)解得第二阶段的纳什均衡价格为：

$$p_i = 2(E_i - E_j)/3$$
$$p_j = 2(E_i - E_j)/3$$

将这个结果带入收益表达式，得：

$$\pi_i = 4(E_i - E_j)/9 - c_i(E_i) \qquad (4-9)$$
$$\pi_j = (E_i - E_j)/9 - c_j(E_j) \qquad (4-10)$$

企业 j 的收益表达式表明企业参与会展收益是递减少的，因此，企业 j 将选择不参加会展。

$$\frac{\partial \pi_j}{\partial E_j} = -\frac{1}{9} - \frac{\partial c_j(E_j)}{\partial E_j} < 0 \qquad (4-11)$$

而另一方面，只要初期会展开支不是很高，企业 i 将选择参加会展。

$$\frac{\partial \pi_i}{\partial E_i} = \frac{4}{9} - \frac{\partial c_j(E_i)}{\partial E_i} > 0$$

因而，

$$\frac{\partial c_j(E_i)}{\partial E_i} < \frac{4}{9} \qquad (4-12)$$

结果是，只有一个企业参加会展，一个品牌的消费者感知质量就高于另一个品牌。这样，参加会展的企业比不参加会展的企业更有能力制定较高的价格，并且获得较高的市场份额。

3. 质量标志

消费者关心的是其所购买产品的质量，而消费者认为，低质量的产品不可能支付较大的会展开支，高质量的产品才会有较高的会展开支，因此，会展就成为传递产品质量的途径和平台，甚至成为产品质量的信号。但是，在上述模型中，产品质量是同质的，会展对某一品牌产品的真实质量并不产生影响，但却能够通过影响消费者对产品质量的感知来提高其市场力量。尤其是对一些高级别的品牌会展而言，其本身就是一种产品质量的标志，代表了行业发展的动态，反映了行业发展的趋势，拥有广泛的影响力，是众多厂商宣传其产品的关键平台。并且，借助高质量的会展平台，厂商也能够达到提升消费者对本企业产品质量感知度的目的。

2006 年 2 月 10 日至 26 日，在第 20 届都灵冬季奥运会上，作为中国第一家也是唯一一家的国际奥委会全球合作伙伴(TOP)的联想集团首次走上奥运舞台。奥运会的宗旨与追求是联想的精神动力，是国际社会对联想品牌认可的价值所在。通过借力奥运，联想其实想对目标客户传达这样的潜台词：联想产品既然有实力服务于和平年代全世界最复杂的信息系统，自然是在品质和服务方面臻于卓越、无可挑剔，因而能够效力于任何企业或个人客户。因此，联想在赞助这一世界顶级体育盛会的同时，通过奥运会与联想之间的某种血肉关联，将Lenovo的品牌与质量、可靠、创新的概念结合在一起，向消费者传递联想产品的质量信息，并通过这一平台影响消费者对联想产品质量的感知度，使消费者在认可冬奥会的顶级品质的同时感知到联想产品的高质量特征。

从本质上来说，会展是具有说服性效应的，品牌会展代表了规模、信誉和质量，其品牌质量就成为厂商进入该会展的门槛，因此，高质量的会展本身就在一定程度上传递着关于产品质量的信息，影响着消费者对厂商产品质量的感知度。比如，汉诺威信息及通信技术博览会(CeBIT)始于1970年，由德国汉诺威展览公司主办，以集中展示通信与网络、信息技术设备及系统、软件、在线服务、办公室技术、银行技术、IC技术等方面的最新技术和产品闻名于世，一直是全球最具规模和影响力的信息通信技术顶级国际盛会，被誉为IT领域发展的风向标，也为参展各方提供了与高质量客户接触以及寻找最新的行业动态和创新产品的高效渠道。始于1964年的慕尼黑国际电子元器件展览会（Electronica），每两年一届，是欧洲及世界上规模最大和影响最广的电子元器件专业博览会之一，参加该展会的则包括世界上电子及检测系统的元件和组件行业主要供货商。而作为世界上规模最大的体育用品展之一的慕尼黑体育用品及运动时尚国际博览会(ISPO)，每年冬夏两届，吸引来自全球四十多个国家的1500多家顶级体育用品生产厂商和世界100多个国家的30 000多名专业贸易观众前来参展、参观。

延伸阅读4-2：慕尼黑体育用品和运动时装国际博览会(ISPO)

由德国慕尼黑国际博览会公司主办的"慕尼黑体育用品和运动时装国际博览会(ISPO)"每年分冬、夏两届在德国慕尼黑市举办，是世界上冬、夏和无季节体育用品及运动时装最主要的、规模最大的订货会之一。无论从展览会的规模、专业化、国际化，还是从专业观众的质量等方面，该展览会都堪称业届的顶级盛会。

自1970年始办以来，ISPO已逐步发展成为世界范围内规模最大的体育用品博览会之一，是体育用品生产厂商和贸易商每年展示新产品、交流信息及签订订货合同最重要的场所。

ISPO主要的展出内容包括所有与体育用品有关的各类产品及相关产业，每届ISPO都会把展品分成若干个不同的"世界"集中展示，以突出主题。

1. 运动鞋及团队世界：运动鞋及附件、队服、联赛及其纪念产品。
2. 健身世界：各类健身房设备、健身衣、家庭健身器。
3. 户外运动世界：户外及旅游时装、登山设备、露营设备、各种部件。
4. 球拍及室内运动世界：网球、乒乓球及羽毛球拍、柔道、飞镖、台球、各种配件。
5. 爱好者运动世界：体育运动时装、街头时装/鞋、冲浪及水上运动、滑板及单排旱冰鞋、太阳镜及各类运动镜。

6. 运动时装及沙滩运动世界：运动装、泳装及沙滩装、高尔夫时装。

7. 国际体育世界：各国国家参展团。

8. 自 2002 年起，ISPO 还增加了运动休闲装及各类休闲服装、便装、街头装等。

另外，ISPO 还举办与体育相关的革新发明、新材料及新设计的展示、专业技术交流、报告会、研讨会、世界各大知名品牌的新产品发布会和最新运动时装的现场表演等，并且通过互联网、电视、广播、报纸、杂志、邮政、户外广告及多媒体等手段进行大规模宣传，以吸引专业贸易观众。

从 2004 年起，ISPO 展会每届都会有"ISPO VISION"这一展中展同期举办，ISPO VISION 的展品定位为运动休闲装、牛仔装、街头装、工作装、晚装等。该展会利用慕尼黑新展览中心的一个独立展馆，以创新的城市街区划分形式进行展示。ISPO VISION 将为 ISPO——这一世界最知名的体育用品及运动时装贸易博览会增加新的亮点，使之展品范围更加丰富多彩、始终站在世界体育用品及运动时装界潮流的前沿。

资料来源：叶子. 业届的顶级盛会："慕尼黑体育用品和运动时装国际博览会（ISPO）"纵览[J]. 中国会展·参展商，2006 ，(10)：40 - 41.

第二节　参展厂商会展需求的影响因素

一、基本分析框架

对于参展厂商来说，会展产品更多地是作为一种服务形式出现的，并发挥着为其他产品服务的巨大功用。为此，本书首先进行下列假设。

假设 1：将会展产品形式化为以一个实数 s[①]。

s 是一个参数，衡量的是参展厂商对会展产品的需求程度，或者说，衡量的是参展厂商对会展服务的需求水平。

假设 2：参展商进行 s 水平的会展活动需要为每单位产品付出 $\phi(s)$ 的成本，而且这一成本能够被参展厂商所感知到，并具有如下函数性质：

$$\frac{\partial \phi(s)}{\partial s} > 0 \tag{4-13}$$

即，参展厂商使用会展服务时需要付出的成本随着对会展需求水平的增加而增加。

假设 3：在存在会展产品的情况下，消费者的需求函数为 $q = D(p,s)$，p 为产品的价格，

---

① 泰勒尔（Tirole，1997）在分析零售商和制造商出现下游道德风险的时候，将零售商经常提供的一些使制造商产品对消费者更具吸引力的免费更换、免费送货、良好的购物环境等"推销努力"或"服务"形式化为一个实数 s。（参见：泰勒尔. 产业组织理论[M]. 张维迎，译. 北京：中国人民大学出版社，1997：226. ）

并且，该函数具有如下特性：

$$\frac{\partial D(p,s)}{\partial p} < 0, \quad \frac{\partial D(p,s)}{\partial p} > 0 \qquad (4-14)$$

即，消费者对产品的需求随价格的产品价格的上升而下降，随产品生产商会展消费水平的上升而上升。菲利普·科特勒(Kotler, 2000)认为，促销是刺激消费者或中间商迅速或大量购买某一特定产品的促销手段，包含了各种短期的促销工具，是构成促销组合的一个重要要素。[①] 同样，会展产品也是产品促销过程的重要工具(参见表3-1)，参展厂商会展消费水平 s 的高低决定了其产品销售量的大小，并有利于参展厂商产品在市场上竞争力的形成，进而使得企业获得发展并保持稳定的盈利水平。

为了便于分析，本书再进行如下假设。

假设4：参展厂商产品的价格不随其使用会展服务水平 s 的变化而变化，即

$$\frac{\partial p}{\partial s} = 0 \qquad (4-15)$$

在存在会展服务的情况下，参展厂商的利润函数为：

$$\pi = [p - c - \phi(s)]D(p,s) \qquad (4-16)$$

c 为参展厂商产品的单位成本，根据式(4-16)，参展厂商实现会展消费情况下的最大化利润的一阶条件为：

$$\frac{\partial \pi}{\partial p} = D(p,s) + [p - c - \phi(s)]\frac{\partial D(p,s)}{\partial p} = 0 \qquad (4-17)$$

整理，得：

$$\phi(s) = p - c + D(p,s)\frac{\partial p}{\partial D(p,s)} \qquad (4-18)$$

进而：

$$\phi(s) = p\left(1 + \frac{1}{\eta}\right) - c \qquad (4-19)$$

其中：$\eta = \frac{\partial D(p,s)}{\partial p}\frac{p}{D(p,s)}$，为参展厂商产品的需求价格弹性。

二、初步影响因素

根据上述基本分析框架，本书初步归纳出影响参展商会展需求的部分因素。从式(4-19)可以看出，使得参展厂商利润最大化的会展消费需求与产品成本、需求弹性及价格等因素有关，也就是说，参展厂商产品自身所具有的成本、需求弹性等属性决定了参展厂商对会展产品的需求及对会展服务的需求程度。

---

① KOTLER P. *Marketing Management, the Millennium Edition* [M]. 10th ed. Upper Saddle River, New Jersey: Prentice Hall, 2000.

1. 产品需求弹性

推论1：在其他条件相同的情况下，为了实现利润最大化，产品缺乏需求弹性的参展厂商更愿意消费会展产品。

源自消费者和厂商之间的信息不对称导致了产品市场上的信息差异性，会展产品作为有效的信息集聚、交流的平台，在传递产品信息过程中发挥着有力的作用。如果参展厂商产品的需求弹性比较小，其产品需求曲线将比较陡峭，价格变化对该产品需求量的影响并不明显，因此，一方面，参展厂商通过会展产品向消费者传达了其产品存在等方面的信息，告诉消费者购买的详细地址，甚至标明了其价格，对产品质量进行描述；另一方面，参展厂商由于消费会展产品所导致的参展商产品的价格升高并不会对产品的需求量产生显著的影响，进而参展厂商的利润也就不会发生显著变化。

2. 产品价格

推论2：在其他条件相同的情况下，参展商产品的价格高低与参展商对消费会展产品的开支呈正向相关关系。

在现实生活中，价格不仅起到一种供求调控作用，很多时候也作为一种信号，对产品的质量等有着指导作用。在信息不对称的情况下，为了减轻消费者在产品质量上存在的劣势，高质量的产品生产厂商会通过会展产品的消费向消费者传递其质量信息；而对于低质量产品生产商而言，其最优选择则是不进行会展产品的消费。①

3. 产品成本

推论3：在其他条件相同的情况下，参展厂商对会展产品的消费开支与其产品成本呈负相关关系。

由于会展产品构成了参展厂商产品销售过程中的一个组成部分，因此，参展厂商在会展产品上的消费开支就可以做更为广泛的理解，既可以理解为参展厂商产品成本的另一部分投入，也可以理解为参展厂商改进产品信息不对称情况所做的投资。而参展厂商产品单位成本 c 决定了参展厂商的利润空间，也决定了参展厂商参与会展、消费会展产品支出的可能性空间，即参展厂商产品单位成本 c 越低，参展厂商消费会展产品的可能性空间越大；反之，参展厂商产品单位成本 c 越高，参展厂商消费会展产品的可能性空间越小。

---

① Kihlstrom & Riordan(1984)讨论了广告的作用，把产品市场分为高质量和低质量市场，假定两市场都是竞争性的，而且广告支出被认为是高质量的进入费，并且成为厂商传递高质量的信号。Milgrom & Roberts(1986)的研究则表明，高质量的厂商宁愿选择进行广告投入被认为高质量，而不愿被认为是低质量；而低质量厂商的偏好则相反，其最好的选择则是不进行广告。（参阅：KIHLSTROM R E, RIORDAN M H. Advertising as a Signal[J]. *Journal of Political Economy*, 1984, 92: 427–450；以及 MILGROM P, ROBERTS J. Price and Advertising Signals of Product Quality[J]. *Journal of Political Economy*, 1986, 94: 796–821. ）

三、深层影响因素

1. 放宽的假设

现在，本书放宽关于参展厂商产品的价格不随其使用会展服务水平 s 的变化而变化的假设，并进一步来讨论参展商消费会展水平的影响因素。由此，本书将原来假设 4 变更为如下假设。

假设 5：参展厂商产品的价格随其使用会展产品水平 s 的变化而变化，即，参展商产品价格

$$p = p(s, \theta)$$

且

$$\frac{\partial p(s, \theta)}{\partial s} \geqslant 0, \quad \frac{\partial p^2(s, \theta)}{\partial s^2} \leqslant 0 \qquad (4-20)$$

θ 为决定参展厂商产品价格的其他因素。在这种情况下，我们构造参展厂商的利润函数：

$$\pi = [p(s, \theta) - \phi(s) - c] D(p(s, \theta), s) \qquad (4-21)$$

由此，会展参展商的利润最大化函数就成为其消费会展服务水平 s 的函数，考虑到存在角点解的情况，$s \geqslant 0$，参展厂商选择消费会展服务水平 s 来实现利润 π 的最大化，由此，可以得到如下一阶条件：

$$\frac{\partial \pi}{\partial s} = \left[\frac{\partial p(s, \theta)}{\partial s} - \frac{\partial \phi(s)}{\partial s} \right] D[p(s, \theta), s] + [p(s, \theta) - \phi(s) - c] \frac{\partial D[p(s, \theta), s]}{\partial s} = 0$$

$$(4-22)$$

令 $r = p(s, \theta) - \phi(s) - c$，即参展商产品单位利润；$r' = p(s, \theta) - c$，即参展商在消费会展服务之前的毛利润。整理式 $(4-22)$，得：

$$\left[\frac{\partial \phi(s)}{\partial s} - \frac{\partial p(s, \theta)}{\partial s} \right] D[p(s, \theta), s] = r \frac{\partial D[p(s, \theta), s]}{\partial s} \qquad (4-23)$$

令：

$$\varepsilon_\phi = \frac{\partial \phi(s)}{\partial s} \frac{s}{\phi(s)}$$

$$\varepsilon_p = \frac{\partial p(s, \theta)}{\partial s} \frac{s}{p(s, \theta)}$$

$$\varepsilon_p = \frac{\partial D[p(s, \theta), s]}{\partial s} \frac{s}{D[p(s, \theta), s]}$$

其中，ε_ϕ 为会展服务成本弹性，显示了随着参展商对会展产品消费水平的变化其付出的会展成本变化的程度，它反映了参展商消费会展服务需要支付成本的变动对其消费会展服务水平变动反应的敏感程度；ε_p 为参展商产品价格服务弹性，是参展商消费会展产品水平的变化所引起的参展商产品价格变动的比率，它反映了参展商商品价格变动对其消费会展服务水平变动反应的敏感程度；ε_D 为参展商产品会展需求服务弹性，是参展商消费会展产品水平的变化

所引起的参展商产品需求变动的比率，它反映了参展商产品需求量变动对其使用会展服务水平变动反应的敏感程度。

由此，式(4-23)可以转换为：

$$\phi(s)\varepsilon_\phi - p(s,\theta)\varepsilon_p = r\varepsilon_D \qquad (4-24)$$

进一步：

$$\phi(s) = p(s,\theta)\frac{\varepsilon_p}{\varepsilon_\phi} + r\frac{\varepsilon_D}{\varepsilon_\phi} \qquad (4-25)$$

$\phi(s)$ 为参展商进行 s 水平的会展活动需要为每单位产品付出的会展成本，也可以说是参展商消费会展产品的成本函数，作为参展商产品单位毛利润 r' 中的一种扣除，$\phi(s)$ 进一步决定了参展厂商对会展产品或会展服务的消费量。

从式(4-25)中，本书进一步归纳出影响参展商会展需求的系列深层次因素。

2. 会展成本弹性

参展商对会展产品会展服务的消费与会展服务成本弹性 ε_ϕ 成反向变化，即参展商消费会展产品或会展服务水平的变动导致其支付成本变动越少，参展商对会展产品或会展服务的消费就越多。也就是说，会展服务成本越缺乏弹性，参展厂商对会展产品或服务的消费就越多，这时，在一定的会展产品会或会展服务的消费水平 s 上，参展厂商将尽可能多地参与会展活动，而对于会展产品的提供方，则需要提供更为多样化的会展活动或服务，以吸引参展商。

3. 参展商利润空间

参展商产品价格 $p(s,\theta)$、价格服务弹性 ε_p 和单位利润 r 决定了参展商消费会展产品和服务的利润性空间。

Shapiro(1983)研究了无限重复博弈情况下企业的质量声誉形成机制，认为如果能够确保维持高质量而带来的未来收益，企业就不愿意榨取其声誉，即在新产品上市时声称高质量，索要高价格，而实际上提供低质量产品。[①] 在这种情况下，价格作为一种选择变量就可以用来传递产品质量信息，根据信息经济学的有关分析，非信息性广告、价格均可作为向消费者传递产品质量的信号(Kihlstromt & Riordan, 1984; Milgrom & Roberts, 1986)[②]，Klein 和 Leffler(1981)的质量酬金模型中(Quality Premium)，高价格显示了高质量[③]，而 Wolinsky(1983)

① SHAPIRO C. Premiums for High Quality Products as Returns to Reputation[J]. *Quarterly Journal of Economics*, 1983, 98 (4): 659-680.

② KIHLSTROMT R E, RIORDAN M H. Advertising as a Signal[J]. *Journal of Political Economy*, 1984, 92: 427-450. MILGROM P, ROBERTS J. Price and Advertising Signals of Product Quality[J]. *Journal of Political Economy*, 1986, 94: 796-821.

③ KLEIN B, LEFFLER K B. The Role of Market Forces in Assuring Contractual Performance[J]. *Journal of Political Economy*, 1981, 89: 615-641.

则证明,价格信号可以精确地区分各种质量水平,因为存在一个预期实现(Fulfilled-Expectation)均衡,其中每个价格信号对应于某个特定的质量。① 根据价格与产品质量之间的对应性,高质量的产品生产商更加具有参与会展、消费会展产品或服务的动机,因为会展作为一种有效的传递信息的方式,不仅具有传递产品高质量信号的功能,而且对一些大型活动来说,参展其实就是一种实力和质量的象征,关于这一点,本书在前文已做了论述。

罗秋菊(2006)对在东莞举办的四个依托东莞当地特色产业选题的展览会(第14届国际名家具(东莞)展览会、第二届国际名鞋展暨皮革、鞋材、鞋机(厚街)交易会、第四届珠三角国际工业博览会及第七届中国东莞国际电脑资讯产品博览会)现场的所有参展商发放了问卷,每家参展企业只发放问卷一份,要求相关负责人填写,回收参展商有效问卷523份。其案例的选择兼顾了成功与不成功展览项目,并对搜集到的有关资料进行了交叉列联表分析,结果显示,从不同经营性质的参展商数量进行判断,制造商性质的参展商在数量上占据绝对主体,总体494家参展商中,制造商的数量有329家,代理商只有86家;并且,制造商的需求程度远远高于代理商,在年均参加1~5个展览会的275家参展商中,制造商占了71.6%的比例;在年均参加6~10个展览会的135家参展商中,制造商占了65.9%的比例;在年均参加11~20个展览会的47家参展商中,制造商占了55.3%的比例;在年均参加21个以上展览会的34家参展商中,制造商占了50%的比例。② 从不同经营性质的参展商数量和行百分比来看,制造商是产业型展览会的主体,其产品价格服务弹性 ε_p 较强,可以方便地通过价格转移作为会展产品或服务消费的成本开支,因此,参展需求非常旺盛,明显高于代理商。而代理商需求较弱的原因,一方面在于他们是专业销售公司,人员销售是最主要的营销手段,另一方面则在于代理商通常规模较小,对费用比较敏感,其通过价格转移消费会展产品或服务开支的能力较低。

另外,根据菲利普·科特勒(Kotler,2000)的研究,产品有一个有限的生命,任何产品都具有从进入市场到最后被淘汰这一产品生命周期过程,在产品生命周期的不同阶段产品利润有高有低,并且在二者之间存在一定的对应关系③(见图4-1),即:①引入期,在这一时期,销售量增加很慢,产品刚进入市场,需开支巨额的促销费用,利润很小;②成长期,产品被市场快速大量接受,销量和利润增加都很快;③成熟期,产品已为市场大量接受,增长放慢,销量和利润都达到最大;④衰

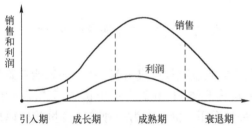

图4-1 产品生命周期与利润

① WOLINSKY, ASHER. Retail Trade Concentration Due to Consumers′Imperfect Information[J]. *Bell Journal of Economics*, 1983, 14(1): 275-282.

② 罗秋菊. 参展商参展需求行为特征:以东莞为例[J]. 中外会展, 2006, (53): 19-22.

③ KOTLER P. *Marketing Management*, *the Millennium Edition*[M]. 10th ed. Upper Saddle River, New Jersey: Prentice Hall, 2000.

退期，销售下降的趋势增强，利润不断下降直到为负值。

与产品生命周期和利润变化状况相对应，罗秋菊（2006）的分析表明，处于提升发展阶段的企业参展需求明显高于处于成长初始阶段或成熟稳定阶段的企业[1]。其原因就在于，处于提升发展阶段的企业一般都具有比较大的利润空间 r，这为参展商使用或消费会展产品或会展服务提供了有利的支撑。而就展出效果而言，其与产品的生命周期也有着一定的对应性。即，在产品新生和成长阶段，由于人们对产品不了解，直接邮寄和人员推销等方式起不到良好的效果，通过会展形式则可以使消费者动用全部感官来了解产品，提高对产品的信任度；在成熟和衰退阶段，由于消费者已经对产品形成了一定的认识，通过会展进行宣传的效果就不再明显（见图 4 - 2）。

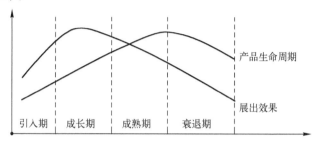

图 4 - 2　产品生命周期与展出效果

资料来源：转引自程红等.会展经济：现代城市"新的经济增长点"[M].北京：经济是报出版社，2003：158.

4. 会展需求服务弹性

参展商产品会展需求服务弹性 ε_D 决定了参展商消费会展产品或会展服务的市场现实性和市场潜力。

会展会影响消费者对参展企业产品的购买过程，它会使潜在顾客对产品产生兴趣，密切老顾客的关系，在产品展示时提供评价的机会，在买主和卖主之间建立联系，而且可以现场销售。因此，参展商消费会展产品和服务对其产品市场需求量影响程度 ε_D 不仅决定了参展商对会展产品和服务的消费量，而且指导了其消费会展产品和服务过程中的具体操作行为。

就参展商对会展产品消费量来说，罗秋菊（2006）的研究综合不同开办时间的参展商数量和百分比来判断揭示了参展需求与企业开办时间的关系，认为，参展需求最强烈的是开办时间 6 ~ 10 年的企业，其次是开办时间 11 ~ 20 年的企业，表明处于提升发展阶段的企业参展需求明显高于处于成长初始阶段或成熟稳定阶段的企业。[2]这其中的原因就在于处于提升发展阶段的企业产品迅速被市场接受，因而具有较高的参展商产品会展需求服务弹性 ε_D。而处于成熟稳定阶段的企业，其市场形象、市场占有率已经比较稳固，产品的市场需求也相对稳定，参展商产品会展需求服务弹性 ε_D 较弱，企业参展需求也就相对较弱；处于创业或衰退阶段

①②　罗秋菊.参展商参展需求行为特征：以东莞为例[J].中外会展，2006，(53)：19 ~ 22.

的企业则由于其产品面临退出市场、销量持续下降的境况，参展需求也就较弱。

就参展商消费会展产品的具体操作过程来说，如果会展工作者能够把其他营销手段整合到一个会展项目中去，就能够便捷地吸引更多参与者的关注。仅租下一个展位并把它布置得漂漂亮亮是不够的，成功的会展工作者应该综合运用一切市场手段来挖掘潜在客户（见表4-4），如果将直销、广告、商业信函、攻关、电话推广和会展等手段融合在一起，就会为参展商带来最好的营销效果。同时，对参展商营销人员来说，会展是一个增强团体沟通、完善全盘营销计划的契机，在做会展项目时，应充分利用展前、展中、展后跟进等各个环节的多种因素（见表4-5），提升消费者对参展商产品的会展需求服务弹性 ε_D，增强参展商产品的市场支配力。

表4-4　有助于增加目标客户关注的综合因素

广告	+46%
赞助重大活动	+104%
记者招待会	+77%
产品发布会	+86%

数据来源：CEIR，《会展的力量》报告第二版，Deloitte&Touche 咨询组，1996。转引自：［美］巴利·西斯坎德. 会展营销全攻略：循序渐进解开成功会展的秘诀［M］. 郑睿译. 上海：上海交通大学出版社，2005：10.

表4-5　整合各项因素后目标客户转化为可靠伙伴

展前促销	+50%
会展现场促销	+62%
员工培训	+68%

数据来源：CEIR，《会展的力量》报告第二版，Deloitte&Touche 咨询组，1996。转引自：［美］巴利·西斯坎德（Barry Siskind）. 会展营销全攻略：循序渐进解开成功会展的秘诀［M］. 郑睿译. 上海：上海交通大学出版社，2005：10.

延伸阅读4-3：成熟产业和衰退产业的会展营销策略

1. 成熟产业的会展营销策略

在成熟产业里举办会展，与新兴产业相比有其自身的特点，在营销策略的选择上也有明显的不同。

（1）广泛运用营销组合策略。在成熟产业里举办会展，办展机构所面对的是成熟产业环境、成熟企业、成熟市场及众多企业成熟营销手段。为此，办展机构不能仅以一种营销手段去吸引企业参加会展，而要针对不同企业，组合利用关系营销、合作营销、网络营销及公共关系营销等多种营销策略，以多种营销手段来巩固老顾客，开发新顾客，培育知名度高、影响力大的会展品牌。

（2）采取灵活的价格和服务策略。在成熟产业里，利润开始下降，企业对价格较为敏感；同时，由于产品同质化倾向，企业开始非常注重以服务赢取竞争优势。办展机构要抓住这一产业特点，在进行会展营销时，采取灵活的价格和服务策略。

（3）重视客户关系管理。在成熟产业里举行会展，待开发的新客户已所剩无几，老客户已基本瓜分完毕，寻找新客户十分困难，保住或巩固老客户比吸引新客户更为重要。所以，办展机构尤其要重视客户关系管理，及时了解客户需求，了解客户动向，不断融洽与这些客户的关系，想办法留住客户。

（4）关注龙头型企业。在成熟产业里，龙头型企业一旦参展，其参展面积一般都较大，而且它们的一举一动都会被行业所瞩目，其在产业内的示范效应和标杆作用将十分明显。

2. 衰退产业的会展营销策略

衰退产业是指在一段时间里产品的销售量或销售额持续绝对下降的产业。一般而言，在衰退产业里举办会展尽管是一个不明智的选择，但是，产业走向衰退都是必然的，在衰退产业里举办会展在现实中是经常存在的。办展机构应结合衰退产业的特点，科学选择其营销策略。

（1）打造行业唯一会展品牌策略。产业尽管衰退，但只要该产业还存在，它就有举办会展的产业支撑。若办展机构能采取有效的措施，通过收购或重组其他同类会展的办法，将本会展打造成为该产业中唯一的或少数几个知名会展品牌之一，那么，该会展就还有生存的空间和盈利的机会。

（2）打造局部会展品牌策略。就是在衰退产业中选择一个需求相对稳定或下降速度缓慢的细分市场，办展机构将会展定位于这一细分市场而放弃其他题材，使会展在这一细分市场中形成局部会展品牌，建立领袖地位。

（3）收割剩余策略。就是在会展面临衰退的产业压力下，办展机构力图优化展会业务的现金流，削减会展广告等推广投入，优化办展流程，减少成本支出，尽量从会展过去品牌声誉以及其他竞争优势中获利。选择收割剩余策略的前提是该会展以前有较好的口碑和其他竞争优势，而且本产业的衰退速度也不是很快。

（4）全面撤出策略。当产业完全衰退、已无力支持一个主题会展时，办展机构选择撤出策略是一项明智的战略性选择，否则，其声誉和形象往往会受到严重损害。

资料来源：周爱国. 成熟产业 VS 衰退产业的会展营销策略[J]. 中国会展，2008，(21)：62-63.

第三节　消费者会展需求的影响因素

作为产品有关信息的传递平台，会展产品向消费者传递了关于产品的存在、质量、性能等信息，并影响了消费者的购买决策，因此，会展产品或服务可以看作是消费者所购买产品的补充品。将会展的这样一种产品属性融合到消费者理论中，就可以构造出分析消费者会展产品或服务消费行为的理论框架。

一、基本分析框架

假设 1：x 为消费者购买参展产品 X 的数量，m 为消费者购买或消费的与参展产品 X 有关的会展产品或服务 M 的数量，则消费者的效用函数为：

$$U = U(x, m) \qquad (4-26)$$

进一步假设，该函数具有如下特性：

$$\frac{\partial U}{\partial x} > 0$$

$$\frac{\partial^2 U}{\partial x^2} < 0 \qquad (4-26')$$

$$\frac{\partial^2 U}{\partial x \partial m} > 0$$

即，参展产品 X 的边际效用大于零，但是，边际效用递减。由于会展产品或服务和参展产品 X 是互补的，增加对会展产品或服务 M 的消费会提高消费者消费 X 的边际效用。

假设 2：参展产品 X 的价格为 p_x，会展产品或服务的价格为 p_m。

假设 3：由于参展产品和会展产品或服务之间是互补性的关系，我们不妨将消费者对会展产品或服务的消费或购买数量表示为如下关系：

$$m = \beta x, \quad \beta \geq 0 \qquad (4-27)$$

其中，β 为会展产品或服务与参展产品之间的互补性系数，反映了会展产品和服务在参展产品信息传递过程中的重要性，β 值越大，说明参展产品越需要通过会展平台向消费者传递其有关信息，或者说，消费者对通过会展平台获取有关产品信息的依赖性越强。

假设 4：b 为消费者的预算约束值，即消费者计划在参展产品 X 上的预算开支。

我们假设消费者可以购买到任何数量的 X 产品，消费者选择消费 X 和 M 并对其净效用进行最大化，为此，我们构造如下线性最优规划形式：

$$\max V(x, m) = U(x, m) - p_x x - p_m m$$

$$\text{s. t.} \quad p_x x + p_m m = b \qquad (4-28)$$

$$x, m \geq 0$$

对于这样一个最优化问题，可以使用等式约束的拉格朗日方法（Lagrange's Method）求解，构造如下拉格朗日函数：

$$L(x, m, \lambda) = U(x, m) - p_x x - p_m m + \lambda(b - p_x x - p_m m)$$

λ 为拉格朗日乘子。该最优化一阶条件为：

$$\frac{\partial L}{\partial x} = \frac{\partial U}{\partial x} - p_x - \lambda p_x = 0 \qquad (4-29)$$

$$\frac{\partial L}{\partial m} = \frac{\partial U}{\partial m} - p_m - \lambda p_m = 0 \qquad (4-30)$$

$$\frac{\partial L}{\partial \lambda} = b - p_x x - p_m m = 0 \qquad (4-31)$$

根据式(4-29)、式(4-30)可得：

$$\frac{p_x}{p_m} = \frac{\dfrac{\partial U}{\partial x}}{\dfrac{\partial U}{\partial m}} = \frac{MU_x}{MU_m} \qquad (4-32)$$

其中，MU_x 和 MU_m 为消费者消费参展产品 x 以及会展产品或服务 m 的边际效用。将式(4-27)和式(4-32)代入式(4-31)，整理得：

$$m = \frac{b}{p_m\left(1 + \dfrac{1}{\beta}\dfrac{MU_x}{MU_m}\right)} \qquad (4-33)$$

二、影响因素分析

从式(4-33)我们可以对影响消费者对会展产品或服务需求的因素进行分析。

1. 预算开支

消费者在参展产品 X 的预算开支 b 不仅构成了影响消费者效用最大化的约束性条件，而且形成了消费者消费参展产品及会展产品或服务的有效需求，并且由于参展产品与会展产品或服务之间的互补性，消费者的预算开支 b 直接决定了消费者对会展产品或服务的消费数量。从另一个角度来说，消费者预算开支 b 的大小反映了消费者收入水平的高低，收入水平则会通过影响消费者对参展产品的需求影响对会展产品或服务的需求。因此，收入水平和消费水平的高低也就成为决定会展产品提供数量的重要因素，这可以从我国东中西部一些城市举办的会展活动数量得以佐证(见表4-6)。

表4-6　2002 年中国东中西部分城市会展活动统计

地区	城市	类型	内容
东部	北京 (788 次)	会展博览(307 次)	第七届中国国际建筑建材贸易博览会、国际医疗机械展等
		节庆活动(166 次)	2002 北京国际广告节、旅游节、文化节等
		文体赛事(183 次)	中南海杯 2002 年北京保龄球锦标赛等
		商务会议(132 次)	第四届 CALL CENTER & CRM CHINA 2002 大会、中国装饰产业论坛 2002、中国欧盟论坛等
	上海 (1036 次)	会展博览(384 次)	国际旅游交易会、上海商品交易会等
		节庆活动(228 次)	上海电影节、电视节、旅游节、国际艺术节等
		文体赛事(233 次)	国际马拉松赛、"大师杯"网球公开赛等
		商务会议(191 次)	ICANN 上海会议、中国企业 IT 应用论坛等

地区	城市	类 型	内 容
东部	广州 (708 次)	会展博览(315 次)	中国出口商品交易会、2002 中国国际自动化展览会等
		节庆活动(135 次)	广州美食节、第二届网上荔枝节等
		文体赛事(163 次)	汤姆斯杯和尤伯杯羽毛球锦标赛、皮划艇激流回旋世界杯中国站比赛等
		商务会议(95 次)	2002 信息技术高级论坛、世界第九届近视眼研究大会等
	杭州 (543 次)	会展博览(271 次)	中国杭州西湖博览会、2002 浙江(杭州)旅游交易会等
		节庆活动(105 次)	首届曲艺杂技节、中国杭州龙井开茶节等
		文体赛事(75 次)	"紫云杯"中日青少年围棋交流赛、中国(杭州)"城隍阁杯"民间戏曲折子戏邀请赛等
		商务会议(82 次)	2002 弦理论国际会议、电视经营管理和国际市场开发研讨会等
西部	西安 (148 次)	会展博览(61 次)	恐龙展、糖酒商品交易会等
		节庆活动(48 次)	首届陕西(西安)音乐节等
		文体赛事(24 次)	首届中国保健按摩技能比赛、2002 年飞利浦高校联赛等
		商务会议(15 次)	"入世与西部大开发"西安会议、西安国际磁材料讨论会等
	成都 (396 次)	会展博览(203 次)	第三届中国西部国际博览会、2002 四川广告与传媒博览会等
		节庆活动(101 次)	第二届中国川剧节、第八届四川(成都)龙池南国冰雪节等
		文体赛事(38 次)	四川省第九届运动会、2002 中国西部广告模特大赛等
		商务会议(54 次)	2002 四川企业峰会暨当代经理人论坛四川峰会、四川旅游项目招商洽谈会等
	桂林 (209 次)	会展博览(42 次)	第四届全国医疗器械、口腔设备、制药机械与包装(广西)展览会、大公报百年历史版面巡回展等
		节庆活动(121 次)	"刘三姐"旅游美食文化节、第八届河灯歌节、第四届"锦绣漓江"阳朔渔火节等
		文体赛事(33 次)	广西第十届国标舞、交谊舞大赛、广西首届英语翻译电视大奖赛等
		商务会议(13 次)	方正网络终端桂林研讨会等
	昆明 (317 次)	会展博览(103 次)	2002 年第二届昆明国际汽车展览会、第十六届全国荷花展、昆明出口商品交易会等
		节庆活动(117 次)	云南火把节、滇味美食节等
		文体赛事(36 次)	全国城市电视台业余主持人大赛等
		商务会议(61 次)	中国－东盟商务合作论坛、大湄公河次区域商务论坛第三次年会等

资料来源:张彬彬. 城市事件旅游策划与地域差异:以中国东西部热点旅游城市为例[A]. 徐红罡, LEW A A. 事件旅游及旅游目的地建设管理[C]. 北京:中国旅游出版社, 2005: 25 - 32.

2. 会展产品价格

会展产品或服务的价格 p_m 是消费者消费会展产品或服务的成本, 在其他条件一定的情况下, 会展产品或服务的价格越高, 消费者对会展产品或服务的消费量就越小。但是, 由于会展产品或服务与参展产品之间具有互补性, 消费者对会展产品或服务消费量的减少, 必然会影响到对参展产品有关质量等信息的认知，进而影响到消费者对参展产品的消费。为了避免这种情况的发生，越来越多的专业性会展不再收取门票，甚至是有针对性地发放门票，这在一定程度上保证了专业性的消费者获取参展产品信息的可能性。

延伸阅读 4 - 4：专业的展会选择专业的观众

成功会展往往是拥有了强大的网络渠道，搜集各个区域内的专业观众，让参展商有的放矢。专业观众的数量乃至质量，影响着一个展会品质的高低。于 2005 年 10 月 27 - 29 日在苏州国际博览中心隆重举行的"2005 中国首届人力资源博览会"是中国 HR（人力资源）业内立足全国，首次以展览为主的产业盛会，旨在打造辐射全国的互动人力资源产业平台，为 HR 产品和服务供应商与需求企业之间提供了更深层次的合作方式。展会云集了人力资源产业链上所有服务商中近 300 家标杆企业，网罗了 20 000 ~ 30 000 名 HR 专业观众，打造了迄今为止中国最大的人力资源产业平台。

为了将散布于中国各个行业内的专业观众组织起来让他们一同出现在 2005 中国首届人力资源博览会会场，2005 中国首届人力资源博览会入场门票的派发工作经过了组委会的严格监控，通过专有渠道进行门票派发，这其中包括国际权威 HR 协会、中国主流经济类报刊、国际著名管理类杂志、国内知名 HR 专业网站、国内外合作代理机构等。通过这些渠道，2005 中国首届人力资源博览会入场门票实际流入到包括海内外 HR 协会会员、企业管理决策层、企业 HR 部门经理、HR 从业人员等专业会展观众的手中。组委会分阶段派发了 5 万张门票到目标参展观众手中，以确保 2 万 ~ 3 万名 HR 专业观众来到展商的摊位面前。

资料来源：专业的展会选择专业的观众［N］．中国经营报，2005 - 08 - 13.

但是，对于消费类会展来说，门票收入则成为组展者的一个非常重要的收入来源，虽然如此，消费类会展依然呈现出旺盛发展的势头，尤其是在欧美国家，消费类展会将展览与休闲娱乐活动紧密结合起来，吸引了更多的参观者，在贸易展展出面积下降、专业观众减少的情况下逆风直上，继续保持增长（程红等，2003）[①]。那么，为什么消费类会展能够忽视消费者消费会展产品或服务的价格 p_m 因素逆势而上呢？原因在于该种会展产品或服务对参展产品的补充程度比较弱，亦即会展产品或服务与参展产品之间的互补性系数 β 比较小，部分抵消了会展产品或服务价格的负面影响。

3. 互补性系数

会展产品或服务与参展产品之间的互补性系数 β，反映了会展产品或服务在参展产品信息传递过程中的重要性，β 值越大，说明参展产品越需要通过会展平台向消费者传递其有关

---

① 程红，路红艳．从国际会展业发展动态看我国会展业发展方向［J］．中国流通经济，2003，17（3）：29 - 32.

信息，或者说，消费者对通过会展平台获取有关产品信息的依赖性越强，对会展产品或服务的消费需求就越强烈。消费者在获取不同种类产品的有关信息时，对会展产品或服务的依赖性是不同的，这和会展产品或服务与参展产品之间的互补性系数 β 有着直接的关系。一般而言，对于初加工的产品，如蔬菜、水果等农副产品，由于产品差异不大，技术含量不高，而且由于其不便于运输和储存，不适合采用会展方式进行销售，会展产品或服务与参展产品之间的互补性系数 β 较小，消费者对此类会展产品或服务的需求也就较小。而对于一些技术含量高、价值量大、差异化较大、更新换代快的产品，如电子产品等，尤其是对于技术、规格复杂，语言和文字都不能说清楚，必须通过示范操作来表现品质、性能的产品，会展产品或服务与参展产品之间的互补性系数 β 较大，这时，会展作为集各种营销方式于一身的产品服务平台则能够比较全面地传递产品的有关性能特征，消费者通过会展产品或服务获取产品的有关信息就显得相当重要，消费者对会展产品或服务的消费也就比较多。

4. 替代能力

$\dfrac{MU_x}{MU_m}$ 显示了参展产品边际效用与会展产品或服务之间的替代能力，$\dfrac{MU_x}{MU_m}$ 越小，显示了会展产品或服务的边际效用对参展产品的边际效用的替代能力越强，消费者在进行购买决策时候对会展产品或服务的需求就越强。

在激烈竞争的市场环境中，随着消费者需求的多样化、个性化发展，差别化的产品和服务成了企业竞争的有力工具，而体现在产品性能和特征差别化特性往往并不是一目了然的，通过会展产品或平台则可以将产品的差异化特征传递给消费者。进言之，如前文所述，会展作为传递信息的有效机制，不仅向消费者传递了关于产品差异化的信息，而且可以促进产品差异化的形成，这时，对消费者来说，会展产品或服务相对于参展产品来说，就具有了较大的边际效用替代能力，或者说，消费者可以从会展产品或服务上获得更为显著的边际效用水平，由此，对会展产品或服务的消费量也就呈现增加的趋势。

复习思考题

1. 会展需求主体主要包括哪些？
2. 什么是水平差异？什么是垂直差异？二者的主要区别是什么？
3. 会展对于水平差异形成的作用及其机制是什么？
4. 会展对于垂直差异形成的作用及其机制是什么？
5. 影响参展商会展需求的因素主要有什么？
6. 影响参展观众会展需求的因素主要有什么？

第五章 会展市场行为

市场是企业经营活动过程中涉及的最基本的概念,人们通常把市场说成是"买卖双方进行交易的场所"。实际上,市场的概念有狭义与广义之分。按照狭义的概念,市场是指买卖商品的场所,即买方和卖方聚集在一起交换货物的场所;从广义上说,市场既可以是一定时间、地点条件下商品交换关系的总和,也可以是配置资源的一种机制。会展企业管理者应该从广义出发,站在企业经营的角度,把市场看作会展产品交换的总体,并通过会展市场资源配置机制实现经济发展。

第一节 市 场 类 型

不同的市场具有不同的经济特征,从而使得企业的决策背景和方法也大为不同。本节先对完全竞争市场和完全垄断市场做一个一般性的论述,然后结合会展分析垄断竞争市场。

一、完全竞争市场和完全垄断市场

1. 完全竞争市场

完全竞争市场,又称作纯粹竞争市场,是指竞争充分而不受任何阻碍和干扰的一种市场结构。在这种市场类型中,市场完全由"看不见的手"进行调节,政府承担"守夜人"的角色,对市场不作任何干预。

完全竞争市场必须具备一定的条件,这些条件主要有以下几个方面。

(1)市场上有众多的生产者和消费者,任何一个生产者或消费者都不能影响市场价格。由于存在着大量生产者和消费者,与整个市场的生产量(即销售量)和购买量相比较,任何一个生产者的生产量(即销售量)和任何一个消费者的购买量所占的比例都很小,因而,他们都无能力影响市场的产量(即销售量)和价格,对于生产者和消费者来说,他们都只能是市场既定价格的接受者,而不是市场价格的决定者。

(2)企业生产的产品具有同质性,不存在差别。市场上有许多企业,每个企业在生产某种产品时不仅是同质的产品,而且在产品的质量、性能、外形、包装等方面也是无差别的,以致任何一个企业都无法通过使自己的产品具有与他人产品的特异之处来影响价格而形成垄断,从而享受垄断利益。对于消费者来说,无论购买哪一个企业的产品都是同质无差别产品，以致众多消费者无法根据产品的差别而形成偏好，从而使生产这些产品的生产者形成一定的垄断性而影响市场价格。也就是说，只要生产同质产品，各种商品互相之间就具有完全的替代性，这很容易接近完全竞争市场。

（3）生产者自由进出市场。任何一个生产者，既可以自由进入某个市场，也可以自由退出某个市场，即进入市场或退出市场完全由生产者自己自由决定，因此，当某个行业市场上有净利润时，就会吸引许多新的生产者进入这个行业市场，从而引起利润的下降，以致利润逐渐消失。而当行业市场出现亏损时，许多生产者又会退出这个市场，从而又会引起行业市场利润的出现和增长。这样，在一个较长的时期内，生产者只能获得正常的利润，而不能获得垄断利益。

（4）市场信息畅通准确，市场参与者充分了解各种情况。消费者、企业和资源拥有者们，都对有关的经济和技术方面的信息有充分和完整的了解。生产者不仅完全了解生产要素价格、自己产品的成本、交易及收入情况，也完全了解其他生产者产品的有关情况；消费者完全了解各种产品的市场价格及其交易的所有情况；劳动者完全了解劳动力资源的作用、价格及其在各种可能的用途中给他们带来的收益。

（5）各种资源都能够充分地流动。任何一种资源都能够自由地进入或退出某一市场，能够随时从一种用途转移到另一种用途中去，不受任何阻扰和限制。即各种资源都能够在各种行业间和各个企业间充分自由地流动。商品能够自由地由市场价格低的地方流向市场价格高的地方，劳动力自由地从收入低的行业或企业流向收入高的行业或企业，资金、原料和燃料等亦自由地由效率低、效益差的行业或企业流向效率高、效益好、产品供不应求的行业或企业。

2. 完全垄断市场

完全垄断市场，是一种与完全竞争市场相对立的极端形式的市场类型。完全垄断市场也称作纯粹垄断市场，是指整个行业的市场完全处于一家厂商所控制的状态，也就是一家厂商控制某种产品的市场。在完全垄断的市场类型中，一个厂商就是整个行业，产品没有任何替代品。在这种情况下，与完全竞争市场中的企业是一个价格接受者不同，完全垄断企业就是价格的制定者，它可以根据市场需求自行决定产品产量和销售价格，并因此实现利润最大化。垄断企业还可以根据获取利润的需要在不同销售条件下实行不同的价格，即实行差别价格策略。

完全垄断市场具有如下特征：
（1）行业内部只有一个厂商，厂商就是产业。
（2）厂商的产品没有替代品，因而没有竞争者。
（3）厂商独自决定产品价格，是价格的制定者。
（4）厂商可以根据市场的不同情况，实行差别价格，以赚取最大的超额利润。

二、垄断竞争市场

1. 垄断竞争市场

垄断竞争是指一种既有垄断又有竞争，既不是完全竞争又不是完全垄断的市场结构，引起垄断竞争的基本条件是产品之间存在着差别性。这里所说的差别不是指不同产品之间的差别，而是指同种产品之间在质量、包装、牌号、销售条件甚至服务质量上的差别。这些差别使每个厂商都享有一部分顾客的偏爱和信任，从而它们对产品价格都起到一定的影响作用。从这种意义上说，垄断竞争厂商是自己产品的垄断者，但是，有差别的产品往往是由不同的厂商生产的，这些厂商的产品具有一定程度的替代性。从这个意义上说，垄断竞争厂商是又是竞争者。

经济生活中许多产品都是有差别的，因此，垄断竞争是一种普遍现象，它有以下特征。

（1）市场上有众多的消费者和厂商。

（2）厂商生产的产品有差别，但存在着很大的替代性。产品的差别包括产量本身的差别和销售条件的差别，正是这种差别是企业对自己的产品的垄断成为可能，但产品替代性又促使在市场上同类产量之间激烈竞争。

（3）长期来看，厂商进入或退出一个行业是自由的。

2. 产品差异

产品差别是指同一种产品在质量、包装、牌号或销售条件等方面的差别，是企业实现产品经营最具竞争力的工具。在完全竞争市场中，所有厂商都生产并提供具有完全替代性的同质产品，任何厂商都是价格接受者，只要厂商的定价高于边际成本，其需求将立即降为零。但是，垄断厂商的产品确实是完全不可替代的，它可以选择利润极大化的产量或价格。根据马歇尔（1890）的连续性原理，产品完全替代和完全不可替代只能是两种极端的状态，在完全竞争和垄断市场这两种市场结构之间存在着巨大的张力和矛盾。[①] 那么，如何跨越这两种极端状态之间的鸿沟就是一个至关重要的问题。为此，人们发展出了产品差异理论，并形成了如下两个重要的研究思路：首先，产品差异在市场过程的运行和价格的决定方面起着中心作用；其次，产品差异已经被厂商视为一种主要的战略变量，借此来弱化由激烈的价格竞争所导致的不稳定和破坏效应（石磊等，2003）[②]。

产品的差异性在经济学分析中具有重要的意义，新古典经济学的 Arrow - Debreu 范式在产品同质的假设之下得出了竞争均衡模型，在竞争均衡状态，无论厂商还是消费者均为价格

---

① 马歇尔. 经济学原理[M]. 廉运杰，译. 北京：华夏出版社，2005.

② 石磊，寇宗来. 产业经济学：卷一[M]. 上海：上海三联书店，2003.

接受者。然而，无论对于厂商还是消费者，产品同质化的假设对于现实状况都显得太强。首先，厂商可以通过专利技术、品牌和网络等外部性途径实现产品差异，获得一定的"差异性溢价"，而不是按照边际成本定价；其次，消费者的偏好具有差异性，不同的品牌、不同的产品特性组合都会影响消费者的选择，价格并不是消费者唯一的选择标准，因此，差异化作为一种基本竞争策略，在市场营销理论中就往往作为一种规避价格战的手段。另一方面，价格作为消费者合意支付的度量，不能简单地与产品差异性分离开来加以讨论，消费者为获得产品差异性所支付的溢价正是企业采取差异化策略的动因；并且，由于价格具有信息传递的作用，企业的动态定价策略也是差异化策略的一种，因为企业可以通过产品的虚拟差异化细分市场，获得经济利润。

在经济学领域，产品差异性的概念首先由张伯伦（Chamberlin）在其对垄断竞争市场的分析中提出，垄断竞争市场结构是指行业无进入壁垒，但市场中的产品存在真实的或"虚拟的"差异，因而厂商可以获得一定的产品溢价的市场结构（Chamberlin，1933）[1]，产品差异性的存在是垄断竞争区别与完全竞争和完全垄断市场结构的重要因素，垄断竞争是更接近于真实市场状态的市场结构。由于商品的物理性能、销售服务、信息提供、消费者偏好等方面存在差异导致了产品间不完全替代关系的状况，这构成了产品之间的差异特性（刘志彪，2001）[2]，Lancaster（1966）对产品特性进行了更为理论化的分析[3]。

首先对产品差异性进行描述的模型是 Hotelling（1929）区位模型[4]，该模型研究了生产同质产品的两寡头企业间的竞争，在这个市场中，买方按地理位置分散，企业通过改变位置和价格进行竞争。该模型采用了一个线性的区位描述了产品与消费者偏好的关系，直观地反映产品的水平与垂直差异性，用"交通成本"度量消费者在差异化产品市场中的选择，从而得出给定竞争对手定价条件下的最小化产品差异原理和给定双寡头定位条件下的最大化产品差异原理，但该模型均衡的存在性依赖于交通成本的函数形式。商品被理解为其具有的特征（与需求相关的特性）包，某一特定的商品被认作为定位于一个特征空间中，每个消费者被认为具有自己最喜欢的或理想的特征的混合。于是，消费者对于产品类中某一特定产品的需求依赖于它的价格、消费者区位分布，以及其他产品的价格和区位（Lancaster，1989）[5]。而根据Lancaster（1966）的分析，产品由多种品质所组成的，某一特定产品具有特定的品质组合比例。[6]也就是说，一种商品可以用一组特征变量来描述，这些特征包括质量、趣味、实践、适用性、消费者的信息状态，等等，每一个消费者都会根据自身的偏好对这些特征变量形成一种排序，消费者购买某一种商品所最终关心的是商品的组合特征，也就是有关商品一组特征

① CHAMBERLIN E. *The Theory of Monopolistic Competition*[M]. Cambridge, Harvard University Press, 1933.

② 刘志彪. 现代产业经济分析[M]. 南京：南京大学出版社，2001.

③⑥ LANCASTER K. A New Approach to Customer Theory. *Journal of Political Economy*, 1966, 74:132 – 157.

④ HOTELLING H. Stability in Competition[J]. *Economic Journal*, 1929, 39: 41 – 57.

⑤ LANCASTER K. Product Differentiation. 新帕尔格雷夫经济学大辞典. 3 卷. 1989: 1057 – 1059.

的组合，因此，消费者对产品的选择实质上是对产品特性的选择。

Lancaster(1966)提出的分析框架认为，消费者所需要的并不是商品本身，而是包含在商品中的性能和质量。[①] 于是，商品被作为一组性能的组合加以分析。如果把商品的各种特性看作具体的商品，那么消费者所消费的就是几种商品。换言之，消费者所关心的仅仅是商品组合的特征，或这一组合中商品特征的总和。性能多的产品比性能少的产品更受偏好，消费者能够对不同性能组合表达出一致的偏好，并且在性能空间中，无差异曲线的边际替代率是递减的。

第二节　会展产品差异化

一、会展产品差异化的概念

就会展的类型而言，在国际上还没有一个统一的展览分类标准，比较通用的是国际博览会联盟(UFI)和英国展览业协会的展览会分类标准(参见附录一、附录二)。虽然没有统一的分类标准，但是，有一点是确定的，即会展业的发展越来越趋向专业化和差异化，并在会展的主题上呈现出差异化和多样化(见表5-1)，即使在同类主题会展中也存在大量的会展形态，会展专业化及其差异化成为当前会展领域发展过程中的一个重要现象，而正是差异化的会展形态构造了会展产品的竞争力。以德国为例，其会展业的发展可以追溯到13世纪，是由人们聚集在一起进行贸易活动的单个集市发展起来的。时至今日，德国会展产业一个非常突出的特点就是它的专业化以及相伴随的多样性。德国最重要的会展城市主要有汉诺威、法兰克福、慕尼黑、科隆、莱比锡、柏林、杜塞尔多夫、埃森、弗里德里希港、汉堡、纽伦堡和斯图加特等。在这些大中型城市，通常都为会展产业开辟出一个特定的地区，构建专门的展厅，会展的主要形式已经不是综合性的博览，而是带有浓厚的专业性质。另外，德国会展业的这种专业化特性造就了德国会展产品市场的细分，打造了德国会展产品的差异化特色，在竞争日益激烈的德国会展市场乃至全球会展市场上形成了德国会展业的竞争优势。

产品差异化是企业为了使产品有别竞争对手而突出一种或数种特征，以巩固产品的市场地位，借此胜过竞争对手的一种战略。在竞争激烈的会展市场上，会展企业为了避免价格竞争，尽管会展产品在主题、规模等特性上没有区别，但依然可通过强调会展产品其他层面(如会展服务、会展品牌、会展声誉等方面)上的特色形成与竞争对手的产品不同的特点，创造产品差异化的竞争优势，降低客户的价格敏感性，在激烈的市场竞争中赢得更多的客户。

---

① LANCASTER K. A New Approach to Customer Theory. *Journal of Political Economy*, 1966, 74: 132-157.

表 5 –1　ICCA 国际会议分类统计　　　　　　　　　　　　单位：%

主题＼年份	1999	2000	2001	主题＼年份	1999	2000	2001
医药	25.8	28.2	32.0	体育	2.1	1.9	2.2
科学	12.8	11.9	13.6	环境	2.2	2.1	1.8
工业	8.7	7.8	8.0	法律	1.8	1.8	1.4
技术	8.5	8.8	7.4	语言	1.3	0.9	0.7
教育	4.7	4.1	4.7	建筑	1.1	1.2	1.4
农业	4.3	5.1	4.0	安全	1.0	0.8	0.7
社会学	4.3	4.0	3.6	文学	0.8	0.8	0.6
经济	4.2	3.6	3.3	历史	0.7	0.9	0.6
商业	3.6	3.8	3.6	图书及信息	0.7	0.9	0.6
交通	3.0	2.5	2.7	数学及统计	0.7	0.8	0.6
管理	3.0	2.9	2.3	地理	0.2	0.3	0.2
文化	2.4	2.6	1.8	其他	0.3	0.3	0.3

资料来源：ICCA 数据库。转引自刘大可，王起静. 会展经济学［M］. 北京：中国商务出版社，2004：97.

在会展产品市场上，随着会展专业化特性的凸现，会展市场逐渐走向细化，会展商在提供会展产品的同时，更加注重的是会展产品的特性及差异性特征的创造和构建。尤其是对同一类型的会展来说，从各地纷纷举办的汽车展所具有和打造的不同主题中，可以看出会展商在营造会展产品差异化方面的努力，而这种努力也使得各地的汽车展在激烈竞争的车展市场上获得了各自不同的竞争力。2003 年 11 月 14—18 日在深圳中国国际高新技术成果交易会展览中心举办的"第七届深圳国际汽车展览会"，有 200 余家厂商参展，展出各式新款车近百款，其中不乏法拉利、宾利、捷豹、路虎等世界顶级轿车，美艳车模与顶级轿车交相呼应，演绎完美的华贵体验。于 2003 年 11 月 25 日至 12 月 2 日在广州琶洲国际会展中心隆重举行的首届中国（广州）国际汽车展览上，从展位的设计到活动，商家都做了充分的准备，各个展台的主题不同，营造出的气氛迥异，高贵、古典、时尚、浪漫尽在其中，还有一大特点是，许多商家的展台融入了汽车生活与文化，别有一番景象。而于 2003 年 9 月 25 日—28 日在北京展览馆举行的 2003 年北京国际汽车、零部件及相关产品展览会（AMS'2003）和北京国际商用车展览会（AUTO CHINA – CVE）则吸引了来自海内外厂商参展 300 多家，其中有近 20 余家轿车厂参展，代表国内占主要市场份额的一大批中外合资企业的轿车新品。同时，有近 250 家各种汽车零部件、新材料、新工艺、加工制造设备、维修检测设备、汽车用品厂家参展。展品丰富、涵盖了汽车零部件及相关产品的各个方面。

延伸阅读 5 –1：缺乏主题个性，车展成为大卖场

据沈阳今报（2003 年 12 月 1 日）报道，参加于 2003 年 10 月 23—27 日在沈阳举行的北方汽车工业博览会有关业内人士指出，沈阳车展缺乏鲜明的个性，有些参展商提炼出一些时尚的主题，但最后都会沦落为一个汽车大卖场，不能成为展示汽车工业新技术、新车型的舞台。

在这次北方车展上，有些观众反映，参加车展感觉和逛汽车超市差不多。而反观国际上的五大著名汽车展，它们给观众要传达的最重要信息，不是哪款车卖了多少，而是自己的公司生产了哪些最新车型。如2002年巴黎车展以面向21世纪为主题，展出即将投放市场的新型车或代表新技术的"未来车"；1999年的东京车展则以"驶向未来、汽车在变、地球在变"为主题，推出21世纪未来型汽车757辆；上海和长春当地的汽车工业实力都很强，这些车展的成功与知名企业分不开。汽车业界的"龙头老大"，都成为车展的绝对主角，扮演着统领车展和引领汽车工业向前发展的重要角色。

资料来源：缺乏主题没有个性，沈城汽车展成了大卖场？[N]. 沈报集团北方热线，2003 – 12 – 1.

从会展产品的特征来看，可以把会展产品分为三个不同的层次（见图5 – 1），处于核心层次的是会展平台，这是整个会展产品的基础部分，也是会展活动得以进行的基础；而处于中间层的是会展平台的形式产品，这也是会展产品的实现形式，会展商提供的会展产品通过不同的规模、品牌等特性具有了不同的形式内容；而处于外围的是会展产品的延伸产品，即参展各方在展前、展中或展后所得到的各种附加服务和收益，比如展前咨询、有关信息的发布，以及从事材料供应、提供常规服务的总服务承包商提供

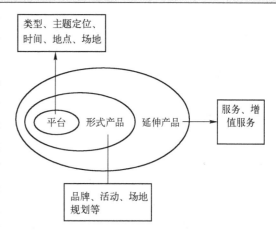

图5 – 1　会展产品层次、特性图

的各种专业服务等。而在会展产品各个层次上的不同特性就成为造就会展产品差异化的不同原因，由此，我们可以进一步来分析会展产品差异化的来源。

二、会展产品差异化的来源

1. 一般产品差异化的来源

综合起来，西方产业组织理论关于产品差异化的研究可以归纳为三个方面：一是产品差异化的来源；二是产品差异化的形式；三是产品差异化的影响（吴昌南，2006）[1]。在产品差异化的来源方面，西方产业组织理论认为产品本身固有的物理和非物理因素，以及产品辅助因素的差异是形成产品差异化的来源。其中，产品本身的物理因素及一些辅助因素与水平差异密切相关；产品本身的质量特征及其非物理因素及某些辅助因素与垂直差异密切相关；而产品特征涉及产品的所有特征及性能。

---

① 吴昌南. 中国旅行社产品差异化研究[M]. 上海：上海财经大学出版社，2006.

杨公朴(2005)将形成产品差异的原因归纳为产品的物理特性、买方的主观印象、销售的地理差别和销售服务的差别等四个方面。① 刘志彪(2003)则从消费者角度来定义和分析产品差别化，将形成产品差别化的基础归结为两个因素，即产品属性和不完全信息。② 就前者来说，Caves 和 Williamson(1985)在产品差别化的基础上搜集了一个包括36个澳大利亚加工企业样本的证据。他们确认了产品差别化是在产品特性的基础上发生的，并得出了如下结论：①当产品是为某个个体购买者订做时，基于产品属性的产品差别化就会被大大地强化，并且在产品依订单制造及购买不频繁时，产品差别化程度最强；②当产品与复杂的特性结合时，产品差别化也会被放大，这种类型的产品差别化主要受到研究开发投资的推动；③售后服务的需要是以产品属性为基础的产品差别化的一个来源，给予不同的消费者以不同的服务是个性化订做的一种方式。就后者来说，由于消费者获取信息的成本是昂贵的，有限理性限制了消费者所能分析和使用的信息量，不完全信息下的购买决策就成为一种常态。由于消费者的购买决策是在不完全信息条件下做出的，销售努力就增加了了解产品属性的消费者的数量，因而这些销售努力使产品发生了一定程度的差别化。Caves 和 Williamson(1985)在对澳洲加工企业的研究中就发现以最终消费者为导向的推销支出(包括广告和非广告的销售努力)是产品差别化的一个重要来源。③

实际上产品差别化的形成原因在于以下两个方面：一是真实和客观的产品差别化，二是人为或主观的产品差别化。就前者来说，主要包括：①产品物理性差别，即在用途上相同的产品在性能、结构、设计等方面的差别化；②地理位置差异，即企业存在的位置不同给消费者带来的购买时间、方便程度和运输成本上的差别化。就后者来说，主要包括：①买方主观上的差别化，即消费者由卖方的广告促销活动影响或对于商标品牌所形成的认识上的差别；②买方的知识差别，即消费者由于受知识、信息渠道、测量手段等方面的限制，对商品缺乏了解所造成的差别；③卖方推销行为造成的差别，如赠送礼品、有奖销售等造成的差异。

2. 会展产品差异化的来源

那么，会展产品的差异化的来源因素是什么呢？从杨公朴(2005)等人的论述可以看出，导致产品差异化形成的因素大体可以分为产品本身的物理或非物理因素，以及非产品本身固有的销售环境方面的地理空间、服务因素等产品辅助因素，这些因素构成了产品差异化形成的基础性要素，而消费者感知对产品所形成的产品差异性特征(如消费者对某些产品的品牌感知等)则是在这些基础性要素之上形成的主观性产品差异化。就会展产品来说，会展产品符合 Lancaster(1966)④所定义的产品是各种特性组合的性质，这些特性就是会展平台的特性

---

① 杨公朴. 产业经济学[M]. 上海：复旦大学出版社，2005.

② 刘志彪等. 现代产业经济分析[M]. 南京：南京大学出版社，2001.

③ CAVES, RICHARD E, WILLIAMSON P J. What is Product Differentiation, Really? [J] *Journal of Industrial Economics*. 1985, 34(2)：113 –132.

④ LANCASTER K. A New Approach to Customer Theory[ ]. *Journal of Political Economy*, 1966, 74：132 –157.

及其形式产品和延伸产品的特性，还包括会展产品的地理位置特性、品牌声誉特性等因素，所以，会展产品差异化因素包括会展产品本身的一系列物理性因素和附加其上的非本身所固有的辅助性因素，这些会展产品差异化形成的因素与会展产品的层次之间具有一定的对应性。

会展产品差异化可以定义为，会展产业内的会展平台由于在规模、主题、定位、地域、活动内容及消费者偏好等方面存在差异而导致的不同会展平台之间替代不完全性的状况。具体说来，首先，会展平台是会展产品本身固有的物理性属性，也是会展活动得以进行的基础，并表现为一定的显性的物质性的东西，尽管会展参与者消费会展产品时享受到一系列服务、参与一系列与会展有关的活动，但是，这些服务和活动必须借助一个基础性的平台载体来实现，比如，产品展示与企业产品推介、高峰论坛、技术交流等展会活动都是通过会展平台来实现其功能。

延伸阅读5－2：虚拟会展

随着网络的发展，网络与会展的联姻在近年间得以兴起，并获得迅速发展。以广州震宇信息科技有限公司旗下的中国·国际鞋贸网为例，截至2006年1月，中国·国际鞋贸网已拥有注册鞋业供应商8000多家，在国外有1000多家注册会员，其中有4000多家是在广交会上认识的。每月新增国际鞋采购商200多家，共提供国际供求信息2万多条，客户遍及世界130多个国家和地区。

易展网（http://www.expoo.com）则是一家致力于上海网上展览/网上会展服务的网站，通过搭建个性化的网上展览平台，将传统展览延伸到互联网络，为展览公司和参展企业提供增值服务。参展企业通过少量的额外投入，即可取得网络会展的参展资格，利用互联网的信息传播优势，开展网上会展。通过与上海各大会展公司的联手合作，易展网根据会展特点独立搭建网络会展平台，该平台在会展招商期间主要负责网上招展工作，参展公司可以通过该平台获得详细的展会信息，并可以在线填写参展表格以进一步取得参展资格；在会展期间，会展平台将同时对外进行网络会展，参加网络展览的公司及产品信息将在网上会展中展示，同时，浏览者可以通过各种信息搜索机制快速寻找中意的展品信息并进一步与该公司取得联系。另外，平台不间断播放参加网络会展的公司预定的多种网络广告，以加强产品的推广；在网下会展结束后，网上会展依然继续，从而将有效地延长会展时间，让更多的企业和客户达成合作。同时，网络平台将充分利用互联网的信息传播优势，建立展商信息维护功能，展商可以通过各自的身份进入信息管理中心，对公司或产品信息进行更新等维护，从而确保网络展览的信息长期有效，一般网络会展可以延长半年至一年。

易展网搭建的网络平台具有以下特点：(1)展商信息发布。主要是发布企业信息，树立企业网上形象，并建立展品陈列柜台，通过多种网络技术手段对展品进行在线宣传。(2)展商广告刊登。提供大量广告位，为展商提供广告宣传的窗口，加大展品宣传力度，让更多浏览者和目标客户找到。(3)供求信息发布与展品推荐。展台专门提供供求信息发布的平台，为广大展商和客户发布自己的供求信息，拓宽信息传播渠道，进一步加大网展的功能性。(4)品牌代理专区。网展为知名品牌企业设计专门的代理专区并成为网展的重要栏目，为品牌企业定制个性化的网站空间，从而充分利用网络营销的优势，开拓销售市场，进一步延伸品牌企业的网络形象。(5)展商、展品信息查询。网展的巨大优势就是可以方便浏览者迅速找到自己的目标产品或信息，网展为广大参展企业和浏览者提供功能强大的信息查询系统，浏览者只要键入目标信息的关键字，系统就可以迅速为其进行匹配查找并反馈查询结果信息。扩大选择余地，提交交易效率。(6)展商信息维护。展商可以通过各自的平台入口更新自己的公司或产品信息，以便于网络展览的有效性。

资料来源：严钰. 网络与会展联姻，会展业拷贝电子商务模式[N]. 民营经济报，2006-3-4. 易展网 http://www.expoo.com.

其次，会展产品的形式产品则是体现会展产品本身属性的系列因素，包括和会展平台有关的地理位置、持续时间、品牌声誉及有关服务等内容。会展平台的地理位置决定了参与厂商及观众的质量，因为会展举办地点对有关各方来说不仅决定了其参与会展的方便性和有关宣传方式的覆盖率，而且需要注意的是，即使一个"全国性"的会展，参观者大部分仍然主要来自会展举办地(Arnold, 2004)[①]，并且，出于成本方面的考虑，对于一些巡回展览，应该尽量在距离自己比较近的地方参加；会展的持续时间有助于参与各方决定需要花费的时间和金钱；品牌声誉好的会展产品不仅能给参与各方带来心理上的满足和自信，增加消费者的效用，而且如前文所述，能够有利于促进厂商品牌信誉的建立。会展延伸产品则主要是会展商对参与各方提供的"增值"服务等内容，因为：

"恰当运用增值服务组合的会展组织者将会发现自己处于一个理想的双赢环境，道理很简单，'增值'意味着'留住了客户'。组织一个具有规模、平稳运作的会展仍然是企业生存的底线，因此在这样一种激烈的竞争环境中，能否给参展商和观展者提供一系列有实在价值的增值服务，是一件关乎成败的事情。

毫不夸张地说，所提供的增值服务能够左右会展的成败。会展组织者通过精心设计和包装增值服务为自己建立一个有力的防护罩，不仅抵御了竞争对手，也防范了现今商业环境中潜伏的各种危险。"[②]

导致会展产品差异化的原因是多方面的，任何能影响到消费者在不同会展产品之间进行选择的因素都可以成为产品差异化的来源，因此，会展产品差异可以表现为规模、主题、定位、地域、活动内容及消费者偏好等多方面。石磊和寇宗来(2003)认为厂商进行产品差异化

---

① 阿诺德. 展会形象策划[M]. 周新，译. 北京：中国水利出版社，2004.
② 桑德拉·L·莫罗. 会展艺术：展会管理实务[M]. 武邦涛，等，译. 上海：上海远东出版社，2005：71.

的方式主要有以下 4 种：①选择比较有利的工厂位置和销售地点；②提供附加服务；③提供具有质量差异的产品；④通过广告等商业手段影响消费者偏好，确立自己独特的品牌，这种途径形成的差异往往是虚拟的。[①] Kotler（1991、2000、2003）的产品差异化和市场定位模型[②]在市场营销和旅游研究中获得了广泛的关注（Morrison，2002；Vellas & Becherel，1999；等）[③]。产品差异化和市场定位是企业市场营销活动策划中紧密相连的两个要素，首先进行的是产品的差异化，在此基础上将该差异化向特定的消费者进行促销以最终影响消费者的选择偏好，Kotler（2000）认为，产品差异化的建立需要满足以下标准，即，产品差异

"① 对大量消费者是重要的；

② 是与众不同的，比如，某种差异性能在市场上没有类似的提供者；

③ 使得消费者在获取等量或更多的利益方面较之与其他产品具有明显的优势；

④ 是空前的，并且不易被市场上的其他生产者所模仿；

⑤ 对目标市场或目标消费者来说是可以接受的；

⑥ 对该企业或组织来说，是可以获得利润并可行的。"[④]

就会展产品差异化的来源而言，刘大可等（2004）认为会展产品差异化最主要的来源是会展产品的主题不同或服务对象的不同，除此之外，还有会展产品的品牌效应、促销和广告的程度不同及对会展产品的不了解等原因。[⑤] 过聚荣（2006）则认为会展可以通过策划、地理策略、促销宣传策略及服务策略等手段和方式来实现会展产品的差异化。[⑥] 具体而言，根据会展产品差异化的来源，会展产品提供商可以在会展产品的各个层面（包括物理因素和非物理因素及辅助因素）上创造和扩大会展产品的差异化。如果会展企业能够在会展产品的各个层面上与竞争对手区别开来，就会形成会展产品的水平差异和垂直差异。

三、会展产品差异化的类型

1. 水平差异

会展产品水平差异表现为会展产品之间一些特征的不同，这种差异主要来源于会展产品

① 石磊，寇宗来. 产业经济学：卷一[M]. 上海：上海三联书店，2003.

② KOTLER P. *Marketing Management：Analysis，Planning，Implementation & Control*[M]. 7th ed. Upper Saddle River, HJ：Prentice Hall，1999. KOTLER P. *Marketing Management，the Millennium Edition*[M]. 10th ed. Upper Saddle River, New Jersey：Prentice Hall，2000. KOTLER P. *Marketing Management*[M]. 11th ed. Upper Saddle River, New Jersey：Pearson Education International，2003.

③ MORRISIN A M. *Hospitality and Travel Marketing*[M]. 1st ed. Albany, New York：Delmar Publishers，2002. VELLAS F，BECHEREL L. *The International Marketing of Travel and Tourism：A Strategic Approach*[M]. London：MacMillan Press，1999.

④ KOTLER P. *Marketing Management，the Millennium Edition*[M]. 10th ed. Upper Saddle River, New Jersey：Prentice Hall，2000：298.

⑤ 刘大可，王起静. 会展经济学[M]. 北京：中国商务出版社，2004.

⑥ 过聚荣. 会展导论[M]. 上海：上海交通大学出版社，2006.

的第一层面，即会展平台的差异。会展产品的用途相同，但是，会展产品提供商通过提供不同类型、主题、规模、位置的会展平台就可以在会展产品市场中形成具有水平差异化的会展产品，以和竞争对手提供的会展产品区别开来。但是，需要注意的是，与实体产品水平差异表现为产品外观、花色、款式、重量、规格、质量上的不同，会展产品间的水平差异基本都是无形的，但是，可以通过会展宣传及会展现场有关的标识等实体化的因素表现出来。

（1）类型

在北美，会展一般根据所面向的市场进行分类。历史上，会展曾经被分为六大类：工业类、商贸类（企业对企业）、保健类、科学工程类、消费者会展和国际博览会；《商贸会展每周数据》一书中使用的产业分类系统为：医疗保健类、计算机和计算机软件类、家用设施和室内设计类、运动用品和娱乐类、教育类、建筑类、工程类、园林和景观供应类、电信类及工业类；Sandra（2005）则将会展分为商贸（企业对企业）会展、消费者会展、综合会展和国际博览会。作为参与各方传递或获取信息的重要平台，参与各方对会展平台的使用是和其目标相联系的，那么，能够最有利于该参与各方传递或获取信息的会展平台类型将是其参与会展的首选。[①] 比如，作为会展现代形式之一的消费者会展对公众开放，这类会展为以终端消费者为导向的公司提供了市场扩张的机会，而参与厂商主要是零售商及有意将商品和服务直接销售给终端消费者的制造商。因此，消费者会展在消费者产品市场中的地位十分重要，许多公司利用这类会展进行新产品市场测试或将这类会展作为企业建立良好公共关系的平台（CEIR，1994）[②]。而对于综合或混合会展而言，其主要参与厂商则是处于产品卖方地位的制造商或大宗批发商，以及处于产品买方地位的小宗批发商或公众。另外，区域性会展迎合了当地市场的需要，全国性会展的宣传工作则是为了吸引全国各厂商与买家的参与，而对于国际性的会展来说，其主要目的在于吸引大批国外参展商和代表团，其中常常伴有专业的操作演示和学术讨论会，主办国的政府或主要的行业协会也对此进行广泛的宣传并提供有力的支持。由此，从会展产品的供给来说，会展平台的类型就构成了会展产品的差异化，并造就了满足有关会展参与方需要的特定会展产品类型。

延伸阅读 5-3：大型展览会

大型展览会是指面积超过 500 万平方英尺、与会观众超过七万人的展览会。大型展览会如果要持续保持成功，组织方必须从展会观众和参展商的角度不断进行分析，既着眼于未来，又要关注当前的参展商和观众。

大型会展经理的最初顾虑是展会是否能够把观众和参展商融合在展会之中，也就是说，展会是否能够让他们觉得这个展会是为自己举办的；即使在展会其间，这个顾虑仍然会存在于会展经理心里，否则，观众和参展商在熙熙攘攘的拥挤中迷失方向。需要指出的很重要的

---

① 桑德拉·L·莫罗. 会展艺术：展会管理实务[M]. 武邦涛等，译. 上海：上海远东出版社，2005：11.
② Center for Exhibition Industry Research (CEIR). *A Guide to the US Exposition Industry*[R]. Denver：CEIR，1994.

一点是，不同行业之间的大型展会不存在竞争关系；大型展会的竞争对手是那些小型的纵向会展或者专业的会展。因此，大型展会的组织方必须帮助观众很快地找到他们的目标参展商。

一些大型展会的规划员甚至调查研究观众的购买模式，以此为依据来安排参展商们相互之间的展位排列顺序和位置，把相关产品的展位排列在一起。这样，观众只要参观展会的某一部分空间便可以完成自己的购买计划。如果大型展会由几个小的展厅构成，那么主要产品的其他相关产品会安排在同一个展厅里。

同样，大型展会经理与他（她）的参展商们保持了良好的关系，以确保这些参展商每年都能参加展会。很多会展经理还为参展商提供人员上的帮助，使参展商能轻松获得丰富的展会经验。在展会之前向参展商提供观众的名单，这样参展商可以事先发布他们所要展出的产品信息，以吸引更多的观众前来交易。这种方式与通常的商品交易会推广模式并用，以吸引尽可能多的观众。

资料来源：转引自[美]黛博拉·偌贝(Deborah Robbe). 如何进行成功的会展管理[M]. 张黎译. 北京：高等教育出版社，2004：37－38.

（2）主题定位

主题是会展产品的焦点，并会使信息在参展各方的脑海中留下更为深刻的印象(Arnold，2004)。[1] 因此，会展产品提供商为使自己的会展区别于其他地区和其他会展提供商的同类会展，并建立竞争优势，就要努力在会展主题上实现差异化。就会议的功能和作用看，会议通常是为某一领域的特定问题感兴趣的专业人士提供交流的平台，从而促进该领域的发展，因此，国际会议和大会协会(ICCA)就把会议划分为各个领域的会议（见表5－1）。由于参会人员具有很强的目的性，所以会议的主题或领域就成为影响参会者参会决策的最重要因素，因此，会议主题的不同就成为会议产品差异的最主要来源。而与会议产品按所涉足的领域分类不同，展览与所展示的产品有密切的关系，所以，展览（尤其是专业性展览）是按照产业划分的，一般来说，有什么样的产业就有相应的展览，而对于参展商在选择参加展览时，也一定会选择与自己所处产业相关的展览会，展览的主题不同也就成为参展商参展决策的依据，同时也成为会展产品差异的主要来源(刘大可等，2004)[2]。

（3）时间和地点

David Aaker(1995)在其《建立强大品牌》一书中曾经分析了品牌建设中的"定位陷阱"，[3] 在这个陷阱里，企业热衷于传达某个广告标语，而不重视培育成熟的会展特性，因而错误地扼杀了树立会展或组织形象的所有可能性。为此，Sandra(2005)认为，会展企业为了牢固地树立一个良好的形象，应该从以下方面开拓思维：①会展的时间和地点；②会展企业组织；

---

① 阿诺德. 展会形象策划[M]. 周新，译. 北京：中国水利出版社，2004.
② 刘大可，王起静. 会展经济学[M]. 北京：中国商务出版社，2004.
③ AAKER, DAVID. *Building Strong Brands*[M]. New York：Free Press, 1995.

以及③会展标识、代言人或商业特征，这些因素都成为会展产品差异化的来源因素。[①] 就会展产品的时间特性而言，会议日期非常重要和关键，它的涉及面很广，客房价格的商定及会议室的选择都会受到日期的影响，并且会议日期还决定了会议团体的到达和离开模式；而展览会的持续时间有利于参展各方计算出展位以及日常的花费和开支；举办日期的确定则有利于参展各方安排自己的商业活动，比如，对于旨在吸引首席执行官或其他权威人士的商业活动，安排在工作日要比周末更有吸引力，因为他们在工作日的时间安排可能有更大的灵活性以保证其前来参加，况且他们不情愿牺牲宝贵的周末参加一个非强制性的、商业性的活动。另一方面，如果是针对家庭的集会和嘉年华会，通常来说周末则是比较合适的时间。

就会展产品的地点而言，地点可以成为会展产品差异化的另一个重要方面。会展业的发展依托于产业经济和区域经济，以及城市经济的综合发展水平，选择适当的场馆和城市，由此带来运输上的好处，这种地点的差异对于节省会展成本有着巨大的作用。另外。独特地域风情性独特的人文风情，对举办会展产品来说具有相对不可替代的地理、人文优势，达沃斯、博鳌等论坛的兴旺就是这种地点上差异化优势的体现。Hoyle（2003）归纳了会展地点成为促销利益的要素：①在城区，公共交通、泊车的方便性、旅行的方便性和效率；②在郊区，观赏城市全景和田园风光的机会；③在购物中心，集中活动的机会、停车的便利性，以及附加的购物和娱乐享受；④在度假地，湖泊、高尔夫、高档消费、海滩和美味晚餐等；⑤在机场饭店，由于地点的特性而导致的以最少旅行和往返时间来完成工作的内在效率性。[②] 因此，可以将由于地点因素导致的会展产品的差异性归纳为如下两个方面，即会展产品与参与各方之间由于相对地理位置不同而带来的购买便利和费用节省，以及会展特殊位置所带来的特殊会展产品效应。以消费者会展为例，可进入性注重的是地理位置上的接近和便捷，而对于纯商贸会展而言，可进入性意味着当地相关商户能够提供常规服务。有些会展举办地点可能会因为具有丰富的娱乐活动或旅游景点而具有差异化的吸引力，也可能是因为其处于繁荣的商业中心，可以为参展各方提供大量的与行业行为、市场及技术更新相关的信息而形成了自身差异化的竞争优势。

（4）会展场地

大多数"会展城市"都有许多会展场馆或会展场所，在选定了会展举办城市以后，一个有特色、实用且符合会展规模等方面需求的会展场地可以增强会展产品的吸引力，形成会展的差异化优势，吸引更多的观众。至于会展产品场地因素中涉及的细节性内容，Robbe（2004）做了如下归纳：

"● 场地位于城市的哪个方位？到机场或其他交通站点交通方便吗？是否位于城市的安全地区？

● 场地面积有多少平方英尺？

---

① 桑德拉·L·莫罗. 会展艺术：展会管理实务[M]. 武邦涛等，译. 上海：上海远东出版社，2005.

② 小伦纳德·霍伊尔. 会展与节事营销[M]. 陈怡宁，译. 北京：电子工业出版社，2003.

- 场地的空间是否能够满足当前计划的展会规模？场地是否有余地可用来满足将来展会规模扩大的需要？
- 每平方英尺的租金是多少？
- 还会向参展商和会展经理收取其他什么费用吗？
- 卸装码头和卸装容量是否能够满足参展商的展位容量？
- 选择的场地是协会成员还是非协会成员？这方面对参展商会有妨碍吗？
- 这个场地的名声如何？在这里曾经举办过什么样的展会？
- 该场地可以提供足够的工作人员吗？工作人员是否具备相应的知识？工作效率如何？是否容易合作？
- 城市里或者周边区域里是否有政治事件发生？是否会影响展会的协会、组织和观众？
- 同时期内在其他场所举办的展会有多少？是否会因此而导致酒店、饭店和娱乐场所爆满，造成交通拥挤，等等？"①

会展场地是否合适对整个活动成功与否具有至关重要的作用，在一个不合适的场馆中即使选用了最完美的设备也会带来无法弥补的损失。会展场地构成了会展产品差异化中的核心性的实体因素，为了保持会展产品在会展市场上的首选地位，在竞争日益激烈的市场中，会展场地的差异就构成了决定会展产品竞争力重要因素。Sandra(2005)分析比较了几种基本的会展场所，即会议中心、多功能设施、多用途会址及酒店等，并对实际的会展场地选择过程中需要注意的一些因素进行了研究，认为以下几个关键领域是会展场地选择中需着重考虑的方面：①展览厅，包括总面积、限制高度、底板载重能力、障碍物、出入口、货物装卸区、仓库、通风系统、水电气设施设备、通信系统、可用的会展服务、规章和限制、会展设施是否符合《美国残疾人法案》的最低要求等；②公共服务区域，包括洗手间、检票登记处、餐饮服务区、附加服务等；③行政区，包括物业规定、工人、保险要求、执照要求等。②

2. 垂直差异

会展产品垂直差异表现为会展产品空间中所有消费者对所提及的大多数特性组合的偏好次序是一致的那些特性之间的差异。在描述会展产品差异时，在会展产品价格相等、平台类型类似的条件下，关于特性空间的组合有一种自然的排序，比较典型的例子是会展产品的品牌，而这些会展产品差异化的因素基本上均处于会展产品的形式产品和延伸产品层面上，并且在更大程度以组合形式出现。在激烈竞争的会展市场上，仅仅从会展产品的第一层次来实现会展产品的差异化显然存在较大困难，而通过实行会展产品形式产品和延伸产品层次上的差异化战略，通过营销组合中其他因素的差异化，可能以较少的费用取得竞争优势。因此，会展产品差异化的来源就不仅仅局限于会展产品因素本身，而是将营销组合各因素的差异化

① 黛博拉·倍贝. 如何进行成功的会展管理[M]. 张黎, 译. 北京: 高等教育出版社, 2004: 39–40.
② 桑德拉·L·莫罗. 会展艺术: 展会管理实务[M]. 武邦涛等, 译. 上海: 上海远东出版社, 2005.

综合起来，充分利用会展产品的形式产品和延伸产品层次的因素（定价、商标、包装、促销手段等）对会展产品销售的影响产生作用，由此形成了会展产品的垂直差异。

（1）会展品牌

品牌是显示产品质量信息的重要形式之一，[①]会展产品的品牌声誉是由会展产品提供商长期经营累积而成的一种产品差异化形态，也是会展产品吸引顾客、提升其市场支配力的主要方式之一。由会展产品品牌声誉所形成的会展产品差异化主要体现在两个方面，一是会展品牌本身导致的会展产品差异化，一是会展品牌导致的消费者感知上的差异化。

就前者来说，会展品牌是会展产品提供商的一面旗帜，也是会展产品竞争优势的重要来源，是使一个会展与其他会展区别开来的某种特定的标志，通常由某种名称、图案、记号、其他识别符号或设计及其组合构成。Sandra（2005）归纳了一个强大的会展品牌所具有的特质和优势：①促使参展商和观展者在心中把你的会展排在第一位，并且保持这个位置；②让参展商和观展者乐意在你的会展上花更多的钱；③帮助你创办新会展，推广新产品和新服务；④打开通向新市场的大门；⑤帮助你吸引和留住出色的员工，甚至是从竞争对手那里把他们挖过来。[②] 因此，品牌是一种能够使会展产品在市场获得认知的定位方式（Lewis & Chambers，2000）[③]，品牌作为一种产品营销市场上历史悠久的技术也是一种增加消费者对产品感知价值或收益的手段（Holloway，2004）[④]，并成为信息时代市场营销人员手中强有力的工具（Dickman，1999）[⑤]。会展品牌使会展产品具有了竞争上的优势，比如（Bennett & Strydom，2001）：

"● 在市场上识别出会展产品并将之其他产品区别开来；

● 将会展产品的某些特殊效能——尤其是质量——与会展品牌名称联系起来，并由此成为消费者决策过程中使用的重要变量线索；

● 由于旅游市场的无形性，某些会展（比如艺术节）的表现不能事先被认知和觉察到，会展品牌则减少了消费者消费艺术节之类的无形会展产品时的风险；

● 产生会展品牌忠诚，即对某品牌的会展产品进行重复购买；

● 实现品牌延伸；

● 会展品牌提供了增强公司形象的机会。"[⑥]

最著名的并享有一定品牌声誉的会展活动应该是奥运会（Hoyle，2003）[⑦]，国际奥委会高度重视对奥林匹克这一名称的保护，除非一个公司被指定为奥运会的赞助商，否则，它就不

---

① 价格也是显示产品质量的形式之一，高价显示优质；此外，高价包装有时也能够成为显示产品优质的形式。

② 桑德拉·L·莫罗. 会展艺术：展会管理实务[M]. 武邦涛，等译. 上海：上海远东出版社，2005.

③ LEWIS R C，CHAMBERS R E. *Marketing Leadership in Hospitality*：*Foundations and Practices*[M]. 3rd ed. New York：John Wiley，2000：321.

④ HOLLOWAY J C. *Marketing for Tourism*[M]. 4th ed. New York：Financial Times/Prentice Hall，2004：134.

⑤ DICKMAN S. *Tourism & Hospitality Marketing*[M]. Oxford：University Press，1999：156.

⑥ BENNETT J A，STRYDOM J W. *Introduction to Travel and Tourism Marketing*[M]. Lansdowne，SA：JUTA，2001：111.

⑦ 小伦纳德·霍伊尔. 会展与节事营销[M]. 陈怡宁，译. 北京：电子工业出版社，2003.

能在广告中使用奥林匹克这一名称。会展产品提供商为会展产品建立品牌的目的就在于使自己的产品与其他产品区别开来，因此，会展品牌就成为是会展产品差异化形成的一个重要途径。

就后者来说，是与会展品牌密不可分的、关于会展产品质量等各方面的价值在消费者心目中所感知到的会展品牌形象差异。会展品牌形象系指厂商或观众所得到的和理解的有关会展品牌的全部信息的总和，是会展品牌所包含的各种信息经过厂商和观众的感知、体验和选择在其心目中所形成一种形象感知。需要注意的是，品牌不是主题，主题通常比较热门或流行，因而生命力比较短，而会展品牌形象是驻留在人们脑海中的东西，比主题持久稳定得多。会展产品品牌形象的形成在很大程度上基于员工的共同努力而形成，有赖于员工向参与各方力陈价值，把会展组织的愿景变成现实，即会展企业员工通过把市场营销和会展的展台装饰、平面布局、培训、娱乐、特殊事件和热情款待结合起来，寻求让他们的会展产品与众不同的机会，从而导致了消费者对其产品感知上的差异。另外，会展品牌形象有利于消费者对会展品牌忠诚度的形成，会展品牌忠诚度显示了会展参与各方对特定会展品牌的偏好（Pride & Ferrell，2003）[①]，并影响了消费者对未来会展产品的选择偏好。

（2）场地规划

会展场地规划是会展产品销售过程中吸引新的厂商加入的有力工具（Sandra，2005）[②]，许多会展年复一年采用相同的场馆规划，对于某些乐于每年都使用相同展位的厂商来说，这或许是可以接受的，但是大部分厂商会认为这样的会展缺乏变化，产生"审美疲劳"。因此，缺乏变化场馆规划经常被认为是陈旧过时的，对吸引新的厂商也是不利的，因此，场馆规划必须关注细节，不断制造出新的兴奋点，为会展产品的销售打开希望之门。

（3）活动

现代会展为了增加会展产品的内涵、增强其信息传递、产品展示等有关功能，越来越讲究在会展期间举办一系列的相关活动，这些活动已经成为现代会展不可缺少的一部分，并成为会展产品差异化的另一个重要来源。Sandra（2005）考察了在大型会展中开发附加项目以满足观展者、他们的家庭和其他团体需要的情况，这些团体希望通过利用这些活动来迎合和处理商业事务，如伴侣/配偶项目和儿童项目、特别休闲项目（高尔夫球、网球、手球等运动项目、乡村游览、城市观光、购物等其他休闲项目）、商贸会议、专门会议和专门委员会会议等。[③]

从本质上来说，会展平台是为信息交流而进行的传播活动，与会展产品相关的一系列会展活动极大地丰富了会展的信息，并促进了有关信息的传递。首先，会展活动强化了会展信息的发布功能，有些专业展览会通过系列研讨会、讲座、产品发布会等活动传递和交流行业

---

① PRIDE W M, & FERRELL O C. *Marketing: Concepts and Strategies*[M]. 12th ed. Boston, MA: Houghton Mifflin Company, 2003: 299.

②③ 桑德拉·L·莫罗. 会展艺术: 展会管理实务[M]. 武邦涛, 等译. 上海: 上海远东出版社, 2005.

信息，有些展会则专门组织产品发布会供企业进行选择，还有些展会将新产品发布与表演、比赛等活动结合起来，以此来强化会展产品的信息发布功能。其次，会展活动扩展了展会展示，在展会期间举办相关的产品展示会、表演、比赛等活动以使企业和产品形象更好地得以展现，给消费者留下深刻的印象。再次，会展活动能够延伸展会贸易，会展是一个重要的贸易交易平台，产品订货会、产品推介会、项目招标活动等都可以使会展取得良好的效果。

（4）服务

会展产品提供商所提供的服务形式及服务水平是实现产品差异化的另一个途径。会展产品的服务环节是会展产品和消费者的接触点，具有不同形式、不同档次服务的会展产品不仅会造成会展产品质量形象差异，而且也给消费者带来了会展产品整体形象的差别。由服务所导致的产品差异化使顾客愿意为其所喜欢的品牌支付更高的价格，从而建立起会展产品自身的信誉和顾客对该会展产品品牌的忠诚，使竞争对手难以与之竞争，同时也免受因替代品的出现而带来的威胁。会展产品提供商通过提供全方位的服务促进有关产品信息的高效传递，会展宣传服务就是其中的一个方面，这也成为会展产品差异化的一个重要方面。大部分会展经理在接受询问时，会告知宣传计划的详尽情况，其中包括直接致函、杂志和报章广告、广播和电视报道及行业协会的支持，参与各方可以利用这些渠道获取有关信息，也可以把自己的宣传计划同这些宣传计划向结合，为自己产品的造势。黛博拉·偌贝（Deborah Robbe，2004）认为，对于会展经理和参展商而言，新闻的覆盖率是一个会展成功的关键，为此，会展经理应该在如下方面的服务做得更好：

"● 发放展会和参展商的宣传资料袋；

● 设立新闻室，房间应该设立在一个舒适的区域里，并且需要配备电话、传真、计算机等设备；

● 安排新闻发布会进度；

● 新闻单位有组织地向参展商和观众进行采访；

● 将媒体联系名单下发给参展商，为他们邀请媒体报道自己的产品、服务和公司提供方便；

● 向媒体推荐可供采访的参展商。"[1]

在会展产品的提供过程中，为了建立参与各方和媒体之间积极乐观的关系，会展经理需要做大量的服务工作，即使在展会结束后，会展经理对于厂商的责任仍然没有结束（Robbe，2004）[2]。另外，在综合服务承包商的选择中，会展经理人依然发挥着决定性的作用，服务承包商是任何为会展经理人和参展各方提供产品或服务的公司或个人，他们所提供的产品或服务能够为会展创造一个良好的具体环境，不同的服务承包商会提供不同水准的服务水平，因此，对服务承包商的选择也成为会展产品差异化来源的一个方面。会展服

---

①② 黛博拉·偌贝. 如何进行成功的会展管理[M]. 张黎, 译. 北京: 高等教育出版社, 2004: 44.

务承包商协会(ESCA)将其成员分为3种，即①会展总承包商(GEC)，又称为综合服务承包商(GSC)，他们能够有充分的设备为一个200个展位以上的商贸会展提供全方位的服务；②专业承包商，是为会展提供某项专门服务的公司；③合伙人，是综合承包商或专业承包商的供应商(ESCA，1999)①。综合服务承包商为会展提供全方位的服务，包括陈设展品、进行场地规划和布局、雇用并协调员工、帮助参展商解决个别陈列和展览问题、负责搬运等，在筹办会展的整个过程中扮演着重要的角色，那么，选择综合服务承包商就成为会展经理人打造会展产品服务差异化的基本手段。为了选择一个合适的综合服务承包商，会展经理人"需要对自身的会展有详细了解，对可选服务承包商做一个评估，同时要对如何促进会展和承包商顺畅合作具备敏锐意识"(Flynn & Flynn，1995)②，并仔细考核审查综合服务商的个人经验、可用性、有无推荐和声誉、对场地的熟悉情况、现有资源、成本及行业联系等七项标准，还要对其某些无形的品质做出评估(Sandra，2005)③。会展业务是人对人的业务，它建立在人际关系和彼此信任的基础上，因此，综合服务承包商提供服务的质量，以及会展经理人和综合服务承包商之间形成的关系类型将影响整个会展过程，并决定了会展产品服务特性上的差异化。

延伸阅读5-4：如何选择综合服务承包商？

Sandra(2005)列出了会展经理人在选择综合服务承包商时需要思考的问题：

1. 会展中有什么工作和服务是需要综合服务商来帮助完成的？

2. 哪些可供选择的综合服务承包商能够胜任这些工作？谁又是最适合该会展的？

3. 业主、主办方、观展者和参展商是否会因为你选择了这个综合服务商而获得一个更加成功的会展？

4. 所选的综合服务承包商如何使你的工作更加高效地对主办方、观展者和参展商的需求做出反应？

5. 所选的综合服务承包商是否在所提供的业务范围内进行成本控制，或者，是否影响到你的预算。

会展经理人在确定了希望综合服务承包商能够做什么之后，才能做出实际的选择，因此，综合服务承包商提供的服务直接决定了会展产品的服务档次差异，会展经理人在策划会展初期尽早地选择综合服务承包商是非常明智的。

资料来源：[美]桑德拉·L·莫罗(Sandra，L)，武邦涛等译.会展艺术：展会管理实务[M].上海：上海远东出版社，2005：268.

---

① Exposition Service Contractors Association (ESCA). Annual Guide to Exposition Service[R]. 1999：3.

② FLYNN L, FLYNN M. *Perfect Picks*[J]. EXPO Magazine, March, 1995：24－29.

③ 桑德拉·L·莫罗. 会展艺术：展会管理实务[M]. 武邦涛，等译.上海：上海远东出版社，2005.

（5）增值服务

在基本的服务提供之外，通过提供增值服务来实现产品的差异化也是实现会展产品差异化的重要途径之一。关于会展增值服务，桑德拉（Sandra，2005）在其《会展艺术》中列举了如下三类。

① 参展商营销计划。即通过一系列相关的展览营销机会，会展提供商大大提升了活动的附加价值，由此，会展提供商通过增值服务不仅给自己带来了利益，也使得参与各方获得了提升自身价值的机会。比如，在促销服务方面，许多会展提供商采取了捆绑式的促销方式，以很大的折扣为厂商提供展位和其他服务，包括网络广告、印刷品广告、展前邮寄名单和会展赞助等，并且，参与各方有时还能收到许多免费的附加物，比如会议登记优惠、广告折扣、再版广告和展台安排有限选择权等。

② 展前展后对参展商的支持。这些服务的支持能够提升参与各方所参加会展的实际价值，比如大规模的信息技术展览会在开展以前给所有预先登记的观展者邮寄客户专刊，会展组织者免费为参展商在这些内刊上发布一些间断的新闻稿件并刊登彩色的产品照片，同时也征集付费广告，用以支付一部分印刷和发行杂志的费用。甚至一些会展提供商通过提供一些免费的、有关会展技术的展前培训会议来提升参与价值，这些关于会展营销的讲习班和研讨会有助于厂商在一个正规化的环境中增强他们的直接销售技能，进而提升其关于该会展的满意度。

③ 预约。一些会展提供商可以通过合适的预约程序使会展得以增值，比如，对展前登记时获得的专门的产品目录感兴趣的观展者会收到一份特制的展前计划书，在计划书中详细地说明了与其兴趣相符的参展商的展示产品。同样，参展商也会收到一份预先登记的观展者名单，展前登记收集到的信息表明了这些观众这对即将展示展品所具有的购买能力。并且，这种实际的和高度个性化的增值服务有利于得到客户的认可及客户忠诚度的形成。①

延伸阅读5 –5：50 种会展增值方法

在营销大师唐·佩珀（Don Pepper）和马莎·罗杰斯（Martha Rogers）的畅销书《企业一对一》（Enterprise One to One）中，描述了在今天这样一个人人忙碌的时代，如何开发能够为客户提供便利的创新方法，从而使客户保持对你的组织的忠诚度。让顾客觉得不使用你所提供的服务是完全不可能的，因为顾客无法容忍通过其他途径满足需求所带来的麻烦，这就会给你的组织建立起"抵御竞争的重要屏障"。以下是为寻找切实可行的增值服务供应的会展组织者提供的一些思想火花。

---

① 桑德拉·L·莫罗. 会展艺术：展会管理实务[M]. 武邦涛，等译. 上海：上海远东出版社，2005：72 –73.

网站/虚拟商贸会展	展台培训项目
新产品展示台	首次参展商陈列柜
同步视频会议	宽松的展览高度规定
航线预留座位	展前时事通讯
现场日托	产品专用展厅
新闻发布时间	进口/出口研讨会
行李托运服务	家庭日
展商休息室	对参展商展前促销的奖励
现场银行和先现金兑换	与兼容会展协同定位
展前名录	教育会议分类定价
展商服务预定自动化	评奖竞争
免费的宾客通行证	会展宣传
私人会议室	贵宾休息室
技术研讨室和工作间	安排竞赛项目
运费补贴	展前预约安排
会议电视	全行业日程
参观手提袋	回收项目
展前观众清单租借	慈善项目搭售
展览楼层产品分类布局	免费泊车
合作伙伴项目	旅游项目
会展日报	会议活动光盘
参展商餐厅	展台评估定价
洁净的休息室	公众服务
咨询台	纪念徽章绶带
光盘宣传资料	贵宾时间

资料来源：转引自桑德拉·L·莫罗. 会展艺术：展会管理实务[M]. 武邦涛,等译. 上海：上海远东出版社,2005：73-74.

第三节　会展企业市场行为

一、基本假设

就会展产品而言，即使会展市场上存在激烈的竞争，会展商提供大量的会展产品，但考虑到会展产品差异,可能没有一种会展产品是完全可以替代的,也没有一种会展产品是完全不能替代的。Chamberlin(1951)在其垄断竞争模型中认为,经济体可以理解为由很多的产品组(Group)构成的链条,组与组之间的替代性比较弱,而同一组内部的产品则为相似产品,它们之间具有很强的替代性。[①] 在会展市场上也是如此,根据有关分类标准,比如前文提及的 UFI 展览会分类标准及英国展览业协会展览会分类标准(参见附录一、附录二),可以将会展业分为不同专业化的会展产品组,组内是具有一定相似性的会展产品,它们之间具有一定的替代性,而不同会展产品组之间的替代性则比较弱。但是,由于同一组内产品也具有一定的差异性,由此构成了会展产品组之间及产品组内部的差异性,从而使得差异化的会展产品具有一定的垄断能力。

不失一般性,本书做如下假设。

假设 1:会展商 A 和 B 的成本为零,分别提供两种差异化的会展产品。

根据产品之间的替代性分析,对 A 所提供的会展产品的需求 q_1 不仅取决于其本身的价格 p_1,也取决于 B 所提供的会展产品的价格 p_2。显然,根据需求定律,q_1 随着 p_1 的增加而下降。同时,根据产品之间的替代性,如果会展商 B 提供的会展产品的价格 p_2 增加,对会展商 A 所提供的会展产品的需求也会增加,因为,此时会展商 A 所提供的会展产品显得相对便宜。

假设 2:两种产品之间的影响是对称的。如此,可以用下面两个对称线性函数分别表示对会展商 A 和 B 所提供产品的需求:

$$q_1 = a - bp_1 + cp_2$$
$$q_2 = a - bp_2 + cp_1 \tag{5-1}$$

其中,$a > 0$ 为市场容量,而 $b > c$ 则表示每种会展产品对自身价格敏感程度更高。也就说,如果会展商 A 所提供的会展产品价格 p_1 增加一定的幅度时,只有当会展商 B 提供的会展产品价格 p_2 的增加幅度更大时,对会展商 A 所提供的会展产品需求才会保持不变。式(5-1)是将对两种会展产品的需求表示为价格的函数,但是,也可以通过反解得到每种会展产品的逆需求函数:

$$p_1 = \alpha - \beta q_1 - \gamma q_2$$
$$p_2 = \alpha - \beta q_2 - \gamma q_1 \tag{5-2}$$

其中,$\alpha \equiv \dfrac{a}{b-c}$,$\beta \equiv \dfrac{b}{b^2-c^2}$,$\gamma \equiv \dfrac{c}{b^2-c^2}$。因为 $b > c$,所以有 $\beta > \gamma$,即每种会展产品的价格对自身产量的敏感程度更大。

二、Bertrand 竞争

如果会展商 A 和 B 进行差异化会展产品的 Bertrand 竞争,根据式(5-1),会展商 i 选择 p_i 极大化其利润:

① CHAMBERLIN E. Monopolistic Competition Revisited[J]. *Economica*. 1951,18:342-362.

$$\pi_i(p_i, p_j) = p_i q_i = p_i(a - bp_i + cp_j) \tag{5-3}$$

一阶条件给出：

$$p_i^*(p_j) = \frac{a + cp_j}{2b} \tag{5-4}$$

这相当于一个反应函数，即给定会展商 j 提供的会展产品的价格为 p_j，会展商 i 的最佳反应则由式(5-4)给出。根据对称性，可以得到会展商 A 和 B 所提供的差异化产品的 Bertrand 竞争均衡结果为：

$$p_i^b = \frac{a}{2b - c},$$

$$q_i^b = \frac{ab}{2b - c}, \tag{5-5}$$

$$\pi_i^b = \frac{a^2 b}{(2b - c)^2}$$

三、Cournot 竞争

如果会展商 A 和 B 进行差异化会展产品的 Cournot 竞争博弈，则根据式(5-2)，会展商 i 选择 q_i 极大化其利润：

$$\pi_i(q_i, q_j) = p_i q_i = q_i(\alpha - \beta q_i - \gamma q_j) \tag{5-6}$$

一阶条件给出：

$$q_i^*(q_j) = \frac{\alpha - \gamma q_j}{2\beta} \tag{5-7}$$

同样，根据对称性可以得到差异化会展产品的 Cournot 竞争均衡结果：

$$q_i^c = \frac{\alpha}{2\beta + \gamma} = \frac{a(b + c)}{2b + c},$$

$$p_i^c = \frac{\alpha\beta}{2\beta + \gamma} = \frac{ab}{(b - c)(2b + c)}, \tag{5-8}$$

$$\pi_i^c = \frac{\alpha^2 \beta}{(2\beta + \gamma)^2} = \frac{a^2 b(b + c)}{(2b + c)^2(b - c)}$$

进一步，可以得出如下推论。

推论1：$p^c - p^b = \dfrac{ac^2}{(4b^2 - c^2)(b - c)} > 0$，$q^b > q^c > 0$，$\pi^c > \pi^b > 0$，即会展商 A 和 B 提供的差异化会展产品的 Cournot 竞争导致的市场均衡价格更高，产量更低，利润也更高。但是，会展商 A 和 B 提供的差异化会展产品 Bertrand 博弈下的会展商 A 和 B 的价格和利润均大于零。

推论2：$\dfrac{\partial p^b}{\partial c} > 0$，$\dfrac{\partial p^c}{\partial c} > 0$，$\dfrac{\partial \pi^b}{\partial c} > 0$，$\dfrac{\partial \pi^c}{\partial c} > 0$，即随着会展产品差异化程度的增加，会展商 A 和 B 之间的价格竞争减弱，利润增加。

对于差异化会展产品来说，会展市场上的会展企业既要应对来自不同类型会展企业的竞争，同时也要应对来自同一类型内其他会展企业的竞争，各会展企业各自或以价格为策略变量或以产量为策略变量，构成了 Bertrand 或 Cournot 博弈模型，形成了相应的市场均衡。在某种意义上说，不同会展产品之间既有替代性又有互补性，每个会展企业都知道自己能在一定程度上影响市场价格或产量，从而影响竞争对手的利润，因此，所有会展企业在决定自己的策略时必须考虑竞争对手的策略，由此构成了不同会展企业间的典型的动态博弈行为。

即以会展产品之间的价格竞争而论，提供不同会展产品的会展企业进行竞争时，如果会展产品的相关性和替代性弱，则会展企业对价格的反应不敏感，这时，会展企业既可通过适当调高价格，获得较高的利润，也可通过适当降价，扩大市场份额，因此会展企业间的 Bertrand 博弈效应就比较显著；而随着会展产品之间替代性的增加，均衡价格的敏感度也相应提高，此时，会展企业通过提高产品的差异度，能够降低同类产品的替代性，迅速扩大市场占有率，从而提高企业的利润，因而此时应首先立足于产品与服务差异化展开博弈，以提高与竞争对手的产品差异度来吸引参展顾客或参展企业。

从博弈论角度来看，价格战是企业之间的价格博弈行为，在不同会展产品之间，价格竞争格局会随会展产品之间的差异度而发生改变。Norman 和 Thisse（1996）通过差异化组合研究得出，企业应该将最主要特征最大差异化而将最次要特征最小差异化。[①] 在对提供不同类型会展产品的产品组之间，以及同类会展产品的产品组内部的 Bertrand 或 Cournot 博弈过程的分析中可以看到：不同类型会展产品之间的企业竞争时，如果会展产品的差异度较小，会展企业对价格的反应不敏感，而随着差异度的增加，价格的敏感度也相应提高；而对于同类会展产品组内部企业之间的竞争，会展企业在提供相同的会展产品服务时，价格将是影响市场占有率的决定性因素，如果市场内参与竞争的企业过多，势必形成恶性竞争，此时，会展企业之间的竞争需要逐渐从以价格为主导形式的竞争转到以产品差异为主导形式的竞争，为市场提供差异化的会展产品就成为会展企业增强竞争力的关键。

复习思考题

1. 完全竞争、完全垄断及垄断竞争市场的特点是什么？
2. 完全竞争、完全垄断及垄断竞争市场的差别是什么？
3. 试分析会展产品差异化在会展企业竞争中的作用。
4. 会展产品差异化的来源是什么？
5. 会展产品差异化的类型及其表现是什么？
6. 试分析会展企业竞争的两种形式及其应用意义。

---

① NORMAN G, THISSE J F. Product Variety and Welfare under Discriminatory and Mill Pricing Policies[J]. *Economic Journal*, 1996,106:76 – 91.

第六章 会展产业组织行为

产业经济学是基础经济学特别是微观经济学向产业经济领域的延伸，在西方国家的经济学科中，产业经济学占据着重要地位，并逐渐成为一门发展前景广阔的经济学专业学科。产业经济学研究表明，企业的竞争行为始终是产业经济学研究的重点问题，企业在经营过程中，为增强自己的经营绩效而采取的策略是产业经济学研究的重点之一。

第一节 市场结构与产业组织行为

一、市场结构

1. 产业组织理论

一般认为，马歇尔(A. Marshall)的新古典经济学是产业组织理论的源头，其后如20世纪前半叶的斯拉法(P. Sraffa)、张伯伦(Chamberlin)、琼·罗宾逊(J. Robinson)的垄断竞争理论，以及克拉克(J. M. Clark)的"有效竞争理论"都对产业组织理论的产生起了推动作用，但当时的产业组织理论还处于萌芽阶段。目前比较一致的看法是，产业组织理论产生于美国，作为一种理论体系产生于20世纪30年代，距今已有70多年的历史。产业组织学作为一门独立的学科出现是伴随着20世纪大型制造业公司的大量涌现，与新古典微观经济理论在解释垄断或不完全竞争问题上的失败分不开的。

产业组织理论体系是20世纪30年代以后在美国以哈佛大学为中心，以梅森(Mason)和贝恩(J. Bain)为主要代表形成的，理论界称为哈佛学派。哈佛学派的主要贡献是建立了完整的SCP理论范式，这一范式的最初形式是贝恩(J. Bain, 1956)的市场结构、市场绩效两段论范式，贝恩(J. Bain, 1959)编写的著名教科书《产业组织论》的出版则标志着产业组织理论的基本形成，该书完整地提出了结构(Structure)—行为(Conduct)—绩效(Performance)理论分析范式，即强调市场结构决定企业的市场行为，而在一个给定的市场结构下，市场行为又是市场绩效的决定的因素。[①] SCP理论范式标志着传统产业组织理论体系的最终形成，产业组织学也因此而成为一门相对独立的经济学科。当时，哈佛大学成了产业经济学的研究中心，哈佛学派的产业组织理论也理所当然地成为产业经济学的主流学派，但哈佛学派的组织理论具有经验主义的性

---

① 参阅 BAIN, J. S.. *Industrial Organization* [M]. New York：Harvard University Press, 1959. BAIN J S. *Barriers to New Competition* [M]. New York：Harvard University Press, 1956.

质，强调经验性的产业研究，缺乏坚实的理论基础和系统的理论分析。

自 20 世纪 60 年代以来，SCP 分析范式成为理论界和经济界讨论与批评的热点，这些批评主要来自芝加哥大学的经济学家们，包括施蒂格勒（J. Stigler）、德姆塞兹（H. Demsetz）、波斯纳（R. Posner）等人，正是在这一批判的过程中，芝加哥学派崛起并逐渐取得了主流派地位，其代表人物施蒂格勒还由于其对产业组织理论的开创性研究而被授予 1982 年诺贝尔经济学奖。① 芝加哥学派继承了奈特（F. Knight）以来芝加哥大学传统的经济自由主义思想和社会达尔文主义，认为市场竞争过程就是市场力量自由发挥作用的过程，是一个"生存检验"的过程。该学派在理论上皈依新古典经济理论，坚信瓦尔拉均衡和自由竞争理论依然有效，厂商行为是厂商预期的函数，政府无需干预。1966 年施蒂格勒的名著《产业组织》②一书问世，标志着芝加哥学派理论上的成熟。该学派特别注重市场结构和效率的关系，而不像结构主义者那样只关心竞争的程度，故被理论界称为效率主义者。

2. 市场结构

所谓市场结构，是指一个行业内部买方和卖方的数量及其规模分布、产品差别的程度和新企业进入该行业的难易程度的综合状态。市场结构是决定产业组织竞争性质和垄断程度的基本因素，而在传统产业组织理论中，由贝恩（Bain, 1959）等人创立构建的 SCP 分析框架是传统产业组织学的基本特征。③ 市场结构研究了四种类型的市场结构及影响因素（市场集中度、产品差异化、进入壁垒等）；市场行为研究了不同市场结构中企业的市场行为（竞争和协调）；市场绩效研究了在特定市场结构和市场行为条件下市场运行的最终经济结果。该理论把市场结构的演变看作是影响该行业发展的主要因素，从而为制定优化产业结构的政策提供了理论基础。SCP 理论分析范式强调市场结构决定市场行为，进而决定市场绩效，而建立合理的市场结构是实现有效竞争的前提。

在市场结构中，市场份额和市场集中度是两个互相联系的要素。市场份额指的是某企业销售额在同一市场全部销售额中所占的比例。一般说来，某市场中，企业越多，单个企业所占比重越低，该市场的竞争程度越高。市场集中度是指某一特定市场中少数几个最大企业（如前 4 名或前 8 名）所占的市场份额。一般而言，集中度越高，大企业的市场支配势力越大，市场竞争程度越低。目前衡量一个市场集中度的高低可以使用 CR_n 指数和 HHI 指数。

（1）CR_n 指数

行业集中率 CR_n 指数是指该行业的相关市场内前 N 家最大的企业所占市场份额的总和。

---

① 瑞典皇家科学院在斯蒂格勒的获奖公告中指出："斯蒂格勒为市场运行的研究和产业结构的分析做出了重大贡献，他的成就使他成为市场和产业结构运用研究领域（产业组织）的学术带头人"。转引自：马广奇. 产业经济学在西方的发展及其在我国的构建[J]. 外国经济与管理，2000，25（10）：8 – 15.

② STIGLER G J. The Organization of Industry[M]. Illinois：Irvin Press, 1968. 中译本见 J. 施蒂格勒. 产业组织与政府管制[M]. 潘振民，译. 上海：上海三联书店，1996.

③ BAIN J S. *Industrial Organization*[M]. New York：Harvard University Press, 1959.

例如，CR_4 是指四个最大的企业占有该相关市场份额。计算公式为：

$$CR_n = \sum_{i=1}^{n} S_i \qquad (6-1)$$

其中，S_i 为第 i 个企业的市场份额，n 为企业数目。

（2）HHI 指数

即赫芬达尔－赫希曼指数（Herfindahl-Hirschman Index，简称 HHI），是一种测量产业集中度的综合指数。它是指一个行业中各市场竞争主体所占行业总收入或总资产百分比的平方和，用来计量市场份额的变化，即市场中厂商规模的离散度。计算公式为：

$$HHI = \sum_{i=1}^{n} (X_i/X)^2 = \sum_{i=1}^{n} S_i^2 \qquad (6-2)$$

其中，X 为市场的总规模，X_i 为 i 企业的规模，$S_i = X_i/X$ 为第 i 个企业的市场占有率，n 为该产业内的企业数。

HHI 指数是计算某一市场上 n 家最大企业每家企业市场占有份额的平方之和。显然，HHI 越大，表示市场集中程度越高，垄断程度越高。并且，该指数不仅能反映市场内大企业的市场份额，而且能反映大企业之外的市场结构，因此，能更准确地反映大企业对市场的影响程度。

一般认为影响市场集中的基本因素是市场容量和企业规模。市场集中度的高低，主要取决于市场容量和企业规模的大小。一般情况下，市场越大，企业的扩展余地越大，企业越易进入，从而大企业所占份额也就可能越小；反之，市场越小，竞争程度越高，企业扩张的空间越小，企业越难进入，大企业所占份额相对越高。当企业规模不变时，市场容量的扩大，必然会降低市场集中；在经济增长、企业规模不断扩大、企业并购活跃和大企业不断膨胀时，市场容量的扩大能在一定程度上抵消由此而引起的市场集中。

二、作为一体化的产业组织行为

1. 企业一体化行为

一体化是公司不断扩大规模的重要途径。许多公司为了保持在生产和销售中的垄断地位，在竞争中立于不败之地，取得规模经济的效益，除通过自身的资本积累外，主要通过兼并的途径不断扩大规模。美国最大 500 家工业公司的发展历史表明，规模增长快的公司大多数是通过一体化实现的。

在市场竞争中，一体化作为企业的一种重要市场行为是指一个企业购买其他企业的产权使其失去法人资格或改变法人实体的一种行为。市场竞争中企业一体化行为按当事企业的行业关系可以分为横向一体化、纵向一体化和混合一体化三种形态。其中，横向一体化是指生产同类产品，或生产工艺相近的企业之间的一体化行为；纵向一体化是指生产过程或经营环节相互衔接、密切联系的企业之间，或者具有纵向协作关系的专业化企业之间的一体化行为；而混合一体化则指横向一体化和纵向一体化相结合的企业一体化行为。

企业一体化的主要目的在于减少长期经营一个行业所带来的风险，并可以分为产品扩张型一体化、市场扩张型一体化和纯粹的混合一体化等三种形态。所谓产品扩张型一体化是指相关产品市场上企业间的一体化，市场扩张型一体化是指一个企业为扩大其竞争地盘而对它尚未渗透的地区生产同类产品的企业的一体化；纯粹的混合一体化是指那些生产和经营彼此间毫无联系的产品或服务的若干企业的一体化。

2. 一体化的动机

在对企业一体化的理论研究中，对一体化的动机分析构成了其中的一个重要方面，而这也构成了对企业一体化行为进行分析的理论基础。对于一体化动机的研究，相关的理论成果主要包括实现规模经济、效率理论、市场势力理论、多样化经营理论等（Auerbach，1988；Ginsburg，1953；Mueller，1969）[①]。另外，基于我国一体化活动的特殊性，国内学者对我国企业一体化动机提出了新的见解，如消除亏损、破产替代、强壮民族工业和获取相关优惠政策等（吴冬梅，1998；王春等，2001）[②]。其实，企业一体化的动机理论纷繁复杂，除传统的规模经济、股东财富最大化、获取市场势力和垄断利润论等动机外，还有如下一些动机。[③]

（1）组织资本与经营协同效应

组织资本是企业内部经验的积累，按照 Rosen(1972)的分析，组织资本的第一种类型是员工掌握的信息；第二和第三种类型可以体现为团队工作效率。[④] 企业组织资本的积累会提高经营效率，企业的一体化则能进一步发挥各自组织资本的作用，从而带来经营上的协同效应。

（2）管理协同

该理论认为，企业一体化的动因在于企业在管理上的效率差异，即一体化可以使效率低的企业的管理效率达到管理效率高的企业的水平，并带来社会福利的增加。

（3）财务协同

该理论认为（威斯通等，1998）[⑤]，企业的资本成本可以通过一体化方式降低。例如，一体化产生的债务共同担保效应、现金的内部流转效应、降低企业的筹资成本，以及因对企业股票价值评价发生改变导致的"预期效应"等。

（4）节约交易费用

---

① AUERBACH A J, et al. *Mergers & Acquisitions*[M]. Chicago：University of Chicago press，1988：69 – 85. GINSBURG M D. Taxing Corporate Acquisitions[J]. *Tax Law Review*,1953,(38)：177 – 319. MUELLER D C. A Theory of Conglomerate Mergers Quarterly[J]. *Journal of Economics*, 1969, 83(1)：643 – 659.

② 吴冬梅. 中西企业兼并动机理论比较研究[J]. 当代财经，1998.（9）：47 – 52. 王春，齐艳秋. 关于企业兼并动机的理论研究[J]. 当代财经，2001,（7）：40 – 44.

③ 文彬. 现代企业并购理论的变迁及启示[J]. 广东商学院学报，2005,（4）：74 – 79.

④ ROSEN S. Learning by Experience as Joint Production[J]. *Quarterly of Economics*, August, 1972, 86(3)：366 – 382.

⑤ 威斯通等. 兼并、重组和公司控制[M]. 北京：经济科学出版社，1988.

一体化的动机之一是使两个垄断者转变为一体化的所有权结构，减少合同签订前的交易费用。由于企业资产的专用性质容易导致机会主义和市场垄断力量的产生，即使合同将所有可能发生的事做出详细的规定，但违约可能性的存在仍会使合同存在严重风险，为了使合同得以履行，企业倾向于在企业内部从事交易。所以，如果资产的专用性非常强，合适的办法是使用方拥有这种资产以克服机会主义，即通过一体化将有关交易内部化，避免机会主义的发生。

三、会展竞争与一体化

在会展经济领域，由于会展经济对产业结构调整、第三产业发展、城市文明和品位的提升等具有直接的促进作用，加上会展业具有较高的利润率，政府和民间都积极举办各种会展，推动了会展业的蓬勃兴起。会展业的蓬勃发展必然会引起会展市场结构的变化，而构建合理的会展市场结构模式，实质上是在会展市场的垄断和竞争之间选择最佳结构点，提高会展企业的竞争力，进而提高企业经营绩效。

在新古典经济学分析中，企业竞争力在统计上被理解为市场占有率或盈利率。通常假定相互竞争的企业所生产和销售的产品是完全相同的，这样，哪个企业的市场占有率高，其原因就归结为哪个企业提供的产品价格更低。另外，成本差别也被用于解释企业在市场上的竞争力差别。不过，经济学本身也承认，即使是同类产品之间也可以存在一定程度的差异，因此会产生由于产品差异所导致的超额利润，这样就出现了成本、产品差异共同成为解释竞争优劣的变量。但是，由于会展企业，特别是会展产品信息平台服务对象的多样化，其提供的产品之间存在相当大而不是一般性的差异。新古典经济学从产品同质性假设出发，把竞争归结为价格——成本竞争，就不足以应用到会展竞争力的研究领域中来。产业经济学中产业组织理论放松了产品同质性假设，引入了产品差别化因素，并把这些非价格性的差别因素看作形成不同市场结构，进而决定相应市场绩效的因素。依据这一理论，形成有效竞争的会展产业组织和会展市场结构便是培育和增强会展产业竞争力的决定性条件。而一体化改变了企业组织结构，也改变了市场结构，为会展行业内会展企业规模经济效益的实现与会展企业竞争力提升提供了条件和途径。因此，在会展市场结构的变化中，会展企业之间及会展与其他行业之间的一体化行为就成为其中的一个重要方面，而且，其一体化的目标也有着其内在的需求，整合资源、强化会展企业的竞争力无疑就是其中的一个方面。

延伸阅读6-1：合并塑造会展品牌

2006年5月，广东东莞国际会展中心的经营权由中国国际贸易促进委员会东莞支会正式转交给广东现代国际展览中心有限公司，东莞国际会展中心的所有权仍为东莞市政府所有。自此，东莞国际会展中心和广东现代国际展览中心的两大专业展馆，将由广东现代国际展览中心有限公司这个股份制企业统一运作经营。广东现代国际展览中心成立了专门的管理团队，正式派驻东莞国际会展中心进行现场办公。此次东莞市政府促成本地两个最具代表性的专业展馆联姻，是对现有展馆设施和资源深度整合一次有益的尝试。广州市政府委托广东现代国际展览中心经营东莞国际展览中心，主要也是出于整合东莞现有的两大专业展馆资源、进行强强联合等方面的考虑。

对一直平静的东莞会展经济来说，这一举措意味着东莞市再塑会展名城的决心和新的战略正式启动。目前东莞市每年都举办展会的展览场馆9个，可展出总面积达28.63万平方米。以东莞每年平均举办50个展会来推算，每个展馆每年平均举办不足6个展会。相比之下，每年办展数量以20%递增的上海，其主要展馆也只有7个。由此可见，东莞展馆使用率很低，空置非常严重。东莞会展场馆这种资源缺乏整合和规划布局，影响到了会展业有序和公平的竞争。由于大部分展馆处于未饱和状态，有的展馆甚至不惜招揽一些资质、信誉、经验、操办手法都较为低劣的企业到东莞办展，严重影响了东莞会展业的声誉。而将两大配套设施最齐全的展馆结合起来经营，将有利于平衡各方利益，整合同类或相关展会，避免重复办展和恶性竞争。

资料来源：东莞：展馆经营权合并再塑会展品牌[N].中国贸易报，2006-05-25

会展平台的一体化是会展产业组织行为领域中所关注的重点内容之一，在会展经济领域，一体化活动是一种较为常见的行为，但是，从会展经济内的行业关系来看，会展平台的一体化表现为横向一体化、纵向一体化等形式。那么，在市场竞争中的会展平台究竟采用何种市场行为呢？这不仅取决于会展产品和服务的生产和消费各方自身的动机和目的，而且与不同行为成本和收益高低有关。

第二节　会展产业纵向一体化

一、纵向一体化的内涵

纵向一体化，又称垂直一体化，是指厂商参与商品或服务一个以上连续的生产或销售环节或销售阶段。假设厂商生产最终产品需要经过"上游"和"下游"两个生产过程，则根据Perry（1989）的理论[1]，如果出现下列情况之一，该厂商的生产就是纵向一体化的：①"上游"生产过程的全部产品都被用作"下游"产生过程中的中间投入品；②"下游"生产过程的某些中间投入品全部取自"上游"生产过程的产品。据此，会展领域中的纵向一体化可以分为参展企业对会展平台的一体化和会展平台对参展企业的一体化行为，但是，由于会展平台所具有

---

① PERRY M. Vertical Integration：Determinants and Effects[C]. R. Schmalensee and R. Willig ed *Handbook of Industrial Organization*, North-Holland, Amsterdam, 1989.

的信息传递及补充品的属性①，会展平台更大程度上是作为一种实体性产品的服务性形态出现的，因此，会展经济中的纵向一体化行为就主要发生在参展厂商对会展平台的一体化上。

延伸阅读6－2：春兰集团展览馆

据《文汇报》载，2006年9月20日，随着最后一批展品安装到位，为期36天的春兰集团展览馆改造工程顺利竣工，开门迎客。作为家电企业中率先设立展览馆的企业之一，春兰在科技创新、企业文化等方面有了大踏步的发展，为了更好地展示企业文化、企业形象，特别是近几年来所取得的成就，使展馆成为一个多功能的展示窗口，春兰展览馆实施了大规模的改造工程。

据了解，此次重新创意、装修、设展的春兰新展览馆分为序馆、历史馆、企业文化架构馆、家电馆、新能源馆、机械动力馆、自动车馆、国际商务馆、荣誉馆、网络家电馆、未来馆等11个展区，整个展馆布置时尚、大气，面目一新的春兰展馆将迎接来自五湖四海的朋友，展示她迷人的风采！

资料来源：红梅，沙鸥. 布置时尚大气，分为11个展区：春兰展馆改造竣工迎客[N]. 文汇报，2006－9－28（14）.

杨公朴等（2005）将企业进行纵向一体化可能获得的收益做了归纳，认为企业纵向一体化行为可以：①降低企业的交易成本；②增强市场垄断力量；③确保投入品的稳定供应；④将外部经济内部化进而纠正外部性引起的市场失灵；⑤某企业作为市场垄断力量的受害者或许会通过进行纵向一体化来消除这种力量。② 基于不同的分析视角，另有学者对企业纵向一体化进行了深入细致的分析，形成了多样化的纵向一体化理论，包括市场失灵、所有权的成本与收益、供给与信息的不确定性、转移风险、技术进步等。但不管以何种方式、何种原因进行的纵向一体化，其最终目的都是为了使企业获得在企业内各生产过程、生产环境之间进行投资、雇佣、生产和分配各种资源决策的完全的能力，换言之，纵向一体化追求的是整个企业内部各种资源的最优化配置，以实现利润的最大化。

在会展经济领域，会展不仅是参展企业传递其产品信息的平台，而且是形成其产品差异化优势的重要资源，如何利用这种资源形态以实现参展企业的利润最大化也是其在企业决策过程中所必须考虑的问题之一，无疑，对会展平台进行一体化就是参展企业利用会展平台的重要途径。

由于会展产品所具有的信息、服务特性，会展经济中的纵向一体化行为通常发生在参展厂

---

① 会展自发生之日起，就是有明确目的的为信息交流而进行的传播活动，因此，会展具有传播活动的本质，会展只有在传播上取得成功，才能获得长久地发展。会展的直接传播者是参展者，间接传播者是会展的组织者即主办单位，而专业观众和普通观众则是会展的受众。参展者通过对在展厅中拥有空间的利用——构建形象、陈列展品等手法形成负载信息的物质实体——展台，进行信息的发布。展台是综合的全息的媒介，汇集了几乎所有的媒介形式，其中有：①实物媒介，即展品；②口语媒介；③印刷媒介；④电子媒介；⑤新媒体，比如网络等；⑥现场演出和活动，以及⑦空间媒介等。通过这些媒介是的使用，会展可以达到高效、高质的信息传播效果。

② 杨公朴. 产业经济学[M]. 上海：复旦大学出版社，2005.

商对会展平台的一体化上。在会展经济领域中,这种一体化形式的显著特点在于参展商产品在进入消费者手中的销售过程中,参展商产品并没有做任何改变,完成的仅是产品的销售过程,会展的作用主要在于促进这一过程的进行,即会展通过其专业而高效的信息传递功能为参展商以及消费者提供了多样化的产品信息服务,这些服务对于产品价值的实现具有重要的意义。

二、纵向一体化的界限

假设参展商由于专利等方面的原因而具有一定的市场支配力,并且这种市场支配力在法律所允许的范围之内①,同时,假设参展企业和会展企业之间的交易费用为零。消费者在进行产品购买决策的时候,不仅受到产品本身性能的影响,而且受到与参展商产品有关的会展产品的影响。如图6-1,D 表示厂商使用会展服务前面临的消费者需求,MR 为厂商使用会展服务前的边际收益;MC 为厂商使用会展服务前的边际成本,则根据 MR = MC,P 为厂商使用会展服务前的产品价格,Q 为厂商使用会展服务前的产品需求量。

以 e 表示厂商使用会展服务发生的会展成本开支(假设一体化前后一样),D' 表示厂商使用会展服务后面临的消费者需求,MR′表示厂商使用会展服务后的边际收益,MC′表示厂商使用会展服务后的边际成本,同样,根据 MR′ = MC′,P' 为厂商使用会展服务后的产品价格,Q' 为厂商使用会展服务后的产品需求量。

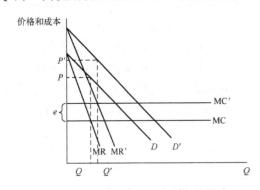

图6-1　会展对参展厂商利润的影响

首先,在厂商使用会展服务前,根据 MR = MC,其产品销售量为 Q,对应的销售价格为 P,由于厂商具有市场势力,因此可以获得利润 $(P - MC)Q$。其次,在厂商使用了会展服务以后,由于会展所具有的促销功能,使厂商的引致需求曲线外移到 D',根据 MR′ = MC′,厂商产品销售量为 Q',对应的销售价格为 P',此时厂商获得利润为 $(P' - MC')Q'$。但是,仅仅简单地比较 $(P - MC)Q$ 和 $(P' - MC')Q'$ 只能说明会展在强化厂商市场势力方面所具有的功能,而要分析厂商对会展平台的一体化行为,还需要比较厂商以不同方式使用会展平台所获得利润的高低,以发现厂商对会展进行纵向一体化的利润驱动力所在。

设 e 为厂商使用会展服务发生的会展成本开支,并且这一成本开支的大小与参展厂商使用会展服务的方式无关,即,不论是参展厂商通过参展方式消费会展服务还是通过一体化方式进行自己的产品信息传递和展示,其成本开支是相同的,均为 e。如果厂商使用会展服务的成本以相同的幅度增加在厂商产品的边际成本上(如图6-1),则此时

---

① 其实,完全垄断和完全竞争仅仅是市场形态的两个极端,现实世界中产品的差异化特征使产品具有了一定的市场势力,并形成了 Chamberlin(1933)、Robinson(1933)所分析的垄断竞争市场形态。

$$MC + e = MC'　　　　　　　　　　　(6-3)$$

并且，参展企业与会展产品或服务非一体化形式下的利润为：

$$\pi_1 = [P' - MC - e]Q'　　　　　　　　(6-4)$$

参展企业与会展产品或服务一体化形式下的利润为：

$$\pi_2 = [P' - MC']Q'　　　　　　　　　(6-5)$$

由式(6-3)，则

$$\pi_1 = \pi_2$$

即，参展企业在使用会展服务的不同方式(一体化方式和非一体化方式)下获得的利润是相同的，在这种情况下，参展商对会展产品或服务并没有一体化的动机。

但是，这却是一种过于简单的讨论，参展商在使用会展产品或服务的不同方式下获取的利润不仅与会展服务对产品需求、价格影响幅度有关，而且与参展商会展成本开支导致的产品边际成本的变化有关。并且，更为重要的是，在一体化方式中，有针对性会展产品或服务由于成为了厂商的一种专门的服务而具有了对厂商来说的特殊效能。[①] 为此，这里引入厂商使用会展的一体化效能变量γ，以衡量厂商通过一体化方式使用会展产品或服务对产品价格、销售量及成本等方面的影响。

设$P(\gamma)$、$Q(\gamma)$、$C(\gamma)$分别为参展商通过对会展产品进行一体化使用会展产品时的产品价格、销售量及成本，并且

$$\frac{\mathrm{d}P(\gamma)}{\mathrm{d}\gamma} \geqslant 0, \frac{\mathrm{d}Q(\gamma)}{\mathrm{d}\gamma} \geqslant 0, \frac{\mathrm{d}C(\gamma)}{\mathrm{d}\gamma} \geqslant 0　　　(6-6)$$

即，会展产品或服务的一体化效能可以导致产品价格、需求量的上升，并且，由于会展产品或服务的一体化效能越高，厂商在会展产品或服务商的投入就越大，由此也必然会造成厂商成本的增加。

由此，从厂商的利润最大化目标出发，其利润为：

$$\pi(\gamma) = P(\gamma)Q(\gamma) - C(\gamma) = TR(\gamma) - C(\gamma)　　(6-7)$$

由一阶条件

$$\frac{\mathrm{d}\pi(\gamma)}{\mathrm{d}\gamma} = 0　　　　　　　　　(6-8)$$

可得

$$\frac{\mathrm{d}(TP)}{\mathrm{d}\gamma} = C'(\gamma) = MC_\gamma　　　　　(6-9)$$

其中，$\frac{\mathrm{d}(TP)}{\mathrm{d}\gamma}$为边际收益，记为$MR_\gamma$。由$TP = P(\gamma) \cdot Q(\gamma)$出发，

$$MR = \frac{\mathrm{d}[P(\gamma) \cdot Q(\gamma)]}{\mathrm{d}\gamma}$$

$$= P(\gamma) + Q(\gamma)\frac{\mathrm{d}P(\gamma)}{\mathrm{d}\gamma}$$

---

① 专门性的服务避免了会展产品或服务提供商的机会主义行为以及其他厂商的"搭便车"行为，并使得会展产品或服务的质量和特性向量成为厂商的可控因素，由此可以更好的服务于厂商的有关产品销售和宣传策略。

$$= P(\gamma)[1 + \alpha\varepsilon] \qquad (6-10)$$

其中，$\alpha = \dfrac{Q(\gamma)}{\gamma}$，即厂商通过一体化方式使用会展产品或服务的单位效能；$\varepsilon = \dfrac{dP(\gamma)}{d\gamma}\dfrac{\gamma}{P(\gamma)}$，即厂商通过一体化方式使用会展产品或服务的效能价格弹性，即一体化方式效能的变化对厂商产品价格的影响，这也衡量了厂商在具有一定的市场力量的情况下利用会展产品或服务对产品价格的影响程度。[①]

根据厂商利润最大化的必要条件 $MR_\gamma = MC_\gamma$，则

$$P(\gamma)[1 + \alpha\varepsilon] = MC_\gamma$$

进一步，

$$P(\gamma) - MC' = P(\gamma)\alpha\varepsilon \qquad (6-11)$$

令 $P(\gamma) - MC' = \pi'$，则 π' 为厂商的单位产品利润，式(6-9)变形为

$$\pi' = P(\gamma)\alpha\varepsilon \qquad (6-12)$$

这就是厂商的会展产品或服务进行一体化的利润条件。根据式(6-12)，在利润最大化条件下，厂商在一体化会展产品或服务情况下单位产品利润取决于一体化状态下价格 $P(\gamma)$、会展产品或服务的单位效能 α，以及会展产品或服务的效能价格弹性 ε。

三、纵向一体化的动机

从前文式(3-12)的分析可以看出，厂商对会展产品的需求受到会展服务成本弹性 ε_ϕ、厂商产品价格服务弹性 ε_p 以及厂商产品会展需求服务弹性 ε_D 等因素的影响。但需要注意的是，在厂商购买和使用会展产品或服务的时候，不可避免地会存在会展产品或服务的道德风险，为了克服这种道德风险，就需要通过限制或一体化的方式来进行约束，这也由此产生了

[①] 考虑一个垄断厂商的会展产品或服务的使用问题。假设认为厂商面临的需求是价格 p 和会展水平 s 的函数，并且厂商的会展成本开支等于使用会展产品和服务的水平。令 $q(p, s)$ 表示需求函数，其中 q 为产量，p 为价格，s 为厂商使用会展产品或服务的水平。假设 $\partial q/\partial p < 0$，$\partial q/\partial s > 0$，而生产成本和会展成本是分离可加的。由此，厂商的垄断利润为：

$$\pi = pq(p, s) - C(q(p, s)) - s$$

对 p 和 s 分别求一阶条件，得：

$$\frac{p - C'}{p} = \frac{1}{\varepsilon_p}, \quad \frac{p - C'}{p} = \frac{s}{pq\varepsilon_s}$$

其中，$\varepsilon_p = -\dfrac{p\partial q}{q\partial p}$，$\varepsilon_s = \dfrac{s\partial q}{q\partial s}$ 分别为价格需求弹性和会展需求弹性，进而可以得到：

$$s/pq = \varepsilon_s/\varepsilon_p$$

即，垄断厂商的最优会展/销售率等于会展的需求弹性和价格的需求弹性之比。由此可见，如果保持其他条件不变，厂商会展支出占销售收入的比例随着会展需求弹性的增加而增加，随着价格需求弹性的增加而减小。进一步而言，就是会展越有效，厂商越愿意在会展上进行投资，并且厂商所处的市场竞争性越小，厂商越愿意进行会展投资。由此可知，完全竞争的厂商不愿意进行任何会展，或者说，垄断厂商比竞争性厂商更愿意进行会展。(有关模型分析可参照 DORFMAN, R. AND STEINER, P.. Optimal Advertising and Optimal Quality[J]. *American Economic Review*, 1954, 44: 826 – 836. 以及 SCHERER, F. M.. *Industrial Market Structure and Economic Performance*[M]. Rand McNally College Publishing Company, 1980: 387.)

厂商通过一体化方式使用会展产品或服务的现象。

延伸阅读6-3："骗展风波"

近年来，会展行业的骗展风波不断，给很多会展企业和参展商带来一些损失。而作为会展服务企业，也面临一些参展商滥发招标信息骗取策划方案和设计图稿等问题，导致会展服务企业面对很多未知的风险。根据《信息时报》(2005-04-19)的报道说，广州一家展览公司挂着国际招牌，打着行业协会的旗号，在虎门召开了"2005东莞酒店设备与用品博览会"，原定的200多家参展商，到会的仅仅58家，而被列为主办方之一的东莞市烹饪餐饮协会理事对展会竟然毫不知情。直到展会开了两天后，东莞市烹饪餐饮协会理事张灿棠从展会旁边路过时，才知道有这么一个展览。当众多商家要求主办单位向他们出示相关有效证照及有关资质证明，主办方的所谓工作人员甚至无法提供资质证明。

有的展会多是以"克隆"成功的展会为生，甚至不惜盗用政府名义，展开骗术，打着政府的旗号混水摸鱼、瞒天过海，招展骗财务。2003年年底，广州市东宝展览中心发生"骗展"事件，主办方向全国110多家企业发出参展邀请，收了展费后人间"蒸发"。2004年5月，来上海新国际博览中心参加展览的厂商发现，展览不是合同中约定的展览。参展商们想找主办单位理论，老板不接电话，员工装聋作哑，24家厂商憾别上海。2005年5月24日，在北京的全国农业展览馆举办的"中国国际工业基础件、机械零部件及铸造展览会"上，发生一起参展商大规模抗议"骗展"事件。有报道称，到会的50个参展商来自仓库物流、纳米材料、化妆品、图书馆、咖啡销售、软件制造、贴纸相机等30多个行业，几乎每个参展商就可以代表一个行业。更有甚者，展会现场一边是生产机械装备的展台，一边竟然在推销牛奶。2004年6月15日，"2004中国(上海)绿色交通工具展览会"变成了"2004中国(上海)绿色交通工具、地铁、轻轨及智能交通展览会"，整个展会就是个"大杂烩"。参展商深感受骗，向办展方要求退款时甚至遭到殴打。

资料来源：志良，祥彪．当心"骗展"泥沼．金时网络 http://www.financialnews.com.cn/wh/200410080222.htm，2004-10-08.

不管厂商对会展企业以何种方式进行纵向一体化，最终都要求一体化企业获得在企业内各销售环节之间进行投资、雇佣、分配和销售的决策的完全能力，以实现整个企业(包括各个销售环节)的利润最大化。但是，在讨论关于一体化状态下的企业组织形态时，需要对因厂商对会展产品或服务进行一体化所导致的内部组织的效能做出评价。威廉姆森(Williamson, 1971)对内部组织的肯定性方面做了如下评述[①]：

"如果其他情况相同，由于和行政协调相关的各种摩擦变得日益严重，求助于市场交换

---

① WILLIAMSON O E. The Vertical Integration of Production: Market Failure Considerations[J]. *American Economic Review*, 1971, 61: 112-123.

就变得更富有吸引力了。……确切而言，简单地说，就是主要由于人们只具有有限理性，以及与官僚主义办事程序相比，人们对市场交换抱有更大信任，在市场可以说是'运作良好'的情况下，市场中介一般说来被认为比内部供给更加可取。

使内部组织成为一种市场替代物的企业特性，似乎可以概括为三种类型：激励、控制和被广泛称为'内在的结构优势'的属性。就激励的意义而言，内部组织减弱了作为双方均不受对方控制的侵犯性的态度倾向。各种利益如果不是被完美地协调一致，至少也是免除了心胸狭隘的机会主义性质的种种表现。

……然而，企业最显著的优势也许是，在企业内部可用以强制实施的控制手段比企业之间的活动种类更多且更为灵敏。……在这方面特别有意义的是，在出现冲突的时候，企业拥有一种有效的机制以解决冲突。举例来说，命令常常是一种解决较小冲突的比无休止争论或诉讼更为有效的途径。组织之间的冲突即使能够用命令来解决，这种情况也是十分少见的。……如果组织间的冲突采取这种解决办法的情况很常见的话，那么该组织形式结果会向纵向一体化靠拢，其裁决者即使名义上不是实际上也变成了经理。

……企业还可能由于信息交换的经济而求助于内部化。信息交换的节约，其中某些可能是由于企业与市场二者之间的结构差异。然而，其余的最终则可以归结为内部组织与市场组织之间的激励和控制上的差异。"

厂商对会展产品或服务的一体化行为也可以带来威廉姆森（Williamson，1971）[①]所提到的种种组织上的效能，这种效能削弱和减除了厂商所面临的会展风险，并有利于控制会展产品或服务的努力方向，以最终促进企业的利润最大化。具体而言，厂商对会展产品或服务的一体化效能不是二者在独立的状态下不能获得技术层面的经济效应，而在于一体化方式使二者的利益协调一致，或者说通过一体化的方式使厂商对会展产品或服务处于可控的状态之下，并通过有效率的决策程序加以协调。具体来说，厂商对会展产品或服务进行一体化的效能可以表现为如下几个方面。

（1）改善有限理性的状态

有限理性是人类性质的一个显著特性（Simon，1972）[②]，即在根据所获得信息进行决策的时候，人类只有有限的能力，但是，现实世界却是复杂和不确定的，人们不可能预见到所有不确定性事件。如果厂商主要通过参加会展的方式来消费会展产品或服务，其展参效果将依赖于外部会展的效能，厂商将会遇到各种意想不到的情况，而不能依据其所制定的计划精确地完成各种交易行为。通过一体化方式使用会展产品或服务则可以把其中涉及的关系置于厂商内部，厂商通过其内部组织的方式就可以精确地控制会展产品或服务的质量及其有针对性

① WILLIAMSON O E. The Vertical Integration of Production: Market Failure Considerations[J]. *American Economic Review*, 1971, 61: 112-123.

② SIMON H. Theories of Bounded Rationality[C]. in *Decision and Organization* (C.. McGuire and R. Radner, Eds.). Amsterdam: North Holland, 1972.

的努力方向。

（2）避免机会主义行为

机会主义行为是指人的伺机牟利行为，在不确定性的世界里，机会主义行为导致了企业之间交易成本的产生。例如，会展企业可能会因为市场的变化或各种机制的不健全而产生一些基于其自身利益最大化不规范行为，甚至"骗展"行为，给厂商造成损失。通过纵向一体化方式使用会展产品或服务，则把外部的会展产品或服务转化为企业内部的使用关系，厂商就可以用内部员工的忠诚度去替代纯粹市场关系下不可能存在的直接的信任关心，并弥补由于有关市场规范缺失、市场环境不健全所导致的机会主义行为。

延伸阅读 6-4："名不副实"的展会

展会作为会展的一种特殊形式，在产品泛滥、竞争激烈、宣传混乱的形势下，成为企业展示品牌形象和提高品牌知名度的必要手段之一，为企业所青睐。但是据有关人士统计，2006 年 9 月份在北京仅建材类的展会就有 4 场，国际饰博会，地面装饰博览会，五金商品博览会，时尚卫浴、建筑陶瓷及厨房设施展览会在京城轮番上演，然而这些展会却是伐善可陈，名不副实、空有其名成了这些展会最大的痼疾。

在农业展览馆举行的中国国际装饰艺术博览会上，在冗长枯燥的开幕仪式后进入展厅，里面的景象让人大跌眼镜：简陋的展位与小商品市场的摊位无异，参展商以民间艺人、小饰品生产商居多，他们向为数不多的参观者"兜售"的是在街边都能见到的饰品、工艺品，而价格却比一般商品高出几倍甚至十几倍，只有少数工艺品不常在市场上"露面"，如少数民族传统工艺制作的染画、价格不菲的动物毛皮刺绣等。一些专程慕名而来的参观者称此次饰博会是空有其名，还有不少参观者也大呼"上当"。以至于在展会现场除了到会嘉宾和极少的参观者外，更多的是参展商和一帮民间艺人在"自娱自乐"。

在国际展览中心的第七届国际地面装饰及地毯博览会现场，号称"国际性"地面装饰及地毯展览会实际只能算是中小企业亮相会，来自广东、河北、山东、哈尔滨、常州等地的二线品牌及一些不知名的杂牌充斥着整个展览会，其中的一些企业品牌在市场上根本没有知名度可言，而在国内国外比较知名的企业却难觅踪影。此外，除了绿色环保、无甲醛等老卖点，展会上也鲜见主办方所宣传的新产品、新技术。

在国际展览中心同期开展的第九届中国国际五金商品博览会和中国国际时尚卫浴、建筑陶瓷及厨房设施展览会在人气和整体水准上略胜一筹，由于专业性较强，两场展会的不少参展商和前来的参观者表示，这样的展会为同行企业之间搭建了交流的平台，提供了学习机会。

按照常规，凡是称为国际性的展会必须有 20% 的国际知名企业参展，否则就是不合格的展会。但是，目前展会市场不规范，行业性展会又具有自身的限制，造成如今展会市场是只见数量不求质量的现状。由此，也造成了主办方只赚钱，参展商无效果的尴尬局面。

第七届中国国际地面装饰及地毯展览会的参展商之一广东宜华地板负责人称，他们积极参加各种展会是为了寻求代理商和拓展销售渠道，借机宣传产品，扩大品牌影响力。"实际上大多数展会都是水分过多，一是没有达到主办方所声称的档次和规模，开展后才知都是和自己实力相当的企业，连学习国际企业的机会都没有；二是经常遇到参展商和工作人员比参观者还多的尴尬状况，没有人流量就根本谈不上提高品牌知名度。"

据了解，由于地板等建材类的展会专业性较强，普通市民很难弄清产品的特点，因此很难达到预想的品牌展示效果，花巨额费用参展却得不偿失的情况时有发生。某地板参展商就无奈地表示，一个标准展位的费用动辄成千上万，参加一场展会包括人力费和展位布置费等一般要花费近10万元，如果展览效果不好就等于白白亏损。面对越来越多的展会出现名不副实、大玩噱头的现象，有业内人士指出，一些办展企业为了盈利，滥竽充数、夸大其词进行招商，参展也没有门槛限制，这样的展会往往没有明确的主题定位，没有宣传力度，质量自然大打折扣。

资料来源：展会"扎堆"名不副实. 中国会展网 http://www.expo-china.com/hzzx/hzzx.asp? id = 13132, 2006 - 10 - 13.

（3）交易上的经济性

市场的运行或交易是有成本的，如果从市场中获取某种生产要素的成本非常高，那么，通过一体化，用指令的方式调拨资源就是一种合理的选择（Coase, 1937）[1]。同时，Coase 也指出，用指令配置资源的管理成本随着生产规模的扩大而递增，并且正是这种管理成本和市场交易成本的替代决定了（一体化）企业的规模或者边界。威廉姆森（Williamson, 1975）极大地发展了 Coase 的理论，将交易成本具体化了。[2] 在威廉姆森那里，资产专用性是一个核心的概念。专用性资产是特地为一家或几家交易对象所进行的投资，主要包括实物资本、特殊人力资本和场所专用性资产。专用性资产的关键之处在于，这种特异投资一经做出，交易双方就形成了双边垄断关系，使得双方都愿意在相互之间而不是与其他方进行交易。但是，这也会导致机会主义行为的出现，因为每一方都想尽可能多地获得由投资而导致的收益。这样，为了克服机会主义，交易双方可能进行纵向一体化。Klein 等（1978）将这种收益定义为专用性准租（Appropriable Quasi-Rent），其大小等于如果双方发生交易时专用性资产的价值和这种资产的机会成本之间的差异。[3] 可见，资产的专用性越强，专用性准租越大。如果一方做出了专用性投资，那么，在事后他必须将一部分准租让渡给对方，否则，对方可能会以不交易进行威胁。这种事后机会主义或者敲竹杠（Hold-Up）使投资者无法完全获得其投资收益，从

---

① COASE, RONALD. The Nature of the Firm[J]. *Economica*. 1937, 4：386 –405.

② WILLIAMSON O E. *Markets and Hierarchies：Analysis and Antitrust Implications*[M]. New York, Free Press, 1975.

③ BENJAMIN K, CRAWFORD R, ALCHIAN A. Vertical Integration, Appropriable Rents, and the Competitive Contracting Process[J]. *Journal of Law and Economics*, 1978, 21：297 –326.

而打击了交易双方进行专用性资产投资的积极性。为了解决这种问题，用纵向一体化的方式来代替市场交易行为就成为一种有效的治理结构（Governance Structure）。在会展领域中，会展投资同样是一种专用性资产，当这种专用性资产分属于厂商和会展企业的时候，机会主义及由此导致的交易成本就不可避免地产生了，为了解决这个问题，纵向一体化就成为某些厂商对会展产品或服务使用过程中的选择。

（4）提高进入壁垒

厂商进行战略决策要考虑诸多竞争因素，其中潜在的进入者会对现有企业构成威胁，如何提高进入壁垒就成为厂商无时无刻不考虑的问题。厂商通过对会展产品或服务进行纵向一体化的方式提高进入壁垒的作用表现为两个方面：①由于会展平台和服务是一种有效的产品质量等信息的传递机制，在厂商对会展产品或服务进行纵向一体化的情况下，一个新进入者必须同时进入与一体化有关的两个环节，而这会大大增加进入者投资的绝对规模。但是，根源于有限信息和机会主义，在资本市场上新企业或小企业的交易成本相对较高，资本市场对它们大量投资于新生产能力的行为会收取额外的风险保证金，而一种纵向一体化所需要的资金规模就将意味着这种额外的风险保证金比非一体化形式更高。① ②厂商通过对会展产品的一体化可以更为有效或更有针对性的利用会展平台，以创造出产品的差异化，这构成了进入壁垒的另一种形式。

四、纵向一体化的形式

下面，通过三种情况的分析来说明企业何时非一体化、部分一体化及完全一体化。②

假设 A 是一家未一体化的垄断厂商，为了提高进入壁垒，打算对会展产品进行纵向一体化。假设潜在进入者仅有可能在未来某一时期进入，而在当期厂商 A 不会遇到新进入者。

以 z 表示厂商 A 当期对会展产品实施纵向一体化的程度；$p(z)$ 为厂商 A 成功阻止潜在进入者进入的概率，是厂商 A 对会展产品或服务进行一体化程度的函数，并且 $\dfrac{dP(z)}{dz} > 0$；$\pi_1(z)$ 为厂商 A 的当期利润，且由于纵向一体化的缘故，当期利润有可能增大也有可能减少，即 $\dfrac{d\pi_1(z)}{dz} > 0$ 或 $\dfrac{dP(z)}{dz} > 0$。

---

① 钱德勒（Alfred D. Chandler, Jr, 2001）曾分析了制造业中纵向一体化所具有的提高进入壁垒的效应：

"除了原生金属冶炼企业之外，一个制造企业除非它已经建立自己广泛的销售组织，否则就无法变大或保持庞大。当需要有精确和周密的安排以便把成品送到大量销售的市场，或需要有专业化的分配设备和销售服务，从而保证大量生产得以进行时，老板就会采取这一步骤。旨在提供此种协调、设备和服务的分配和销售网络的建立，促成了大量生产者把生产和分配以及他们之间的市场交易诸程序内部化于一个单一的企业之内。这种内部化使管理协调有形之手能够比市场协调的无形之手更集约的使用投入生产和分配过程的资源。

这种管理协调反过来又筑起了一道防止进入的壁垒。大量生产和迅速的库存周转降低了单位成本。广告宣传和提供各种服务招来了日益增多的客户。竞争的公司除非也建立起自己的堪与匹敌的销售组织，否则是无法竞争的。"（小艾尔弗雷德·D·钱德勒. 看得见的手：美国企业的管理革命[M]. 重武译. 北京：商务印书馆，2001：426.）

② 本节有关模型参考了杨公朴. 产业经济学[M]. 上海：复旦大学出版社，2005：175 – 179.

则 π_2^{NE} 为如果将来某时潜在进入者不进入，厂商 A 的将来的利润；π_2^{E} 为如果将来某时潜在进入者进入，厂商 A 的将来的利润，并且，令 $\pi_2^{\mathrm{NE}} > \pi_2^{\mathrm{E}}$。

由此，厂商 A 利润的现值为

$$\overline{\pi} = \pi_1(z) + \frac{1}{1+r}\{p(z)\pi_2^{\mathrm{NE}} + [1-p(z)]\pi_2^{\mathrm{E}}\} \qquad (6-13)$$

r 为厂商的利润贴现率。厂商 A 在 $0 \leqslant z \leqslant 1$ 条件下最大化 $\overline{\pi}$，构造拉格朗日函数为：

$$L = \pi_1(z) + \frac{1}{1+r}\{p(z)\pi_2^{\mathrm{NE}} + [1-p(z)\pi_2^{\mathrm{E}}]\} + \lambda(1-z) \qquad (6-14)$$

由库恩 – 塔克条件，得：

$$\frac{\mathrm{d}\pi_1}{\mathrm{d}z} + \frac{1}{1+r}\frac{\mathrm{d}p(z)}{\mathrm{d}z}(\pi_2^{\mathrm{NE}} - \pi_2^{\mathrm{E}}) - \lambda < 0 \qquad (6-15)$$

$$z \geqslant 0 \qquad (6-16)$$

$$\left[\frac{\mathrm{d}\pi_1}{\mathrm{d}z} + \frac{1}{1+r}\frac{\mathrm{d}p(z)}{\mathrm{d}z}(\pi_2^{\mathrm{NE}} - \pi_2^{\mathrm{E}})\right]\lambda = 0 \qquad (6-17)$$

$$1 - z \geqslant 0 \qquad (6-18)$$

$$\lambda \geqslant 0 \qquad (6-19)$$

$$\lambda(1-z) = 0 \qquad (6-20)$$

根据以上这些条件，下面重点讨论以下三种情况。

（1）如果 $z = 0$，即厂商 A 不对会展产品或服务进行纵向一体化，则由式(6-20)知 $\lambda = 0$，则式(6-15)简化为

$$-\frac{\mathrm{d}\pi_1}{\mathrm{d}z} \geqslant \frac{1}{1+r}\frac{\mathrm{d}p(z)}{\mathrm{d}z}(\pi_2^{\mathrm{NE}} - \pi_2^{\mathrm{E}}) \qquad (6-21)$$

该不等式右边为正，所以，$\frac{\mathrm{d}\pi_1}{\mathrm{d}z} < 0$，直观上可以看出，由于未实现对会展产品或服务的纵向一体化，则厂商 A 当期利润出现减少，且减少量大于或等于未来时期的利润增量。

（2）当 $0 < z < 1$ 时，即厂商 A 仅部分地实现对会展产品或服务的纵向一体化，由式(6-20)知 $\lambda = 0$，进一步，由式(6-15)、式(6-17)可以得出：

$$-\frac{\mathrm{d}\pi_1}{\mathrm{d}z} = \frac{1}{1+r}\frac{\mathrm{d}p(z)}{\mathrm{d}z}(\pi_2^{\mathrm{NE}} - \pi_2^{\mathrm{E}}) \qquad (6-22)$$

由于等式右边为正，所以，$\frac{\mathrm{d}\pi_1}{\mathrm{d}z} < 0$，厂商 A 当期的边际损失等于未来时期的边际收益的现值。

（3）当 $z = 1$ 时，即厂商 A 完全地对会展产品或服务实行了纵向一体化，则由式(6-15)、式(6-17)可以得出：

$$\frac{\mathrm{d}\pi_1}{\mathrm{d}z} + \frac{1}{1+r}\frac{\mathrm{d}p(z)}{\mathrm{d}z}(\pi_2^{\mathrm{NE}} - \pi_2^{\mathrm{E}}) = \lambda > 0 \qquad (6-23)$$

如果 $\dfrac{\mathrm{d}\pi_1}{\mathrm{d}z}>0$，则该等式一定成立，此时的纵向一体化战略可以提高当期和未来时期的利润。当 $\dfrac{\mathrm{d}\pi_1}{\mathrm{d}z}<0$，但 $\left|\dfrac{\mathrm{d}\pi_1}{\mathrm{d}z}\right|<\dfrac{1}{1+r}\dfrac{\mathrm{d}p(z)}{\mathrm{d}z}(\pi_2^{\mathrm{NE}}-\pi_2^{\mathrm{E}})$ 时，等式依然成立，即厂商通过对会展产品或服务的纵向一体化降低了潜在进入者的进入概率，从而未来时期获得的利润增量现值弥补了当期的利润损失。

如果 $\dfrac{\mathrm{d}p(z)}{\mathrm{d}z}=0$，即纵向一体化对于潜在进入者是否进入不产生影响的话，那么，厂商在决定是否一体化时，就只能根据纵向一体化后当期利润的影响来进行决策。

延伸阅读 6-5：美特斯邦威服饰博物馆

2005 年 12 月 10 日，国内一家以展示民间服饰为主的博物馆——美特斯邦威服饰博物馆在上海开馆。

美特斯邦威集团公司始建于 1995 年。在当时激烈的竞争环境中，为了打响美特斯邦威品牌，赢得市场先机，集团董事长、总裁周成建亲开始关注历代服饰文化的传承，征集积累传统的民族服饰，建设美特斯邦威服饰博物馆，把中国历代包括各民族源远流长的服饰文化嫁接到美特斯·邦威品牌文化中去，以拯救逝去的瑰宝、典藏隽永的美丽、展示绚丽的服饰、接续品牌的文脉。

美特斯邦威服饰博物馆藏品丰富，陈列有汉族、畲族等三十多个民族的服装、织绣、银饰及织机、缝纫机、熨斗等 5000 多件贵重物品，还有宫廷服装等服饰精品，时间跨度从元代至今，每件藏品都蕴涵民族文化艺术的丰富内涵。

美特斯邦威集团建设美特斯邦威服饰博物馆的目的和宗旨是为了努力抢救和保护中华民族服饰文化瑰宝，弘扬民族精神，给后人留下些民族的记忆。同时，从企业发展角度出发，培育企业文化，促进企业发展，从打造"百年美特斯邦威"的发展大计出发，给企业品牌接续历史文脉，提供文化依托，为企业竞争注入文化活力和精神动力，形成企业与文化的互补互动。博物馆的建设对于保护历史文化遗产，凸显集团的文化形象，奠定"百年美特斯邦威"的文化基石具有深远意义。

如果说企业的经营是一种"炼金"，那么建设作为企业文化载体的博物馆则是一种"修道"。

资料来源：衣被天下，服美人间——美特斯邦威服饰博物馆开馆. 新华网上海频道 http://www. sh. xinhuanet. com/zhuanti/2005 -12/09/content_5778972. htm，2005 -12 -09.

第三节 会展产业横向一体化

一、横向一体化的内涵

横向一体化,也称水平一体化,是指两个以上生产或销售相同、相似产品的企业间的一体化行为,其目的在于消除竞争、扩大市场份额、增加一体化企业的垄断实力或形成规模效应。很显然,横向一体化会使市场集中度得以提高,而市场适度集中有利于企业发挥规模经济与管理协同效应,这也构成了企业横向一体化的重要动机。

自 Moody(1904)提出了一体化的最初概念,①经过一个世纪的发展,一体化不仅内涵在不断扩大,理论体系也在不断丰富和发展。由于横向一体化在并购浪潮的初期占了很大的比重,因此有关横向一体化的理论知识发展得比较早。并且,由于横向一体化在扩大生产规模、优势互补、达到规模经济的同时,也使企业更趋近于垄断的地位,因此,很多文章都是讨论横向一体化与垄断的关系。Salant、Switze 和 Reynolds(1983)研究了在 Cournot 市场竞争中作为一些厂商的子集合的横向一体化情况;②Levin(1990)则提出了一体化的稳定性条件,同时研究了横向一体化与利润和福利的关系。③

就企业进行一体化的动机而言,Stigler(1950)指出,横向一体化企业的典型行为是降低产量,提高产品价格,从而导致未参与一体化的外部企业趁机扩大产量,获取了一体化行为带来的利润,一体化的主要受益者是外部企业而非一体化企业,因此,企业没有一体化动机。④ Salant、Switze 和 Reynolds(1983)利用一个线性需求条件下同质产品成本对称企业的 Cournot 寡头竞争模型(SSR 模型),⑤研究了企业一体化的动机与效应,得出了类似于 Stigler 的结论。SSR 模型提出后,许多经济学家从规模经济和生产能力约束角度对其进行了修正。比如 Perry 和 Porter(1985)分析了企业存在一体化动机的条件,认为,在非对称企业情形下,若一体化产生规模效应,则规模小的企业具有通过横向一体化扩大规模的动力,即若企业的成本函数在一体化后有规模协同效应,则企业普遍存在横向一体化动机。⑤

---

① MOODY JOHN. *The Truth About the Trust*[M]. Moody Publishing Company, New York, 1904.

②⑤ SALANT, STEPHEN W., SWITZER, S., and Reynolds, Roberts J.. Losses From Horizontal Merger: the Effects of an Exogenous Change in Industrial Structure on Cournot-Nash Equilibrium[J]. *Quarterly Journal of Economics*, 1983, 98(2): 185 – 213.

③ LEVIN D. Horizontal Mergers: The 50-Percent Benchmark[J]. *American Economic Review*, 1990, 80: 1238 – 1246.

④ STIGLER G J. Monopoly and Oligopoly by Merger[J]. *American Economic Review*, 1950, 40(5): 23 – 34.

⑤ PERRY M K, PORTER R H. Oligopoly and the Incentive for Horizontal Merger[J]. *American Economic Review*, 1985, 75: 219 – 227.

二、横向一体化与市场支配力

1. SSR 模型

横向一体化涉及在同种业务活动中经营和竞争的多家厂商，横向一体化可以等同于一些追求利润最大化的厂商之间制定联合协议的过程，由此，一个一体化团体就成为与行业中剩余厂商进行非合作博弈的多工厂 Cournot（和 Bertrand）厂商。按照 Salant、Switze 和 Reynolds（1983）的研究思路[①]，假设一个产业中有 n 个完全相同的厂商，厂商以固定边际成本 c 进行生产，且所有厂商以 Cournot 模型[②]的规则进行产量竞争，此时，厂商面对的需求曲线是：

$$p = a - b\sum_{i=1}^{n} q_i \tag{6-24}$$

那么，在进行一体化以前，当 n 个厂商竞争达到 Cournot-Nash 均衡时，各厂商获得利润：

$$\pi_i = q_i(p - c) = q_i\left(a - c - b\sum_{i=1}^{n} q_i\right), i = 1, \cdots, n \tag{6-25}$$

式（6-25）中，利润 n_i 最大化一阶条件为：

$$a - c - b\sum_{i-1}^{n} q_i - bq_i = 0 \tag{6-26}$$

根据式（6-26），求解 Nash 均衡，容易得出均衡时各厂商的利润为：

$$\pi_i = \frac{1}{b}\left(\frac{a-c}{n+1}\right)^2 \tag{6-27}$$

若其中 m 个厂商一体化为一个厂商，其他厂商仍然独立进行生产。以 π^m 代表一体化厂商的利润，π_j^0 代表一体化行为发生以后未参与一体化行为的企业的利润。可知，在重新达到 Cournot 均衡时各厂商的利润为：

$$\pi^m = \pi_j^0 = \frac{1}{b}\left(\frac{a-c}{n-m+1}\right)^2 \tag{6-28}$$

从式（6-28）可以看出，未进行一体化的厂商的盈利状况因其他厂商的一体化行为而变得更好，原因就在于在 Cournot 模型规则下，它们对其他厂商的兼并行为做出了增产的反应，并且，在其所出售的每单位产品上获得了更多的利润。这也是 Salant、Switze 和 Reynolds（1983）在其论文分析中所得出的一个关键性结论。

---

① SALANT, et al. Losses From Horizontal Merger: the Effects of an Exogenous Change in Industrial Structure on Cournot-Nash Equilibrium[J]. *Quarterly Journal of Economics*, 1983, 98(2): 185-213.

② Cournot 模型的假定前提是：市场上只有两个独立的厂商，且生产的是同一种产品；在生产时都没有花费成本，都知道产品的需求曲线，并且知道它是线性的，都接受市场价格。每个厂商以追求最大利润为目的，认为对手的产量总是维护着前一时期的水平，所要决定的是每一时期中自己的产量。

进一步，令

$$g(n, m) = \pi^m - (m+1)\pi_i$$

$$= \frac{1}{b}\left(\frac{a-c}{n-m+1}\right)^2 - \frac{m+1}{b}\left(\frac{a-c}{n+1}\right)^2 \tag{6-29}$$

根据 Salant、Switze 和 Reynolds(1983)的分析，从式(6-29)可以得出如下几个方面的结论：

(1) 如果没有一体化行为发生，厂商利润就不会发生变化，即

$$g(n, 0) = 0, \quad n = 2, 3, \cdots \tag{6-30}$$

(2) 对于进行一体化的厂商而言，一体化会导致其利润水平的下降，即

$$\frac{\partial g(n, m)}{\partial m} = \frac{(a-c)^2}{b}[2(n-m+1)^{-3} - (n+1)^{-2}] \tag{6-31}$$

进一步，知：

$$\left.\frac{\partial g(n, m)}{\partial m}\right|_{m=0} < 0 \tag{6-32}$$

也就是说，在 Cournot 模型竞争规则下，参与一体化的企业数量越多，一体化厂商的利润损失也就越大。Salant、Switze 和 Reynolds(1983)的具体分析表明，如果 $n=12$，那么，7 个厂商进行一体化将会出现利润的最大损失。

(3) 但是，一体化导致的垄断总是有利可图的，原因就在于，此时外部厂商不复存在。即

$$g(n, n-1) > 0 \tag{6-33}$$

Salant、Switze 和 Reynolds(1983)的具体分析表明，如果存在 6 个或更少的企业，那么只有企业全部厂商参与一体化才能有利可图。如果存在 7 ~ 11 个厂商，那么若要使一体化厂商有利可图的话，则至多有一个厂商可以被排除在外。

(4) 而更进一步的分析则表明，对于任意数值 n，低于 80% 数量的企业参与一体化是没有盈利可言的。并且，在 SSR 模型中，即使一体化可以引起由于规模效应而使效率提高，依然会使得利润发生损失。

2. 市场支配力

Salant、Switze 和 Reynolds(1983)的分析还得出了其他颇具理论和现实深度的结论，但是，SSR 模型主要解释了厂商追求横向一体化过程中获取足够市场势力的动机，即在一体化形成完全垄断时，厂商总是盈利的。持有这种一体化动机的厂商是想通过横向一体化减少竞争对手来增强对经营环境的控制，提高市场支配力，使厂商获得某种形式的垄断或寡占以及由此带来的垄断或寡占利润。杨公朴(2005)[①]认为，横向一体化对市场势力的影响主要通过市场集中度来实现，即通过市场集中达到扩大市场和操纵市场的目的，其具体途径包括：

---

① 杨公朴. 产业经济学[M]. 上海：复旦大学出版社，2005.

①通过横向一体化减少竞争对手；②横向一体化引起市场集中，导致厂商之间容易形成共谋；③实现跨地区垄断，即在一个地区内经营比较好的厂商在受市场规模的限制而难以达到扩大经营的目的时，把势力打进其他地区同类行业，占据另一个地区市场，以达到加强垄断的目的。上述动机也是会展企业进行一体化的主要动机。

就会展行业而言，随着会展行业市场竞争的加剧，追求市场支配力对会展企业的横向一体化来讲就成为一个明显的动机。如果某一会展企业实现了对同一产业中的其他所有会展企业的一体化，那么，幸存者就在该产业中处于独家垄断地位，它将能够通过各种方式来控制会展产品的价格、服务等，以实现自身利益的最大化。因此，基于追求市场支配力目的的会展企业之间的横向一体化行为成为会展市场中的一种重要现象，在备受瞩目的第四届中国国际软件和信息服务交易会上就同时举办了8个大规模的行业信息化会议，获得了明显的市场势力。

第四届中国国际软件和信息服务交易会在一个展会上能够极具针对性地面向不同的重要行业同时举办8个大型的行业会议，堪称开中国展会运作之先河。这8个至少在200人以上的大型行业信息化会议涉及中国机械制造业、林业、物流行业、零售业、财会行业、金融行业、教育行业和软件产业，而举办数量繁多的行业活动，好处不言自明。首先必然是专业观众数量由此陡然增加，而行业权威机构的参与、行业高水平信息化会议的举办则将以倍乘效应间接为展会带来更多的专业观众；其次则是软交会自身市场影响力的大幅度提升，高水平行业信息化会议的举办，往往指引着行业信息化的趋势走向，这显然将促使相关各个行业、各层面的信息化专业人士关注发自软交会的每一个声音，从而为展会影响力带来几何级数的扩展效应。

延伸阅读6-6：第四届中国国际软件和信息服务交易会

第四届中国国际软件和信息服务交易会于2006年6月21至25日在大连世界博览广场举行，中国国际软交会是由国家商务部、信息产业部、教育部、国务院振兴东北办、科技部、辽宁省政府主办，大连市政府承办的，是经国务院批准的国家级软件交易会。该届软交会的主题为"自主创新，国际合作"，国际知名跨国公司和国内600余家软件和信息服务企业共聚大连，围绕行业应用、人才交流等5大板块内容，展开为期4天的近30场论坛和各式交流活动。展会的主论坛——"全球软件和信息服务高层论坛"也同时举行，同时，中国软件自主创新论坛、中国国际软件和信息服务外包年会、中国国际IT人才教育培训高峰论坛、中国软件和信息服务投融资论坛、中国IT人才招聘大会等近30项活动也在展会期间陆续进行。

在展会现场，30 000平方米的巨大展厅被微软、英特尔、惠普、IBM、日立、SAP、朗讯、甲骨文、GE、西门子等跨国公司，以及东软、联想、用友、金蝶、中星微电子等国内知名信息服务企业所分割。来自辽宁、北京、重庆、深圳、南京等近20个省市以组团形式参加了本届展会。软交会对信息产业发展的拉动作用已逐步得到业界认可，业已成为中国会展百强展会之一。

2005 年 8 月 29 日，由中国国际贸易促进委员会（中国贸促会）牵头，联手国内 7 家企业并与纽伦堡国际展览有限公司合作举办的面向中国大陆企业的自有品牌展会——"纽伦堡亚洲消费品、礼品及家庭用品贸易展览会"（Asia Styles）正式登陆德国，展会面积达到 12 000 平方米，迈出了中国在海外举办自有品牌展的第一步。紧接着在 9 月 12 日，由中国机电产品进出口商会和励展德国公司联合主办的首届杜塞尔多夫中国汽配、家电、五金及卫浴产品展也成功开幕，吸引了 31 个国家和地区的 3000 多名专业客商，参展的中国企业有 130 家，展出面积达 6000 平方米。① 正是在一体化的方式下，这两个会展在实现了一定市场规模的同时获取了市场势力，而由德国中型展览公司牵手中国二级会展城市——南京形成的欧洲户外用品展（Out Door）亚洲版则更是通过一体化方式获得了明显的市场势力。"欧洲户外用品展"是由德国弗里德里希港展览公司于 1994 年创办的展会，已经成为世界两大户外用品展之一。此次由德国弗里德里希港展览公司主办的"2006 亚洲户外用品展览会（Asia Outdoor Tradefair 2006，简称 Asia Outdoor）"于 2006 年 8 月 23 日至 26 日在南京国际展览中心举行，并且，弗里德里希港展览公司准备用两年时间，把南京亚洲户外用品展打造成继美国盐湖城、德国弗里德里希港之后的国际第三大户外用品展，南京亚洲户外用品展的市场势力将更为明显。②

此外，获取跨地区的市场势力也是会展业一体化的动机之一。中国国内会展业的发展潜力吸引了国际会展巨头的投资目光，2006 年 8 月 29 日，世界最大会展主办商——英国励展博览集团宣布，将收购中国医药集团下属公司——国药展览有限责任公司 50% 的股份，该公司同时更名为"国药励展展览有限公司"。这是中国展览界首个由国有企业与境外公司携手打造的合资项目，新公司日后将有权举办国内 11 项药品和医疗设备的展览业务。对于励展集团而言，虽然励展博览早在 1983 年就已进入中国市场，然而至今其中国业务只占业务总量的 3%，此次一体化扩张行为有望为其拓展在华业务打开全新突破口。作为中国最大的医药企业——中国医药集团总公司的全资公司，国药展览公司目前承担了包括全国药交会、新特药展会等一系列国内大型医药类展会。励展博览集团每年在全球 30 多个国家举办超过 430 个大型展览会，2005 年营业收入为 7.7 亿美元，此次收购，励展博览完全是看中了中国不断增长的会展业市场规模。另据有关数据显示，近年来中国会展业市场以每年 20% 的速度递增，此前，国际市场服务集团 WPP 首席执行官 Martin Sorrell 曾预测，中国在未来 3 年里有望成为继美国之后世界最大会展市场。而对于国药展览公司而言，此次合资对公司内部的其他合作计划也将起到重要作用，通过与励展博览集团所属的 Reed Elsevier 集团的健康科学部门的合作，将使国药展览公司进军国际市场，并有望在全球开发众多医疗行业会展新项目。③

①② 杨斌. 2005 年度中德会展业交流与合作回放［J］. 中国会展，2006，（3）：44 - 46.
③ 全球会展老大英国励展收购国药展览 50% 股权［N］. 第一财经日报，2005 - 8 - 30.

三、横向一体化的效应

1. 规模经济效应

(1) 规模经济

规模经济是指产品的单位成本随着生产规模的扩大而逐渐降低的现象，可以分为工厂规模经济和企业规模经济两种形式。前者是在生产同种产品和一定技术装备水平下，伴随着生产能力的扩大而形成的生产成本降低或收益递增；后者则表现为由于经济规模扩大而带来成本的节约。通过横向一体化，厂商能够获得规模经济效应，从而导致成本降低。从微观层面上来看，厂商间的横向一体化引起的规模扩大导致特定生产要素的重新组合，而从更高层次上来看，则厂商规模的扩大通过管理费用的分摊、营销资源的综合利用、原材料购买的批量采购及融资能力的提高等途径实现了成本的降低。

经验研究也证明了横向一体化的确存在规模经济的动因。Bain(1951)对企业规模和利润率的关系做了开拓性的研究，明确提出了企业规模影响利润率的观点，他计算出42个工业部门最大规模的8家企业在该工业部门的集中度，并比较了8家企业的利润率与部门平均利润率之间的差异，说明企业规模对利润率的影响程度。统计数据结果显示，8家企业销售额超过该工业部门70%以上的集中度时，可以获得比集中度在70%以下的工业部门更高的平均利润率。[①] 而根据Stigler(1950)的研究，只有当所有企业拥有完全相同的资源时，一个产业才会只有一个最佳规模。现实中既然各企业使用种类不同、质量不同的资源，最佳的企业规模必然存在多个，存在一个范围。例如，汽车产量从1万辆增加到5万辆，单位成本下降30%，再增加到10万辆，又下降15%，增加到20万辆时再降10%，增加到40万辆则单位成本仅下降5%。40万辆以后，成本几乎不可能再继续下降。因此，一般得出汽车企业的最佳规模是年产量30万~40万辆左右。[②]

(2) 横向一体化的规模经济效应

虽然SSR模型能够解释获取足够市场势力是企业追求横向一体化的动机，然而却无法解释其他横向一体化的动机，其原因就在于，在SSR模型的分析中，假设多个厂商进行一体化以后，不存在成本方面的节约，并且，$m+1$个厂商在一体化以后在市场上共同生产与没有参与一体化的独立的厂商相同的产量，这相当于m个厂商在市场中消失(杨公朴，2005)[③]。实际上，厂商在一体化过程中会由于规模经济的存在或协同效应的存在而导致边际成本的降低，而在引入成本节约因素时，厂商横向一体化后的盈利状况将得到明显得改善，其一体化

① BAIN J S. Relation of Profit to Industry Concentration: American Manufacturing, 1936-1940[J]. *Quarterly Journal of Economics*, 1951, 65: 293-324.

② STIGLER G J. Monopoly and Oligopoly by Merger[J]. *American Economic Review*, 1950, May: 23-34.

③ 杨公朴. 产业经济学[M]. 上海：复旦大学出版社，2005.

动机也就十分突出。

在 SSR 模型中，如果考虑规模效益时，厂商进行一体化可以实现盈利。[①] 假设厂商因一体化产生了规模效益使得厂商边际成本水平下降至 c'，然后一体化厂商与其他仍然独立生长的厂商之间进行产量竞争。则解得厂商的利润为：

$$\pi^m = \frac{1}{b}\left[\frac{a - (n-m+1)c' + (n-m)c}{n-m+1}\right]^2 \qquad (6-34)$$

$$\pi_j^0 = \frac{1}{b}\left(\frac{a-2c+c'}{n-m+2}\right)^2 \qquad (6-35)$$

则 $\pi^m \geq m\pi_i$ 的条件为：

$$c' \leq \mu a + vc$$

其中

$$\mu = \frac{n+1-\sqrt{m(n-m+2)}}{(n+1)(n-m+1)}$$

$$v = \frac{(n-m)(n+1) - \sqrt{m(n-m+2)}}{(n+1)(n-m+1)} \qquad (6-36)$$

也就是说，当一体化厂商的成本水平满足式（6-36）时，厂商的一体化行为才是有利可图的。因此，能够通过一体化行为达到规模效应以降低成本的厂商才会有动力采取一体化策略。否则，就会像传统 Cournot 模型显示的那样，一体化反而会导致厂商利润的下降。

在会展行业中，为了实现规模经济效应，会展企业之间的一体化行为日益频繁。根据美国独立展览主办者协会对美国展览市场的出售收购等行为所做的一项调查显示，1998 年全美共有 30 个展览会实现了交易，成交额超过 100 万美元的展览会占了 85%，而在 1998 年前的五年里，一共只有 78 个展览会实现了交易，成交额超过 100 万美元的只占了 32%。[②] 会展企业的横向一体化有利于扩大会展企业规模，实现规模效益，同时又可以使统一会展企业经营多个展会或多个会展中心，实现范围经济。[③]

规模经济产生的原因是劳动分工、专业化等因素的出现，就会展行业的规模经济来说，目前，我国会展企业众多，但大多规模比较小，而且大多数企业从会展组织、会展管理到接待、服务、策划、宣传都由本企业独立承担，无法形成专业化分工，这样的产业组织状况必然导致企业经营成本的增加、利润降低。因此，虽然会展行业是利润率极高的产业，但是我国大约有三分之一的展会是不赚钱的。[④] 通过横向一体化则可以迅速扩大会展企业规模，提高会展行业集中度，并通过一体化企业内部的分工协作实现生产要素的优化组合和最优配置，以降低会展企业的成本开支，提高其利润率。

---

① 房晶. 横向兼并成因的理论研究[J]. 上海电机技术高等专科学校学报, 2002, (3)：35-37.

② 数据转引自：刘大可, 王起静. 会展经济学[M]. 北京：中国商务出版社, 2004：112.

③ 范围经济是指由厂商的范围而非规模带来的经济, 范围经济理论的主要思想是, 如果联合生产几种产出的支出比分别生产它们的支出要少, 那么就称联合生产存在范围经济。

④ 数据转引自：刘大可, 王起静. 会展经济学[M]. 北京：中国商务出版社, 2004：113.

（3）横向一体化的范围经济效应

范围经济是与规模经济密切相关的一种经济形态，从产业或企业发展的角度来说，新古典经济学的范围经济与产业竞争力的结合是企业竞争优势形成的关键路径。所谓范围经济，是指由厂商业务范围而带来的经济，即当同时生产两种产品的费用低于分别生产每种产品时，所存在的状况就被称为范围经济。只要把两种或更多的产品合并在一起生产比分开来生产的成本要低，就会存在范围经济。

而就会展范围经济而言，会展业产生范围经济的原因在于：

"首先，许多展会之间存在着某些重要的相互关系，那么一个会展公司在经营一个展会的同时也可以经营另一个展会。如某会展公司经营一个综合性的会展，此综合性展会中展示了机械类、电子类、服装类、医药类产品，那么这个会展公司也可以举办单个的机械展、电子产品展、服装展、医药用品展，因为这个综合类展会和相关的专业展会之间有着密切的关系，如参展商、营销网络。

其次，管理经验和经营理念可以共享。虽然不同类型的展览会的具体服务对象不同，但在展览会的组织运作和经营管理上却具有共通性，在一个展会上运营成功的管理模式完全可以移植到另一个展会上。

再次，如果一个展览会具有品牌价值，那么同一家会展公司在举办其他会展时就可以借助原有展会的品牌优势，获得有利的市场营销条件。而且不同的展会还可以同时利用一个品牌进行联合营销，从而降低每个展会的营销成本。

最后，一个会展公司经营多个展会还可以使许多公共资源实现共享。如人力资源在各个展会之间属于共享资源，每个展会对展览管理人员、服务人员的基本素质要求是一样的。另外，会展公司与相关企业、政府机构所建立的良好合作关系也会为该公司所举办的各个展会提供便利条件，如优先获得场馆的租用权，较容易获得某个展会的举办权，等等。因为展会之间总会存在着各种各样的联系，当由一个公司经营多个展会比多个公司分别经营各个展会的成本更低时，就说明存在范围经济。"①

目前，我国会展业中存在的一个突出问题是重复办展现象严重。在2004年11月大连举办的国际裘皮展上，竟有1/3的摊位是小食品和干杂货，2005年2月举办的国际花卉展，展场内只有两个摊位摆出花卉，整个展会唱起了"空城计"。正如有人所说：如今有不少展会成了挂羊头卖狗肉的"大杂烩"。②而2006年大连市报送的136个展览项目中，完全同类的题材达14个，另有47个展会题材雷同、时间相近、互相冲击，分散了大连市会展资源，扰乱了会展市场，使品牌展会难以做大做强。另外，即使在已经举办的展会中，仍然有一些展会规模太小、档次很低、名不副实，使参展商不得不到处投诉，给大连市会展业造成不良影响。而在会展业健康发展的香港和上海，会展业靠的不是数量，而是质量。其中，作为世界会展业中心的香港，现在一年的展会也就80个，仅

① 刘大可，王起静. 会展经济学［M］. 北京：中国商务出版社，2004：113－114.
② 大连市政府今年减掉30个展会，为"浮肿"会展业瘦身［N］. 人民日报，2006－10－19.

香港贸发局举办的 31 个展会中，就有 7 个是亚洲最大的展会。[1]

重复办展不仅造成了资源的极大浪费，而且使得会展效益低下，难以达到预期效果。在这种情况下，一方面需要注重会展的科学规划、合理布局，取消一些不必要的会展，提升展会的质量；另一方面要注重整合，在产业结构调整中，有条件的企业通过收购、一体化等方式壮大实力，逐步提高企业的组织规模和竞争力。即实力强的会展企业以资本为纽带，通过收购、一体化、特许经营等多种形式，整合不同部门、地区、所有制的会展资源（人才、硬件设施、营销网络等），组建大型会展企业集团，发挥龙头带动作用，逐步形成市场化、产业化、规范化的运作模式，做大做强会展业。

2. 管理协同效应

（1）生产能力约束

现在引入生产能力约束因素，对 SSR 模型进行扩展性分析。[2] 如果不考虑规模效应，从前文的分析中已得出：厂商参与一体化会损害自己的利益，而未参与一体化的厂商因其他厂商的一体化而获利，因此，每个厂商宁愿等待而不会积极地参与一体化。但是当考虑厂商生产能力约束条件的时候，上述结论就不再是必然的。在现实中一体化发生后，未参与一体化的厂商往往不能及时地调整生产能力而生产低于最优水平的产量，一体化厂商却因生产能力的结合占据着优势，进而有产生规模效益的可能。

假定三个规模相同的厂商具有相同的生产能力，而且生产能力形成后便固定下来。考虑两个阶段：第一阶段，各厂商充分利用了其生产能力进行产量竞争，第二阶段，其中两个厂商一体化，在生产能力约束的条件下一体化厂商与未参与一体化的厂商进行产量竞争。

第一阶段的博弈结果为：

$$q_i = \frac{a-c}{4b}, \quad \pi_i = \frac{(a-c)^2}{16b} \tag{6-37}$$

各厂商的生产均以生产能力 K 为限，即 $q_i = K$。

无生产能力约束时一体化后的均衡产量、利润分别为：

$$q_i' = \frac{a-c}{3b}, \quad \pi_i' = \frac{(a-c)^2}{9b} \tag{6-38}$$

此时有 $K < q_i' < 2K$，说明参与一体化的厂商由于生产能力的限制无法在一体化后生产最优产量（因为 $q^0 \leqslant K < q_i'$)，它的最优选择是按照自己的最大生产能力进行生产。于是，在第二阶段，一体化的厂商在未进行一体化厂商产量给定的情况下使其利润最大化：

$$\max \pi^m = q^m [a - b(q^m + q^0) - c]$$
$$\text{s. t.} \quad q^0 \leqslant K \tag{6-39}$$

---

① 孔庆蕾. 136 个报送项目 47 个雷同[N]. 大连晚报, 2006 - 09 - 16.

② 有关内容参阅：房晶. 横向兼并成因的理论研究[J]. 上海电机技术高等专科学校学报, 2002, (3): 35 - 37.

由一阶条件得:

$$q^m = \frac{a - c - bq^0}{2b} = \frac{3}{8} \frac{(a-c)}{b} < 2K \qquad (6-40)$$

显然,$q^m > q_i'$,说明一体化厂商的产量超过了无生产能力约束时的均衡产量。则参与一体化的厂商与未进行一体化的厂商的利润分别为:

$$\pi^m = \frac{9(a-c)^2}{64b}, \ \pi^0 = \frac{3(a-c)^2}{32b} \qquad (6-41)$$

进一步,则有:

$$\pi^m - 2\pi_i = \frac{(a-c)^2}{64b} > 0, \ \pi^0 - \pi_i = \frac{(a-c)^2}{32b} > 0 \qquad (6-42)$$

这表明厂商的利润增加了。因此,有生产能力约束的厂商与无生产能力约束的厂商相比更具有一体化的动力(房晶,2002)[1]。并且,当厂商的生产能力扩充受到一定限制时,即使没有规模效应,厂商依然普遍存在横向一体化的动机(张地生等,2001)[2]。另外,需要注意的是,一体化的外部效应依然存在,只不过在生产能力约束存在的情况下,这种负面效应受到了限制。而当市场上仅有少数几个势均力敌的具有相近生产能力的厂商,如果他们已经达到了适度的生产规模的话,那么生产能力约束就不会成为厂商进行一体化的动力,各厂商宁愿采取等待对手进行一体化的策略。

通过在 SSR 模型中引入生产能力因素进行分析可以发现,生产能力约束是企业进行一体化的潜在动力,而且生产能力高的厂商之间更容易产生一体化行为(房晶,2002)[2]。那么,生产能力高的厂商之间进行一体化所带来的厂商利润方面收益的来源是什么呢?本书将结合会展业中的一体化现象从如下两个方面进行分析,即管理协同效应和品牌扩张效应。当厂商面临生产能力约束的时候,一体化行为中的这两个方面的因素可以使厂商突破原有的生产能力约束线,实现生产能力的提高以及利润水平的提升。在本小节,本书着重讨论会展业一体化行为中的管理协同效应,品牌扩张效应则放在下一小节专门讨论。

(2)管理协同效应

所谓管理协同效应,是指当两个管理能力具有差别的厂商发生一体化之后,一体化后的厂商将受到具有强管理能力厂商的影响,从而表现出大于两个单独厂商管理能力综合的现象,其本质是一种合理配置管理资源的效应(赵琳等,2001)[4]。即在存在两个管理效率不同的厂商时,在高管理效率的厂商对低管理效率的厂商实现了一体化以后,低管理效率的厂商的管理效率得以提高,其生产能力及利润水平也会得以提升。

从管理学角度来看,谋求管理协同效应是厂商进行一体化的重要动因之一,而且它能够为厂商带来十分显著的经济效益,而这种效应的产生机理与组织经验和组织资本密不可分。

①③ 房晶. 横向兼并成因的理论研究[J]. 上海电机技术高等专科学校学报, 2002, (3): 35 - 37.
② 张地生,陈宏民. 横向兼并动机分析[J]. 管理工程学报, 2001, 15(4): 1 - 4.
④ 赵琳,王湛. 论企业兼并中的管理协同效应[J]. 价值工程, 2001, (6): 43 - 45.

即管理能力作为厂商的一种重要的生产要素，其培育、保存及发展取决于厂商的组织资本和组织经验的高低。组织经验是"在企业内部通过对经验的学习而获得的雇员技巧和能力的提高。"①根据组织经验所适用的管理领域的不同，赵琳等（2001）将其分为三种类型②：①一般性管理的组织经验，它适应于一般性的管理活动，如预测、组织、协调、控制及普遍的财务管理等；②行业专属性管理的组织经验，它是与某种特定的行业生产、经营的管理特点密切相关联的；③非管理性质的组织经验，它适用于非管理性质的劳动投入要素领域。而组织资本（Organizational Capital）是指厂商所专属的信息性资产，包括单个管理者和工人经过学习所获得的经验中的一部分，以及由专属信息性资产所产生的团队效应（Rosen, 1972; Prescott & Visscher, 1980）③。组织资本随时间而积累，主要包括：在分配给雇员适当任务和组成雇员小组时使用的信息，以及每位雇员获得的关于其他雇员和该组织的信息。赵琳等（2001）将组织资本分为如下三种④：一是体现在员工身上的组织资本；二是雇员与其工作的匹配信息；三是工人与工人的匹配信息。当企业组织资本与组织经验相结合之后，就形成了企业的管理能力，在生产、经营中发挥着管理、控制的作用。为此，赵琳等（2001）也将管理能力按其专属性的不同分为一般管理能力、行业专属管理能力、企业专属非管理人员的能力⑤。当场上一体化发生时，第一种和第二种管理能力就有可能从"密度"较高的厂商，转移到"密度"较低的厂商中，从而实现人力资源—管理能力的最佳配比，提高一体化后厂商整体的管理水平，实现了管理协同效应。

在会展业中，追求管理的协同效应也成为会展企业一体化中的重要因素。由于会展行业具有专业化的组织经验和组织资本，并形成了专业化的管理能力，会展行业横向一体化所带来的管理协同效应来源于以下几个方面。

第一，管理能力"密度"较高的会展企业通过对管理能力"密度"较低的会展企业输出管理能力提升了后者的管理能力，进而提升了一体化后会展企业的盈利能力。上海世博（集团）投资威海国际商品交易中心即是明显的一例。2005年6月17日，上海－威海会展项目合作签字仪式在上海世博（集团）有限公司举行。这是世博集团成立会展管理总部后，首次以资金加管理输出方式对外投资的会展合作项目。根据合作协议，上海世博（集团）有限公司与上海国际展览中心有限公司、威海万龙会展有限公司共同投资组建威海国际会议展览中心管理有限公司。该合资公司接受威海市政府委托，将经营管理威海国际商品交易中心。

上海世博（集团）投资其他场馆所进行的一体化过程具有明显的管理协同效应，具有高"密度"管理能力上海世博集团通过一体化的方式将其管理能力向低"密度"的会展企业输出，不仅使后者的管理能力得以提升，而且提升了一体化后会展企业的实力。上海世博（集团）有

① 弗雷德·威斯通等. 兼并，重组与公司控制[M]. 北京：经济科学出版社，1999：80.

②④⑤ 赵琳，王湛. 论企业兼并中的管理协同效应[J]. 价值工程，2001，(6)：43－45.

③ ROSEN S. Learning by Experience as Joint Production[J]. *Quarterly Journal of Economics*, 1972, (8)：366－382. PRESCOTT E C, VISSCHER M. Organization Capital[J]. *Journal of Political Economy*, 1980, 88(5)：446－461.

限公司于 2004 年 2 月 18 日成立，公司注册资本 11. 1 亿元人民币，集团的发展目标是：办一届成功、精彩、难忘的世博盛会，并在"办博"中锻炼成长，从而成为现代服务贸易的旗舰企业。世博集团会展板块业务主要包括：来沪国际展览、出国展览、国际会议、展览场馆投资和管理、展览搭建、展览广告、展览运输和展览旅游等。其中，集团所属会展公司在来沪国际展览业务上占有相当重要的地位和市场份额。就项目数量而言，集团所属展览公司占展览项目总数的 40%；就展览总面积而言，世博集团所属展览公司占展览总面积的 45%。近 5 年集团展览收入年复合增长率达到 28%，展览面积的年复合增长率达到 18%。世博集团会展业务板块在场馆投资经营业务上已具备了一定的优势，尤其在场馆管理输出方面已有成功的经验，在国内已树立了一定的品牌和领先优势。在展览场馆投资管理方面，集团参与投资建设了展览面积约 6 万平方米的上海汽车城会展中心，集团所属上海市国际展览公司投资、管理了上海国际展览中心、宁波国际会展中心等。本着上海服务全国的理念，世博集团还将选择国内一些新兴会展城市进行场馆管理输出，场馆管理输出业务将成为继组展业务之后重要的业务增长点之一。同时，2010 年上海世博会需要一支专业化的运营管理团队，而通过这种管理输出的方式，可以汇聚全国各地的优秀人才，经过 4 ~ 5 年的时间培养和储备一支专业化的场馆运营队伍，为 2010 年上海世博会服务。①

第二，由于组织资本和组织经验的形成需要长时间的积累，因此，管理能力缺乏的会展企业多为产生时间比较短的会展企业，其有形增长比管理能力的增长更快；而管理能力过剩的会展企业则通常为已经经过较长时期的发展，其发展速度可能已经大为下降。在这种不同会展企业发展的不同的阶段，通过一体化行为，可以在不同发展发展阶段的管理能力和市场成长方面取长补短，以使得两类会展企业获得发展。

2005 年 3 月，科隆展览公司首届"科隆国际五金博览会/亚太家居、园艺及消费品博览会"吸引了来自亚洲地区尤其是中国的共 549 家参展企业。该展会是在科隆展览公司将原来的科隆五金博览会改为两年一届后新创立的，逢单年举办。科隆展览公司准备利用科隆五金展的知名度和重要的客户资源，培育一个规模较大的独立的"亚洲资源"展，在首届展会中，有 399 家企业来自中国内地，占企业参展总数的 72.7%。由法兰克福展览公司在威斯巴登的全资子公司——法兰克福 MFA 公司为亚洲企业量身定做的消费品展览会"奥芬巴赫亚洲生活精品展（Asian Living）"于 2005 年 2 月在奥芬巴赫展览中心首次举办，展出面积约 1825 平方米，中国参展商 120 家，该展会与法兰克福春季国际消费品展（Ambiente）同期举办。② 这两个会展以展会复制的形式，一方面实现了对新会展的管理输出和协同，另一方面实现了市场的扩张。而中展集团与慕尼黑展览公司续签的京慕公司合资协议则从另一个角度实现了会展一体化中的管理协同效应。1995 年，慕尼黑展览公司和中展集团成立了中国展览业内第一

① 上海世博集团牵手威海，会展合作服务全国. 在线国际商报：http://www.ibdaily.com.cn/show.asp？id = 102098，2005 – 6 – 20.

② 杨斌. 2005 年度中德会展业交流与合作回放[J]. 中国会展，2006，（3）：44 – 46.

家合资公司——京慕国际展览有限公司，合资期限为十年，双方分别持有 51% 和 49% 的股份。2005 年 2 月，中展集团与慕尼黑展览公司续签了京慕公司下一个十年的合资协议，协助中国企业前往慕尼黑参展。京慕公司的成立使中展集团近距离接触到了国际展览巨头先进的办展理念和管理经验，也使慕尼黑展览公司麾下的众多展会得以在中国市场迅速推广。[①]

　　国外众多的知名会展现在已经形成了相当的规模，而且形成了这样一个趋势，即越是发达地区，会展的专业性越强，也越具有雄厚的管理能力。通过一体化形式可以打造会展管理经验传输的综合平台，实现管理协同效用，因此，国外会展特别注重适应行业发展需求动态整合不同展会题材，适时通过新立、分列、拓展和合并等方式调整会展题材，以实现管理能力的共享，使会展始终保持强大的生命力。2004 开始 INTERKAMA（过程控制自动化和制造自动化工业展）亮相汉诺威工业博览会，实际上等于两个展会的合并，合并后的汉诺威工业博览会覆盖面更广，题材更加完善，而作为 INTERKAMA 则可以利用汉诺威工博会更加庞大的客户资源和影响力，这种强强联合受益的首先是过程控制自动化和制造自动化行业，行业的受益理所当然会反作用到会展的运作，形成良性互动。纽伦堡玩具博览会主办方在 2004年的展会中曾把"户外产品是否单独设置专区"放在观众调查中的征求观众意见栏目，结果显示，53% 的专业观众和购买者对户外这个专区特别感兴趣。因此，主办方快速做出反应，在 2005 年的博览会中，把户外休闲列为独立的产品专区。[②]

延伸阅读 6 - 7：联合的中国式方程

　　随着国内市场开放以及国际会展企业和会展品牌的进入，我国会展市场竞争逐渐加剧。面对国际会展企业的竞争，我国会展业通过并购与合作做大中国展览市场，积累优势，壮大自己。

1. 中外展览企业并购

　　并购是提升公司业绩的有效方法，通过股份制的办法，可以把各方相关的利益具体量化成货币和股份，以期达到会展项目整合、资本运作和将各方利益最大化的目的。1995 年我国第一家合资公司京慕国际展览有限公司在京成立，它是由国际展览会服务公司（IMAG）和中国国际展览中心（CIEC）共同组建的，是中外合资第一案。在此之后又有很多的中外合资的展览公司成立，其中以 2005 年 8 月国药励展展览公司成立、10 月广州光亚展览公司与法兰克福双方拿出资本资源共同合办照明展、以及法兰克福展览公司以50.1% 控股光亚展览公司为会展业历史上一个标志。对于此类会展企业间并购，合作双方均表示，合作是使合作双方优势互补和资源共享。

---

　　① 杨斌. 2005 年度中德会展业交流与合作回放[J]. 中国会展, 2006, (3)：44 - 46.
　　② 王及. 会展需打通产业链建造综合平台[N]. 经济日报, 2006 - 06 - 02.

2. 中外展览项目并购

展览项目合作在我国已经被广泛采用，在民企与外企之间的收购与兼并比较常见。杜塞尔多夫收购雅式橡塑展，是通过收购一个成熟的品牌展会的一定份额而成为其股东之一。杜塞尔多夫中国公司行政总裁冯培喜说："在与我公司合作之前，雅式国际橡塑展已经举办了15年，并已经取得了亚洲橡塑领域最大展会的地位，通过与杜塞尔多夫公司合并，雅式橡塑展获得了杜塞尔多夫公司主办全球第一橡塑展开展的成功经验，以及在中国的销售网络和数据营销的发展经验，并通过双方团队的不同分工和竞争，承担不同的责任，达到了互补共进的结果。"

3. 中外联合办展

就联合办展而言，国际医疗仪器设备展览会(China Med)的合作中充分体现了双方的优势互补。国际医疗仪器设备展览会把 China Med 引入到国际医疗仪器设备展览会 Medica by Düsseldorf 的大家庭，利用国际医疗仪器设备展览会 Medica 全球第一的优势把 China Med 的国际形象进一步提升，把国际医疗仪器设备展览会在项目管理，特别是在观众组织、网络宣传方面的成功经验跟合作方分享，巩固展会的竞争优势。

此类例子还有很多，例如还有科隆展览中国有限公司同广州对外贸易展览公司在项目上进行合作，共同投资运作广州的家具木工机械展，与缝纫机械协会合作举办缝纫机展，与上海国际展览中心合作上海摄影器材展等。

4. 国内城市展会的合作

宁波是国内大举展会联合的一个典范，由宁波文具礼品博览会和中国(宁海)文具产业博览会整合而成的文博会则是我国第一家联合办展的吃螃蟹者。两个展会于2005年实现首次联合办展，名称提升为中国国际文具礼品博览会，当年就把展会规模扩大了30%。文博会从联合办展中得到的"甜头"令同行羡慕。很快，就有机械展、电博会、汽车展、优势工业展等一批展会纷纷仿效。2006年共有5个规模的大展会就是从2005年举办过的12个展会事例整合而成。宁波会展业的联合办展，既有宁波市政府有关部门与县(市)、区的合作，也有宁波与周边城市跨地区的联动，既有政府部门与企业的合作，也有企业之间的合作。通过形式多样的合作模式，最大程度地发挥了各方优势，实现资源的有效配置，从而提升和扩大了宁波展会的档次与规模。

资料来源：联合的中国式方程[N]. 中国经营报，2006 – 08 – 28.

3. 品牌扩张效应

生产能力是企业进行一体化动力性因素之一，而当厂商面临生产能力约束的时候，一体化行为品牌效应可以使厂商突破原有的生产能力约束线，实现生产能力的提高及利润水平的提升。在本小节，本书着重讨论会展业一体化行为中的品牌扩展效应。

（1）提升核心竞争力

纵观国外许多知名企业，其成功的战略因素中很重要的一条是企业核心竞争力的提升。[①]核心竞争力是企业集团的内在黏合剂，其外在表现包括核心产品的竞争力、市场占有率及品牌效应等方面。在核心竞争力的引领下，通过前向、后向或综合一体化，借助核心产品的品牌效应、技术领先优势和管理、技术、人才资源，进行产品或业务的多角扩散，使产品链得以扩充、深化和延长。品牌在会展业的发展过程中发挥着重要的作用，会展企业通过品牌而实现对某一专业市场的占有权，并实现一定的市场占有率，其途径主要包括通过品牌延伸开发新项目、进入新市场、获得客户忠诚、冲破各个地区、国别市场所面临的各种壁垒等。

（2）保持市场优势

在当前激烈的市场竞争中，一个会展企业的品牌如果不进行扩张，就可能要承受其品牌市场份额被其他品牌侵占的风险。强势品牌能够使企业在行业中长期保持市场竞争的优势。对来自竞争对手的正面进攻，品牌资产筑起森严的壁垒；对于未进入市场者，品牌资产代表的品质及客户对它的推崇往往会使竞争者放弃进入市场的念头。从世界范围来看，一些会展产业发达的国家已经形成了诸多知名的会展品牌，如汉诺威、法兰克福、杜塞尔多夫、科隆等。每一个品牌既有知名的展览公司，也有知名的展览会，还有知名的会展中心，如汉诺威会展公司、汉诺威会展中心及汉诺威工业博览会等。

（3）提升生产能力

品牌是企业的无形资产，它对企业的根本意义在于其代表很高的经济效益和经济实力；而品牌扩张是品牌实力的体现和要求，是借助已有品牌的声誉和影响向市场推出新项目或将原项目推进新市场。作为一项关联性很强的产业，在会展品牌的发展及扩展过程中，品牌效应十分明显，尤其在会展业的一体化行为中，品牌效应成为提升会展企业总体生产能力的关键方面。会展企业利用一些知名的品牌通过对其他企业的一体化方式迅速实现规模的扩张和多元化经营，并进一步形成会展企业的生产能力，实现资源的共享和最大化利用。品牌扩张一般可通过对原服务项目进行创新以推出改进型项目，或通过对其他行业、企业的兼并、收购、参股、控股等借品牌输出以推出新的多元化经营格局来实现。

在世界经济一体化趋势不断加强和会展业竞争日趋激烈的情况下，一些势力较强的会展公司都采取了品牌化经营的一体化发展扩张模式，比较典型的有德国的会展公司，如汉诺威、法兰克福、科隆等，他们充分利用自己的品牌效应，通过在全球各地组织各种不同主题的展会，以及与各地会展企业联合经营等手段快速扩张。法兰克福展览公司携手光亚成立合

---

① "核心竞争力"这一术语首次出现是由著名管理专家 Prahalad 和 Hamel 在 1990 年提出的。"核心竞争力是在一组织内部经过整合了的知识和技能，尤其是关于怎样协调多种生产技能和整合不同技术的知识和技能。"（参阅 PRAHALAD C K, HAMEL G. The core competence of the corporation[J]. *Harvad Business Review*, 1990, 66(May-Jun.): 79 - 91.）具体来说，核心竞争力就是把企业技术优势、人力资源、管理能力及企业文化相结合而形成的具有在本业务领域长远发展与获利的内在发展动力。从动态上说是要使企业具有不断研究与开发的能力，具有企业管理、制度及技术创新的能力及自我战略协调和组织的能力。对企业集团来说，核心竞争力还包括使整个集团母子公司一体化及协同发展的能力。

资公司就是明显一例。2003年11月18日，广州光亚展览贸易有限公司与法兰克福展览公司就"广州国际照明展"项目开始合作，在历经两年的项目磨合期后，于2005年10月，双方共同出资组建广州光亚法兰克福展览有限公司，各占50%的股份，实现了从项目到资本的全方位整合。新成立的合资公司除了将继续。主办"广州国际照明＋建筑电气技术展览会"外，在加大人才的培养和新项目的开发力度的同时，还准备将法兰克福的展览品牌移植到广州。[①]

另外，国外展览公司进军中国市场的主要方式就是将其在本土成熟的会展品牌进行"移植"，从亚洲信息技术展览会(CeBIT Asia)到亚洲国际品牌体育用品及运动时尚博览(ISPO China)，从高技术领域到消费品领域，"移植"进来的会展绝大部分取得了很好的业绩。品牌会展的"移植"是国际领先水平展会向外扩张的必由之路。国内会展很多在规模、国际化程度、品牌知名度等方面还不具备与国际大型会展抗衡的能力，但同样要有前瞻性的规划，并且可以拿相对成型的会展开展试点。比如，将中国具有相对优势产业的会展或者已经具有相对庞大的国际客户群的会展适时"移植"到国外举办，在项目选择和国外合作伙伴确定方面做好前期调研，并且"移植"到最具竞争力的目标市场。作为国内品牌会展及经过国际展览联盟(Union of international Fairs, UFI)认证的深圳高交会于2005年6月2日在奥地利维也纳举办第七届深圳高交会维也纳分会。这场分会由高交会组委会办公室主办，高交会交易中心承办，奥地利研究促进署FFG合作举办。在分会期间，中奥两国高科技行业企业代表、项目持有者、投资机构等将进行项目推介、对接洽谈、招商融资等具体交流。此外，参会人员考察中奥科技园，充分展示奥地利发达的经济技术条件，凭借其地处欧盟中心和东西欧分界点的优势，为拟"走出去"的中国企业提供开拓欧洲市场的平台和基地；考察奥地利政府在实现科技研发、成果转化与产业化过程中取得的经验，并参观奥地利著名科研机构、高科技企业。

延伸阅读6-8：会展业"输出管理"

2005年9月9日，济南舜耕国际会展中心莱芜分公司挂牌成立，标志着作为山东展览业的旗舰企业，济南舜耕国际会展中心的品牌扩张迈出了实质性一步。

针对山东会展业展览公司多而散、展会规模不大、同题材展会过多过滥的现状，济南舜耕国际会展中心通过市场的力量，对区域会展进行整合、协作和联盟。本着"优势互补、关系协调、利益均衡"的双赢原则，舜耕国际会展中心与莱芜会展中心开展了全方位的合作，打造具有山东特色和竞争力的会展品牌。经过一段时间的构想和酝酿，济南舜耕国际会展中心莱芜分公司正式宣告成立。为了协同办展，双方还制定了公约，要"自觉

---

① 杨斌. 2005年度中德会展业交流与合作回放[J]. 中国会展，2006，(3)：44-46.

遵循会展行业规则，加强行业自律，不搞恶性竞争，不攻击打压对方，大家一起共同努力，创造一个良好的办展环境。"

通过济莱双方的精心策划、全力运作，2005鲁中现代生活方式展和山东农业生产资料暨农产品展具备了起点高、运作规范、招展力度大，规模空前的特点。据统计，展会期间每天参观人数达到10 000人次以上，其中专业观众占7成，现场气氛火爆。从展会效果来看，现场生活方式展累计签约额2000万元人民币，农业展签约额高达1亿元人民币。两个会展的成功举办有力的带动了交通、餐饮、住宿、旅游、物流等相关行业的发展，会展经济的杠杆作用表现异常强劲。

济南舜耕国际会展中心通过管理输出，品牌移植，资源共享，既有利于两地会展资源的优化配置，又提升了舜耕国际会展中心的整体形象，引领山东省会展业进入一个全新的发展阶段。

2002年，INTEX和SIEC以30%的股权与宁波国际会议展览中心合资成立了一个会展中心管理公司，共同管理和经营宁波国际会议展览中心。INTEX—宁波管理模式新鲜出炉，首创馆际间输出管理之先河，在展览界引起广泛的关注。两年后，宁波的展览业从小到大，从默默无闻到跻身全国会展城市的行列。这个管理模式试验的成功，开拓了展览界合作的新天地。

所谓"输出管理"只是一种通俗的提法，其实双方的合作，不仅在于管理、服务层面，还包括市场上的调研、拓展和开发等多层次多领域的合作共赢。2005年6月17日，上海世博(集团)有限公司与上海国际展览中心有限公司、威海万龙会展有限公司共同投资组建威海国际会议展览中心管理有限公司。合资公司接受威海市政府委托，经营管理威海国际商品交易中心。该项目由威海市政府开发投资，总投资超过人民币3亿元，展览面积2.6万平方米，可容纳室内展位1100个，于2005年9月正式启用。威海市拥有丰富的旅游资源，近年来经济发展迅速。威海市委、市政府高度重视会展业的发展和培育，对与上海和世博集团的合作寄予厚望，希望借此带动威海会展、旅游行业快速发展。上海世博集团是我国最早进行"输出管理"的企业，通过管理输出方式，接管国内若干展馆，实现以管理创造效益的盈利新模式。同时，通过这种方式，积极推广世博集团高品质服务形象，提升世博集团在行业中的地位，建立具有世博集团特色和高于行业标准的展览服务体系，实现可持续发展。

资料来源：门红海．新展馆2005：数量增长与市场短缺的悖论．国展网http://www.ciec.com.cn/cms5root/pages/ciec/news_detail.page? cid＝10325, 2006－02－16.

复习思考题

1. 什么是市场结构?
2. 试分析市场结构与企业行为之间的关系。
3. 什么是会展产业一体化? 其方式主要有哪几种?
4. 什么是会展产业纵向一体化?
5. 会展产业纵向一体化的界限是什么?
6. 会展产业纵向一体化的动机是什么?
7. 会展产业纵向一体化的形式有哪些?
8. 什么是会展产业横向一体化?
9. 会展产业横向一体化与市场支配力之间的关系是什么?
10. 会展产业横向一体化的效应有哪些?

第七章　会展的经济社会效应

根据一般经验性判断和西方会展发达国家的数据统计，会展不仅本身具有巨大的经济效益，而且通过与相关产业的互动共赢对举办地经济产生了强大的拉动效应。但是，在使用上述有关结论时，必须保持必要的小心和谨慎，避免对会展经济效应的夸大和误解，应正确而客观地评价其在国民经济发展中的地位和作用。

第一节　会展经济社会效应

一、会展经济社会效应的一般性论述

一般而言，会展具有信息传播、人文关怀、文化教育、经济辐射等功能，其中，会展的经济辐射功能主要表现在联系和交易、整合营销、调节供需、技术扩散、产业联动和促进经济一体化等方面。在会展的产业联动方面，不仅会展本身能够创造巨大的经济效益，而且可以直接或间接带动交通、旅游、餐饮、住宿、通信、广告等一系列相关产业的发展，产生强大的互动共赢效应。来自上海旅游委的专家预测报告显示：2010 年上海世博会参观人数将超过 7000 万人次，仅仅世博会门票、餐饮、旅游纪念品等的直接销售收入可达到90 多亿元，其中门票收入 73 亿元、餐饮收入 9 亿元、饮料消费收入 4.5 亿元、纪念品销售额 4.5 亿元。而世博会对上海及周边城市的旅游、房产、广告、交通等行业的带动效应将更加惊人。

就会展对举办地的无形作用而言，一方面，会展的发展增加了对相应的专业会展组织、会展中心和会展服务机构的需求，有助于形成合理分工的社会化经营和服务体系，增加大量的就业机会；另一方面，可促进地方基础设施建设，提升举办地的知名度和美誉度。国际上有许多以展览著称的城市，尤以德国为多。像汉诺威、慕尼黑、杜塞尔多夫、莱比锡等均是世界知名的展览之都，德国被誉为"世界展览王国"，法国首都巴黎也赢得了"国际会议之都"的称号。

不过，在强调会展作用的同时，需要避免另一种倾向，即对会展业的作用夸大和误解。有关研究者以及会展界人士骄傲地表示，会展业对社会经济的带动是 1：5，甚至据专家测算，国际上展览业的产业带动系数大约为 1：9，即展览场馆的收入如果是 1，相关的产业收入则为9。但是，在使用上述有关结论时，必须保持必要的小心和谨慎，因为，会展整体性作用的发

挥不仅取决于会展自身，而且取决于整个会展产业链条的完善和传递效率。恰当评估会展业在产业发展中的作用，有利于会展业的发展，片面、过分推崇会展业，简单地认为会展业是万能的，只要极力推动，自然就会产生会展经济的观点不仅会给人一种错觉，而且会对会展业的发展产生强烈的误导。

事实上，会展的经济影响必须以产业为基础，会展只是产业链中的一个环节而已。仅就会展平台而言，一方面，在市场竞争日益激烈的情况下，会展为企业开展营销活动提供了一个很好的场所，企业通过参加会议和展览，可以及时、准确、低成本地获取各种有效的信息，根据这些信息，实施恰当的市场营销组合策略，并且，企业在会展上通过产品尤其是新产品展示，可以诱导甚至创造消费者的需求。另一方面，会展汇聚了巨大的信息流、技术流、商品流和人才流，有利于企业能获得优质资源，在产品、技术、生产、营销等诸方面获取比较优势，优化配置资源，增强综合竞争力。此外，会展提升了对其他产业的支持力度，各产业的发展，特别是制造业要生存和提升竞争力，需要相关服务行业的协作，也离不开会展业的支持和助力。

延伸阅读7-1：会展资源配置

会展业是一个资源配置相对复杂的行业，必须加强与相关产业的联系和互动，交通、通信、媒体、旅游、广告、金融、房地产、餐饮等产业都要积极投入到会展活动中，相互扶持、相互渗透，而对于会展活动的理解和认识的加深无疑将会强化相关资源向会展活动的配置力度。

2008年北京奥运会工程总建筑面积约199万平方米，其中51万多平方米建筑面积使用了绿色可再生能源，鸟巢、水立方、国家体育馆、国际会议中心击剑馆及奥运村等许多建筑都运用了最先进的节能环保技术，无疑是中国建筑节能、环保先进技术的最高体现。但是，由于成本太高，这些成熟的先进技术虽然已经考虑到了推广成本，但短期内恐怕难以在全国范围内遍地开花，部分技术需要数年时间才能在全国范围内推广，并需要政府和民间的大量财力支持。

二、会展经济社会效应的研究方法

相关研究领域已形成了系统地研究会展经济效应的方法和实际研究路径。就会展本身而言，会展为参与企业及参与观众提供了有效的交流平台，即：一方面，会展为企业开展营销活动提供了一个很好的场所；另一方面，会展汇聚了巨大的信息流，降低了企业获得优质资源的交易成本，有利于资源的优化配置。

但是，鉴于会展的关联性和复杂性，对其经济效应的分析不能仅局限于会展自身，尤其是，会展的鲜明特性使得研究者通常基于"原因－结果"的逻辑分析框架对会展广泛的经济社会效应进行分析,并在对会展经济效应衡量和测算过程中主要采用"乘数效应"和"溢出效应"(Lynch & Jensen, 1984)①等方法进行实际的分析,会展的角色也由此被视为"收益发动机"(revenue generator)或"经济兴奋剂"(economic stimulant)。而基于会展前向、后向和平行联系的分析使相对简单的"因果"分析法得以扩展,提供了更为宽广和纵深的分析视角和分析广泛会展效应的综合性框架(Hiller, 1998)②。

首先,会展具有显著的前向联系(forward linkages),在增加旅游客流量、强化基础设施水平、创造大量的短期或永久性的就业机会、提升公共道路和快速交通能力等方面作用显著。不过,需要注意的是,对于会展前向影响某些积极方面的分析有时仅是有关人士一厢情愿的分析和论证,许多会展的影响并没有被证实,并且,关于一些会展场馆的后续使用也存在大量的问题。不过,虽然如此,会展对承办地或举办地基础设施水平提升的促进作用却是不容忽视的。尤其对于一些大型节事活动(mega event)来说,即使从经济收益上来说并不成功,其对举办地或承办地基础设施的贡献却是积极的和持久的(Dimanche, 1996)③。

延伸阅读 7-2:奥运场馆利用和世博会盈利

2004年雅典奥运会精心建造的体育场馆耗资超过35亿欧元,其皮划艇、赛艇和举重场馆等比赛设施被誉为世界最出色的场地,而其赛艇和举重场馆也有同样美誉,但是,奥运会后多数场馆依然完全或部分关闭,留下预算超支和场馆荒废的恶果,如今在雅典人眼中,只剩外露的电线、尘封的大门和散落一地的垃圾。

从历史看,世博会要想直接盈利并非易事。纵观世界各国举办世博会的历史,盈利、持平和亏损的世博会各占1/3。其中,近几十年来举办的世博会大多是亏损的,如1992年西班牙塞维利亚世博会亏损3亿美元,1998年葡萄牙里斯本世博会亏损5.5亿美元,2000年德国汉诺威世博会亏损10亿美元。据了解,1964年美国西雅图世博会和1970年日本大阪世博会实现了盈利。

美国1984年新奥尔良世博会(1984年5月12日至11月11日)由于出现亏损,几乎到了中途关门的境地,在美国法律意义上并不承担责任的美国政府采取补救措施,承担了主办国所肩负的责任,使世博会维持了6个月的展期。主办者在一年后举办世博会纪念活动,借机向纳税人作了交代。有关人员在公开演讲中报告,世博会留下了9300万美元的会议中心,花费了6000万美元改造城市交通,新的铁路系统价值5500万美元。当

① LYNCH P G, JENSEN R C. The Economic Impact of the XII Common Wealth Games on the Brisbane Region[J]. *Urban Policy and Research*, 1984, 2 (3): 11-14.

② HILLER H H. Assessing the Impact of Mega-Events: A Linkage Model[J]. *Current Issues in Tourism*, 1998, 1(1): 47-57.

③ DIMANCHE F. Special Events Legacy: The 1984 Louisiana Summer World's Fair in New Orleans[J]. *Festival Management and Event Tourism: An International Journal*, 1996, 4 (1): 49-54.

时的公众对这种改善并不在意，因为经济现状远远小于人们的期望。但是，人们无法预料的是，世博会留下的会议中心恰似一粒种子，引发了新奥尔良日后商务旅游的迅猛发展。

另外，新奥尔良和墨西哥湾的石油产量几乎占到美国国内石油总产量的三分之一，新奥尔良也是美国南方的主要工业城市，新奥尔良港是仅次于纽约港的美国第二大港，货物吞吐量中占首位的是石油。1982年美国石油和天然气行业下滑，但受到国家战略政策的扶持，新奥尔良的经济没有出现大波动，所以新奥尔良人在世博会结束后才感到经济走低的压力。

此外，1980年新奥尔良仅有1.85万间旅馆客房，为了准备1984年世博会游客的来访，又增加了7千间客房，达到2.5万间。而且新增加的主要有喜来登大酒店、洲际酒店、希尔顿饭店、威斯汀大饭店、假日酒店等，这些著名酒店至今仍然是该市旅游业的支柱。1985年到1993年，新奥尔良旅游业小幅增长，城市经济变化不大。1993年，在世博会原址上，在世博会会议中心基础上进一步拓展了会议中心第二期工程。会议中心落成之后，新奥尔良的商务旅游空前火热起来。1993年到2004年，新奥尔良新增1万多间旅店客房，使城市客房总量达到3.8万。新奥尔良逐步发展成为美国城市旅游的领头羊。

现在，有专家称新奥尔良的旅游业起步于1984年新奥尔良世博会。如果不是这届世博会给新奥尔良带来旅游业的起步，当地找不到其他更好的产业来弥补石油工业与石油航运业的下滑给新奥尔良带来的冲击。

资料来源：雅典盛会场馆荒废，后续利用问题困扰希腊当局[DB\OL]，华奥星空 http://news. sports.cn/others/others/2006-08-15/907453.html. 吴敏. 河流的世界：水乃生命之源——记美国1984年新奥尔良世博会[DB\OL]. 世博网 http://www.expo2010china.com/a/20081008/000008.htm.

其次，就会展的后向联系（backward linkages）而言，通常考虑的是导致会展事件出现的系列理念、思想方面的背景支持，这些后向联系为其举办提供了思想意识形态方面的合理化支持，与会展举办之间具有直接的因果关系（Roche, 1992）①，商业方面考虑（Mount & Leroux, 1994）②、转换举办地或国家在外界或世界上形象（Ritchie & Smith, 1991）③等则构成了会展举办的更为现实的考虑。

---

① ROCHE M. Mega-events and Micro-modernization：On the Sociology of the New Urban Tourism[J]. *British Journal of Sociology*, 1992, 43(4)：563-600.

② MOUNT J, LEROUX C. Assessing the Effects of a Mega-event：A Retrospective Study of the Impact of the Olympic Games on the Calgary Business Sector[J]. *Festival Management and Event Tourism：An International Journal*, 1994, 2 (1)：15-23.

③ RITCHIE J R B, SMITH B H. The Impact of a Mega-event on Host Region Awareness：A Longitudinal Study[J]. *Journal of Travel Research*, 1991, 30(1)：3-10.

延伸阅读 7-3：会展的政治功能

随着现代会展业的发展，其功能也从原来简单的市场交换，逐步延伸到其他各个方面，包括经济功能、政治功能、社会功能、科技功能、教育功能等。所谓会展政治功能，是指会展为一定的政治目的服务，宣扬一定的政治主张与观点。现代会展自诞生以来，就与政治之间存在着千丝万缕的联系。虽然会展与政治有紧密联系，但并非所有的会展活动都具有政治功能。特别是在西方市场化国家和地区，除政治性会议外，会展活动更多地体现出其自身所特有的经济特性，目的是带来良好的经济效益。即便是举办大型纪念或庆祝活动，也都带有浓厚的商业色彩，会展的市场化程度很高。在我国现行政治体制和经济体制下，政府在会展中占据主导地位等因素，使得会展与政治之间的联系更加密切。

根据展会的内容和形式，可以简单地把我国具有政治功能的会展分为 3 类。

（1）政治性会展，主要是指那些纯粹以政治为主题或是带有政治题材的，并以获取政治利益为主要目的的会展活动。这类政治性会展包括政治成果展、政党集会、英模报告会等，其政治功能显而易见。

（2）公益性会展，主要是指大型体育活动、大型纪念和庆祝活动，其主要目的在于获取特定领域的效益并能带来良好的社会效益。大型纪念和庆祝活动包括国庆庆典、纪念抗战胜利活动等，其目的在于获取政治效益。大型体育活动包括奥运会、全运会等，由于它具有广泛的影响，吸引全球的注意力，尽管活动本身排斥政治，但一定程度上也受到政治的影响。

（3）商业性会展，主要目的是获取经济效益并兼顾社会效益，但不少商业性会展多有政府的参与和介入，并且由于我国地方政府和中央政府部门在会展活动中扮演了极为重要的角色，商业性会展活动中的种种政府行为，也反映出其政治功能的作用。

第三，会展与金融、保险、市政建设、环保、会计、审计等行业之间具有紧密的平行联系（parallel linkages），并通过会展的旁侧效应（side-effects）促进了这些行业的管理和技术更新、专业技术人员的培养，进而波及整个社会、经济领域。显然，上述联系之间存在着重复和交叉，完全地分离会展这三种影响不仅不可能，而且也不必要，但是，该分析框架却提供了研究会展效应有用的启发式思维，也提供了更为全面和深入地研究会展经济、社会效应的视角。

延伸阅读 7-4：水晶宫和埃菲尔铁塔

1851 年，伦敦世博会场馆——水晶宫不仅开创了近代功能主义建筑的先河，也成就了第一届世博会，成为第一届世博会中最成功、最受赞誉的展品和世博会的标志。

巴黎埃菲尔铁塔的建造缘起于1889年巴黎世界博览会，直到20世纪30年代，埃菲尔铁塔还是世界最高的建筑物，至今仍是世界著名的城市地标和符号。埃菲尔铁塔建成以来，世界各大城市竞相建造高塔，铁塔作为城市制高点和城市地标，一度演变为愈演愈烈的潮流，在几乎任何一个城市都可以看到高耸入云的电视塔、观光塔、旅游塔。

正如那句著名的世博格言所说，"一切始于世博会"，世博会云集了各个时代最先进的文明成果、最新潮的产品和理念。在世博会上诞生的"水晶宫"和埃菲尔铁塔开历史之先河，所引领的现代建筑风潮至今不衰。

需要指出的是，上述研究视角基本是在同一时间截面上的分析，而从时序角度的研究分析则表明，会展的即期影响应该和长期影响分离开来（Gibson，1998；Mules，1998）[1]。即对于会展来说，就业机会的创造和旅游收入是会展举办者所期望的主要即期影响，但是，会展所导致就业量的增加可能仅是一种"短期"的经济刺激现象，随着会展的结束，就业量可能会"退回常态（back to normal）"，恢复到会展举办前的水平。而Teigland（1999）[2]提供的另一个"新高度（new plateau）"式的替代理论则认为，由于或直接或间接地提升了会展举办地的居民意识、吸引力和可进入性，会展会对当地旅游业会产生持续的"后会展效应"，并且，这些相关会展效应的叠加提升了会展举办地在旅游市场上的竞争力，将旅游者的旅游需求提升到一个新的层次上。[3]

实际上，会展的经济效应影响并不表现为单纯的积极性影响或简单的直入式影响，其经济效应更多地呈现出复杂化的影响机制。因此，就研究方法而言，仅仅从一般意义上探讨会展经济影响还远远不够，并且经常会夸大会展的经济社会效应，为此，需要在衡量会展效应的方法上进行深入的探讨。在衡量会展经济效应的众多方法中，投入产出分析（input-output analysis）[4]是普遍使用的方法之一，有关研究者从应用和方法论角度对其进行了深入的研究和探讨（Briassoulis，1991；Crompton，Lee & Shuster，2001；McHone & Rungeling，2000）[5]，并

---

① GIBSON H. Sport Tourism：A Critical Analysis of Research[J]. *Sport Management Review* 1998，1（1）：45 – 76. MULES T. Taxpayer Subsidies for Major Sporting Events[J]. *Sport Management Review*，1998，1（1）：25 – 43.

② TEIGLAND J. Mega-Events and Impacts on Tourism：The Predictions and Realities of Lillehammer Olympics[J]. *Impact Assessment and Project Appraisal*，1999，17（4）：305 – 317.

③ 不过，虽然旅游者关于会展举办地或承办地意识的提升有利于该处旅游业未来的发展，Mules（1998）的研究却并没有在相关文献中发现支撑该论断的直接证据。

④ 应用投入产出表评价会展对经济影响的主要目的是求出与会展相关的直接消费和再消费对产出、家庭收入、附加价值及就业的总的影响。

⑤ BRIASSOULIS H. Methodological Issues：Tourism Input-Output Analysis[J]. *Annals of Tourism Research*，1991，18（3）：485 – 495. CROMPTON J L，LEE S，SHUSTER T. A Guide for Undertaking Economic Impact Studies：The Springfest Example [J]. *Journal of Travel Research*，2001，40（1）：79 – 87. MCHONE W W，RUNGELING B. Practical Issues in Measuring the Impact of a Cultural Tourist Event in a Major Destination[J]. *Journal of Travel Research*，2000，38：299 – 302.

在实证方面进行了应用(Humphreys & Plummer, 1995)[1]。但是,作为一种相对宏观的分析方法,投入产出分析在较大尺度下对微观个体(如家庭)受会展影响的分析显得相对薄弱,基于此,有关研究者在投入产出分析基础上构建了社会会计矩阵(social accounting matrix, SAM),将家庭等微观经济个体纳入到会展经济效应分析中(Pyatt & Round, 1985)[2],并进一步采用规划者影响模型(impact modeling for planners, IMPLAN)方法对与会展相关的旅游者花费对举办地居民收入的影响进行了确认和分析(Margaret, William & Mark, 2004)[3]。另一方面,鉴于投入产出分析法的缺陷,更为复杂的 CGE(computable general equilibrium)模型在研究会展经济效应的过程中得到了初步的应用(Dwyer, Forsyth & Spurr, 2004)[4],并有研究者在 CGE 模型的应用中就奥运会对当地经济发展的影响进行了实证分析(Andersen, 1999)[5]。

无疑,来自方法论和会展消费方面解读的差异影响了会展经济效应研究之间的可比性:①会展消费研究在方法论、分析范围、数据搜集方法及消费调查的准确性上大相径庭;②在实际的研究过程中,会展消费支出数据通常都是通过调查得出的,但是,相关研究在目标调查群体的选择方面存在着巨大的方法论差异(Burgan & Mules, 1992)[6],一种替代性方法是调查酒店、餐饮、出租车、零售等商业单位,但是,Faulkner 和 Raybould(1995)[7]观察发现,由于区分旅游者和本地居民的消费难度较大,关于这些商业单位的调查数据并不令人满意,因此,研究者从会展参与者花费和当地政府组织两方面收集数据对会展经济效应进行了一般性分析(Walo, Bull & Breen, 1996; Crompton, 1999)[8],Ritchie(1984)[9]则结合上述两种方法对会展消费调查结果进行了校正。

因此,虽然研究者就会展经济效应进行了多角度的分析,甚至在宽广的视野下肯定了会

---

① HUMPHREYS J M, PLUMMER M K. *The Economic Impact of the State of Georgia of Hosting the* 1996 *Olympic Games* [M]. Mimeo, Seig Centre for Economic Growth: Georgia, 1995.

② PYATT G, ROUND J. *Social Accounting Matrices: A Basis for Planning*[M]. Washington DC: The World Bank, 1985.

③ MARGARET J D, WILLIAM C N, MARK S H. Estimating Income Effects of a Sport Tourism Event[J]. *Annals of Tourism Research*, 2004. 31(1): 180 –199.

④ DWYER L, FORSYTH P, SPURR R. Evaluating Tourism's Economic Effects: New and Old Approaches[J]. *Tourism Management*, 2004, 25(3): 307 –317.

⑤ ANDERSEN A. *Economic Impact Study of the Sydney* 2000 *Olympic Games*[R]. Centre for Regional Economic Analysis, University of Tasmania, Tasmania, 1999.

⑥ BURGAN B, MULES T. Economic Impacts of Major Sporting Events[J]. *Annals of Tourism Research*, 1992, 19(4): 700 –710.

⑦ FAULKNER H, RAYBOULD M. Monitoring Visitor Expenditure Associated with Attendance at Sporting Events: An Experimental Assessment of the Diary and Recall Methods[J]. *Festival Management and Event Tourism*, 1995, 3(1): 73 –81.

⑧ WALO M, BULL A, BREEN H. Achieving Economic Benefits at Local Events: A Case Study of a Local Sports Event[J]. *Festival Management and Event Tourism*, 1996, 4(1): 95 –106. CROMPTON J L. *Measuring the Economic Impact of Visitors to Sports Tournaments and Special Events*[R]. Ashburn, National Recreation and Park Association, 1999.

⑨ RITCHIE J. Assessing the Impact of Hallmark Events[J]. *Journal of Travel Research*, 1984, 23(2): 25 –34.

展所拥有的潜在经济、旅游或商业、社会文化、心理和政治影响（Crompton，1999）[1]，为各地举办会展活动提供了论据支持，尤其是，有关政府官员和会展组织者在论证其将要花费的公共开支的合理性时，经常援引会展具有经济效应或其他影响的系列证据，但是，许多相关证据并没有经过科学的计算，或者仅进行了粗略地估算（Mules & McDonald，1994；Crompton & McKay，1994）[2]，这不仅不够严谨，而且带有很大的随意性。因此，在实际的会展工作和研究过程中，需要对会展经济效应进行科学、客观和全面的分析，为相关各方提供必要的决策依据。鉴于此，就需要会展经济效应进行细致的量化分析。但遗憾的是，虽然许多研究已经在会展产出方面做了努力，却依然没有形成一个前后一致的、综合性的研究框架（Archer，1984；Stynes，1999）[3]。本章在有关文献的基础上构建一个分析会展经济效应的一般性框架，为了分析上的方便，将主要着眼于会展的"本地"经济效应，并在此基础上进行适当的扩展。在构建的过程中，注重了当前统计体系下相关数据调查途径的可行性和数据的可得性。

第二节　会展经济社会影响的来源

无论是"因果"分析，还是更为复杂的投入产出、CGE 模型分析，消费是会展对本地经济影响主要驱动因素之一，有关学者着眼于会展观众或会展旅游者的消费支出研究了特定种类会展的经济影响，衡量了会展旅游者消费支出的经济影响（Burgan & Mules，1992；Gibson，1998；Doshi，Schumacher & Snyder，2001）[4]。鉴于会展对本地经济的影响主要是消费驱动的，并且关于会展经济影响的定量研究还比较粗糙，本章将会展对本地经济产生影响的关系转化成为代数方程，并在此基础上构建一个评价会展对当地经济影响的一般性模型系统，为会展经济效应的定量分析提供基础。

① CROMPTON J L. *Measuring the Economic Impact of Visitors to Sports Tournaments and Special Events*[R]. Ashburn, National Recreation and Park Association, 1999.

② MULES T, McDONALD S. The Economic Impact of Special Events: The Use of Forecasts[J]. *Festival Management and Event Tourism: An International Journal*, 1994, 2(1): 45-53. CROMPTON J L, MCKAY S L. Measuring the Economic Impact of Festivals and Events: Some Myths, Misapplications and Ethical Dilemmas[J]. *Festival Management & Event Tourism*, 1994, 2(1): 33-43.

③ ARCHER B. Economic Impact: Misleading Multiplier[J]. *Annals of Tourism Research*, 1984, 11(3): 517-518. STYNES D. Economic Impact Concepts and Methods[EB/OL]. http://www.msu.edu/rstynes/, 1999.

④ BURGAN B, MULES T. Economic Impacts of Major Sporting Events[J]. *Annals of Tourism Research*, 1992, 19(4): 700-710. GIBSON H. Sport Tourism: A Critical Analysis of Research[J]. *Sport Management Review* 1998, 1(1): 45-76. DOSHI K, SCHUMACHER D, SNYDER K. *Report on Economic Impact*[R]. National Association of Sports Commissions, 2001.

一、会展消费主体

就会展经济效应中所要考虑的、与会展有关的消费主体[①]来说，主要包括由于会展而留在本地的当地居民或本地企业(L_s)、由于会展吸引而来旅游者，或引致企业和并非单纯是由于会展吸引而来的旅游者或引致企业，由于会展的存在而延长了在会展举办地停留时间的旅游者或引致企业(V_e)[②]以及由于会展所引致的政府参与(G_f)。L_s 与本地居民或本地企业的相对规模、V_e 与相关旅游者或引致企业的相对规模以及政府参与程度(G_f)可以通过调查途径获得，基于此，可以将 L_s、V_e 和 G_f 用本地居民或企业总数(L)、旅游者或外来企业总数(V)和政府总规模(G)来表示，而 ϕ、ψ 和 ρ 则分别表示各会展消费主体在各自群体中所占的比例，则：

$$V_e = \phi V, \quad L_s = \psi L, \quad G_f = \rho G \tag{7-1}$$

总体而言，会展消费主体的花费可以在广义上分为三类：本地居民或本地企业的消费、旅游者和引致企业的消费，以及当地政府的消费支出。因此，在衡量会展的经济影响时，需要区分不同的会展消费主体 i。鉴于政府的不可分性，用 G_f 单独表示政府消费支出，并且，用 G_f 表示与特定消费类型 j 有关的政府消费和公共开支，则：

$$G_f = \sum_j G_j \tag{7-2}$$

式(7-3)中，S_{total} 为总消费支出，S_j 为各会展消费主体 i 在特定消费类型 j 上的总花费支出，$\lambda_{V,j}$、$\lambda_{L,j}$ 分别为会展消费主体 V_e、L_s 在特定消费类型 j 上的平均消费支出。

$$S_{total} = \sum_j (S_j + G_j) = \sum_j S_j + G_f$$

其中，
$$S_j = \phi V \lambda_{V,j} + \psi L \lambda_{L,j} \tag{7-3}$$

> **延伸阅读 7-5：旅游者**
>
> 关于"旅游者"，至今仍没有一个统一的定义。1963 年在罗马举行的联合国旅游和旅行会议提出了"观光者"的定义："到一个非自己定居的国家观光，目的不是挣钱，这样的

---

① 本章用"消费主体"而没有用"消费者"，主要包括消费者、企业、政府等关键会展消费者。实际上，研究会展效应还必须考虑观众、运动员、媒体、教练、主要赞助商及辅助人员，甚至还要包括提供无偿服务的志愿者等相关团体或人员，Tyrell 和 Johnston(2001)提供了一个一般的分析框架，并以罗德岛(Rhode Island)为例说明，如果没有采用该框架，会展经济效应将必然会被高估；Crompton、Lee 和 Shuster(2001)则将当地居民排除在外，用收入作为评价基准，提供了分析重大节事活动对当地经济影响的分析框架。参阅 TYRRELL T J, JOHNSTON R J. A Framework for Assessing Direct Economic Impacts of Tourist Events: Distinguishing Origins, Destinations and Causes of Expenditures[J]. *Journal of Travel Research*, 2001, 40(1): 94-100. 和 CROMPTON J L, LEE S, SHUSTER T. A Guide for Undertaking Economic Impact Studies: The Springfest Example [J]. *Journal of Travel Research*, 2001, 40(1): 79-87.

② 如果没有会展，该部分消费主体将不会出现在会展举办地，因此，还应包括由于会展而改变了消费计划的消费主体。

人就是观光者。"观光者又可细分为"旅游者"、"短途旅游者"两大类。旅游者即临时观光者，到一个国家至少停留二十四小时以上，以娱乐、保健、学习、宗教信仰或体育运动等为目的；"短途旅游者"被限定在到一个国家去逗留少于二十四小时，包括海上航游者。联合国的规定得到了国际上的承认。各国基本采用这一标准来统计外国旅游者或其他观光者数目，不过在执行中又有许多不一致的地方。1967 年，联合国统计委员会对 1963 年的规定又略加改动，把不在一个国家过夜的观光者算作"短途旅游者"或"日间观光者"。1968 年官方旅游组织国际联盟通过了联合国 1963 年的规定，采纳了这样的意见：观光者分成"旅游者"和"短途旅游者"，旅游者在被观光国至少住宿一夜，短途旅游者不住宿。

上述"旅游者"的规定，尽管作了多次调整，许多国际学者仍持有不同的看法。如英国的 H·罗宾逊在《旅游地理学》一书中，曾对"旅游者"的定义提出了修正意见，认为："旅游者应指这样的人：它从一个地方旅游到另一个地方，许多甚至大多数旅游者是旅行到一个目的地，并在那里停留一段时间。"

二、会展消费"新钱"

从会展消费主体的消费支出角度来看，会展举办地经济的注入资金主要来自业内会展旅游者的消费、举办地之外参加者的消费以及政府、企业以及协会的赞助费。但是，在使用"会展消费"概念及有关数据时，需要注意的是，只有和会展有关的"新钱"（new money）才能给会展举办地本地经济带来一定的经济影响（Crompton，1999）[1]。因此，只有使用"新钱"才能正确地计算会展经济影响乘数，估算会展对举办地的经济影响，如果没有会展的存在，这些与会展相关的消费支出（"新钱"）将不会发生。[2]

作为旅游产业中发展最快的分支之一，随着会展——尤其是大型会展——受到有关城市或国家的强烈追捧（Brown，2000）[3]，推崇者强调了这些会展对旅游者的吸引作用及其所带来的巨大消费需求，而后者给会展举办地注入的大量"新钱"通过会展与其他产业的联系和作用通道刺激了当地经济的发展（Faulkner，1993；Foley，1991）[4]。但是，考察和分析各种各样的会展消费支出能否成为刺激当地经济发展的"新钱"，需要关注消费主体的两种"消费支出

---

① CROMPTON J L. *Measuring the Economic Impact of Visitors to Sports Tournaments and Special Events*[R]. Ashburn, National Recreation and Park Association, 1999.

② 在一个封闭经济系统中，"新钱"成为刺激经济的有效资源注入。

③ BROWN G. Emerging Issues in Olympic Sponsorship: Implications for Host Cities[J]. *Sports Management Review*, 2000, 3 (1): 71 - 92.

④ FAULKNER H. *Evaluating the Impacts of Hallmark Events*[R]. BTR Occasional Paper No. 16, Canberra: Bureau of Tourism Research, 1993. FOLEY P. The Impacts of World Student Games on Sheffield[J]. *Environment and Planning C: Government and Policy*, 1991, 9(1): 65 - 78.

转换(expenditure-switching)"(Crompton, 1999)①，一类是"时间转换"(time-switching)，即会展消费主体根据有关会展改变了其到某会展举办地"既定的"旅游行程，这对于会展举办地来说，该群体的消费支出确实发生了，但只是由于会展而转换(或提前或推迟)了其消费支出的时间；另一类是"偶发性的"(casuals)消费支出，即会展消费主体由于其他原因到会展举办地旅游，却由于受到会展的吸引而放弃了再去其他地方的机会，而如果没有会展的吸引，该群体的消费支出会花费在其他地区而非会展举办地。尽管上述两类旅游者的会展消费开支对于本地经济而言属于"新钱"的范畴，但是，却由于这些消费——尤其是第一类转换消费——只是会展消费主体转换了支出时间，因此，在衡量会展经济影响的过程中需要将其排除。在实际的研究过程中，有些研究者对会展消费主体的该部分开支进行了剔除(Crompton, 1999)②，但是，也有一部分研究者采用了"旅游者消费毛支出"(gross tourist expenditure)对会展的经济影响进行衡量(Foley, 1991；SQWL, 1995)③，不过，考虑到衡量的准确性，在会展效应研究过程中需要将会展消费主体由于会展而发生的消费分离出来。通过旅游者($\beta_{V,j}$)以及相应的与会展相关的消费支出比例($\delta_{V,j}$)可分离出每个旅游者和会展相关的净消费支出：

$$\lambda_{V,j} = \delta_{V,j}\beta_{V,j} \qquad\qquad (7-4)$$

另一个值得关注的问题是本地居民的消费支出，如果会展的经济效应主要源于其所带来的"新钱"，那么，本地居民的消费开支将不会对会展经济效应产生贡献。这其实基于如下基本假设，即本地居民的消费开支即使没有用于会展方面，也会以其他形式在本地花费掉。但是，该假设忽略了消费者支出对经济发挥作用的另一个方面，即对不同产业来说，乘数效应该是不同的，因此，在一封闭的经济体内，注入经济体的同样数额的资金，其作用效果也会不同；另外，该假设忽略了"漏出效应"，即如果本地居民的消费不用于会展消费的话，可能会用于购买其他地区的产品和服务，上述两个方面都会影响会展对经济影响作用的发挥。因此，探讨本地居民的会展消费支出需要明确如下关键问题(McHone & Rungeling, 2000；Tyrell & Johnston, 2001)④：①当地居民是否受到会展的吸引而将本应该用于其他地方的开支花费在会展节事活动上？②参加相关会展是否意味着对原来其他活动或花费的替代？③进行有关产品或服务消费是否是由于会展而发生的？从这个角度来说，本地居民的会展消费支出并没

①② CROMPTON J L. *Measuring the Economic Impact of Visitors to Sports Tournaments and Special Events*[R]. Ashburn, National Recreation and Park Association, 1999.

③ FOLEY P. The Impacts of World Student Games on Sheffield[J]. *Environment and Planning C: Government and Policy*, 1991, 9(1): 65-78. SQWL. *Economic Evaluation Study of the Scottish Open Golf Championship*[M]. Edinburgh: Segal Quince Wicksteed Limited, 1995.

④ MCHONE W W, RUNGELING B. Practical Issues in Measuring the Impact of a Cultural Tourist Event in a Major Destination[J]. *Journal of Travel Research*, 2000, 38: 299-302. TYRELL T J, JOHNSTON R J. A Framework for Assessing Direct Economic Impacts of Tourist Events: Distinguishing Origins, Destinations and Causes of Expenditures[J]. *Journal of Travel Research*, 2001, 40(1): 94-100.

有为本地经济带来新鲜的血液，但是，研究者在研究过程中却往往并不去区分旅游者和本地居民消费（Foley，1991；SQWL，1995）①，这无形中夸大了会展的经济影响，也对决策者对会展经济效应及其决策的造成了误解和误导。

一种例外的情况是，当有足够的证据证明本地居民将本来打算到其他地区旅游的消费开支用于会展消费或会展使得本地居民增加了额外的消费支出时，这部分消费开支（设该部分占居民消费支出的比例为 $\delta_{l,j}$）可以成为"新钱"并对当地经济会产生影响，遗憾的是，该点却经常被忽略，原因就在于相关证据的收集相当困难和费力（Crompton，1999）②。不过，也有研究者遵循该原则，将研究的重点集中在了"旅游者"③消费开支方面（Faulkner，1993；KPMG，1996；Stynes 1999）④。然而，如果要对会展的经济效应进行精确度量的话，本地居民的相关消费依然是不可忽视的方面，尤其是，会展使本地居民的消费留在本地，实现了本地居民对到其他地方旅游、消费其他地区产品或服务的"进口替代"，将对本地经济产生的促进作用。在衡量和评价会展经济效应时，如果把上述本地居民消费开支的积极和消极影响考虑进来，无疑会提升会展经济效应的评价质量，使相关评价更为准确、合理与全面。通过本地居民的消费支出（$\beta_{L,j}$）及相应支出比例（$\delta_{L,j}$）可计算出每个本地居民消费支出中可成为"新钱"的部分：

$$\lambda_{L,j} = \delta_{L,j}\beta_{L,j} \tag{7-5}$$

在旅游者和本地居民的消费开支之外，还有一个值得关注的方面，就是用于设施、交通或市场营销等方面的公共开支。会展对举办地经济、社会及形象等方面所具有的提升作用成为政府及其官员广泛关注会展重要原因，但是，如果与会展有关的某些公共开支是从"既定的"其他项目上转移出来的，则对经济产生的拉动作用或许并不明显（Faulkner，1993）⑤。⑥不过，值得注意的是，一些小地方如果承办或举办大型会展，将会得到地方或国家资金的鼎

---

① FOLEY P. The Impacts of World Student Games on Sheffield[J]. *Environment and Planning C: Government and Policy*, 1991，9(1)：65 – 78. SQWL. *Economic Evaluation Study of the Scottish Open Golf Championship*[M]. Edinburgh：Segal Quince Wicksteed Limited，1995.

② CROMPTON J L. *Measuring the Economic Impact of Visitors to Sports Tournaments and Special Events*[R]. Ashburn, National Recreation and Park Association，1999.

③ 不过，需要注意的是，"旅游者"的概念至今仍没有一个统一的定义，研究者在"停留时间"、"出行距离"、"出行目的"等方面存在则诸多的分歧。

④ FAULKNER H. *Evaluating the Impacts of Hallmark Events*[R]. BTR Occasional Paper No. 16，Canberra：Bureau of Tourism Research，1993. KPMG. *Business, Economic and Social Review of the 1996 IndyCar Event*[M]. Brisdane：KPMG，1996. STYNES D. Approaches to Estimating the Economic Impacts of Tourism：Some Examples[EB/OL]. Economic Bulletin. http：// www. msu. edu/rstynes/，1999.

⑤ FAULKNER H. *Evaluating the Impacts of Hallmark Events*[R]. BTR Occasional Paper No. 16，Canberra：Bureau of Tourism Research，1993.

⑥ 同样，此处的一个内涵前提假设是，政府开支用于不同方面对经济的促进作用是相同的。

力支持,这些"外援"无疑有利于提升当地的基础设施水平(Burgan & Mules, 1992; Mules, 1998)[①],为本地经济带来巨大的效益。另外,会展——尤其是大型会展——的举办需要配置大量的资源,而这些资源不仅需要来自政治方面的协调,而且具有一定的优先权,基于机会成本角度,这也构成了与会展有关的另一种政府消费支出。设由政府引致的消费为 G_f',则:

$$S_{\text{total}} = \sum_j S_j + G_f + G_f'$$
$$= \sum_j (\phi V \delta_{V,j} \beta_{V,j} + \psi L \delta_{L,j} \beta_{L,j}) + G_f + G_f' \qquad (7-6)$$

第三节 会展消费的本地比例及影响

与某次会展相关的总消费构成了会展经济效应形成的基础,但是,就会展消费给本地经济带来影响的作用机制、途径及所涉及的具体问题而言,还需要进一步的细致考察。

一、会展消费捕获率

会展对经济发展所起到的"乘数效应"得到了研究者的广泛重视,但是,研究者在使用"乘数"的过程中,最为常见的错误是使用旅游者等会展消费主体的最终花费乘以"乘数"来衡量会展的经济影响(Foley, 1991; SQWL, 1995)[②],这至少从如下两方面夸大了会展经济效应:一方面,根据前文的分析,使用"最终花费"夸大了消费主体与会展相关的消费支出;另一方面,并不是所有的会展消费都会留在举办地的经济系统中,由于会展举办地空间范围的局限、相关资源不足,以及和其他地区之间经济联系的增强,一定比例的会展消费必然会被用于购买会展举办地以外厂商提供的产品或服务,一部分会展消费由此"漏出(leakage)"了会展举办地,削弱了会展的经济效应。据预测,2010 年上海世博会参观人数将超过 7000 万人次,庞大的接待量需要依赖上海及长三角区域的旅游资源、住宿、餐饮等接待设施的共同支撑。首先,上海一地的资源吸引力较弱,缺乏名山胜水,人文景点的历史积淀也欠深厚,打造最具人气的世博会展旅游产品,必须与长三角其他地区的旅游资源进行有机匹配,产生较强的会展旅游的资源诱因;其次,世博会期间的主要接待工作在上海,但上海一地现有的住宿、交通、餐饮等接待能力以及会展、导游等相关专业的人力资源远远不能满足世博会展旅游的需求,必须整合长三角的接待资源为世博会服务;再次,世博会期间超常规模的旅游人流,也有赖于长三角旅行社的全力合作;此外,世博会需要大量的会展策划、管理、旅游营

① BURGAN B, MULES T. Economic Impacts of Major Sporting Events[J]. *Annals of Tourism Research*, 1992, 19(4): 700-710. MULES T. Taxpayer Subsidies for Major Sporting Events[J]. *Sport Management Review*, 1998, 1(1): 25-43.

② FOLEY P. The Impacts of World Student Games on Sheffield[J]. *Environment and Planning C: Government and Policy*, 1991, 9(1): 65-78. SQWL. *Economic Evaluation Study of the Scottish Open Golf Championship*[M]. Edinburgh: Segal Quince Wicksteed Limited, 1995.

销人才和饭店管理、翻译导游人才，上海的旅游服务工作人力资源严重不足，这也需要长三角各地的配合。[1]

实际上，会展消费主体购买的产品或服务在会展举办地形成最终需求，而只有部分产品和服务应该被视为对会展举办地产品或服务的最终需求，后者在会展消费主体花费中的比例被称为"捕获率（capture ratio，σ）"。因此，在使用会展"乘数"概念之前，必须将消费主体所购买产品或服务中来自举办地之外的部分进行必要的扣除，则：

$$DS = \sigma S_{total} \qquad\qquad (7-7)$$

一般而言，在封闭条件下，不存在对外贸易，$\sigma = 1$，否则，$0 \leq \sigma < 1$，消费主体购买的部分产品或服务来源于本地生产经济系统之外，导致了$(1-\sigma)$份额的"漏出"，降低了会展经济效应的发挥。不过，该捕获率的使用需要视情况而定。对于会展消费主体花费在门票、娱乐、住宿、餐饮等方面的开支而言，这些开支均可以为本地所捕获；另外一些产品（如石油、书籍、T恤衫等）不可能都是由本地所生产，因此，只有部分零售环节的价值为本地所捕获。另一方面，由于各地产业状况和会展所依托的产业基础的不同，捕获率也因地而异。一般而言，旅游者花费中只有约60%～70%的部分成为会展举办地或承办地的最终需求（Stynes，1999）[2]。

二、会展消费乘数

关于会展经济效应的研究并不仅仅局限于哪一部分应该包含在内，衡量会展经济效应的另一个关键是追踪会展第一波影响和直接经济效应的链式反应。一般而言，会展的直接经济效应来自于消费主体在产品或服务购买上的开支，而间接效应则显示了会展所引起的产品或服务销售所导致的产业链之间销售数量的增加；会展引致的销售效应则主要是由于本地居民家庭收入的上升导致其关于本地产品或服务的需求增加对销售所产生的总体影响。因此，采用合适的"乘数"（multiplier，M）有助于衡量会展对本地经济所产生的整体性波及效应（overall ripple effect），即：

$$TS = \sigma S_{total} \cdot M \qquad\qquad (7-8)$$

作为经常被用于衡量会展次生经济效应的工具，会展乘数的关键在于识别和关注了当地经济产业之间的相互依赖。与会展有关的消费支出直接刺激了相关经济活动的进行，而"乘数"则衡量了会展的间接影响（Burgan & Mules，1992；Crompton，1999）[3]。但是，Archer

① 姚玉洁."长三角"合作寻求"无障碍旅游"，共享世博效应[DB/OL]. http：//www.expo2010china.com/expo/shexpo/xwzx/csml/userobject1ai34802.html，2005-11-04.

② STYNES D. Economic Impacts of Tourism[EB/OL]. http：//www.msu.edu/rstynes/，1999.

③ BURGAN B，MULES T. Economic Impacts of Major Sporting Events[J]. *Annals of Tourism Research*，1992，19（4）：700-710. CROMPTON J L. *Measuring the Economic Impact of Visitors to Sports Tournaments and Special Events*[R]. Ashburn，National Recreation and Park Association，1999.

(1984)[1]的研究发现,"乘数"概念经常被错误地使用和解读,Stynes(1999)[2]在进一步研究中注意到,在非经济学研究人员(noneconomists)中,"乘数"概念存在大量、令人费解的原因和来源。因此,在使用"乘数"概念和分析方法时,需要对"乘数"使用中应该注意的问题进行细致的分析。研究者经常就奥运会等大型事件对当地经济的影响提出批评和质疑,乘数的不恰当使用使研究者高估了有关会展对当地经济的影响是其中最受诟病的方面(Siegfried & Zimbalist,2000)[3]。此外,对"乘数"在会展中应用的分析可以发现,要么夸大了乘数的作用,要么遗漏了某些因素,实际上低估了乘数作用,或者在应用乘数分析中错误地理解会展的产业经济内涵及相关产业,有关产业边界模糊不清,使会展乘数的计算出现较大了误差。本章从会展乘数发挥作用所依赖的产业体系及会展消费的税收"漏出"两个方面进行简要的分析。

首先,会展乘数作用的发挥依赖于特定的产业体系,因此,会展乘数虽然解析了不同产业之间的关联,但却随产业和地区的不同而表现出显著的差异。相关产业体系的健全与否和效能高低必然会影响到会展乘数作用的发挥,设会展相关产业体系的效能水平为$\varphi(\varphi \in [0, 1])$,则实际的会展乘数水平为:

$$M_{\text{actual}} = \varphi M \tag{7-9}$$

在会展乘数效应的实际作用途径和机制方面,投入产出表(input-output tables)发挥着基础性作用,且乘数效应因不同经济体系、不同产业及不同形式的产业联系而不同,并与会展消费主体及其他相关产业的消费模式及边际消费倾向(ρ)有着密切的联系。在实际的会展乘数应用过程中,可以使用相关乘数值乘以会展分配给其他每个行业(住宿、交通、娱乐等)的消费获得全部产业和各个产业的附加值。不过,需要注意的是,会展乘数的取值范围因所研究的地区而有所差异,地区内家庭收入或者附加值增量也会有所不同,会展消费主体的消费支出在特定行业上的分配模式则构成了影响会展经济影响乘数效能发挥的决定性因素。因此,在会展与其他产业投入产出形式的关联中,会展消费分配给其他独立的产业部门,形成对经济的多元化、整体性影响,由此,住宿、交通、购物、食品、饮料、娱乐及有组织的旅游等产业部门成为会展消费的主要相关产业,专业会议组织者(PCO)、招待服务业、专业化的技术支持及广告宣传业等商业服务业也与会展消费密切相关,并尤以分配给会展组织者的消费份额最大(Dwyer & Forsyth,1997)[4]。Johnson 等(1999)[5]关于澳大利亚从会展相关消费获

① ARCHER B. Economic Impact: Misleading Multiplier[J]. *Annals of Tourism Research*, 1984, 11(3): 517–518.

② STYNES D. Economic Impact Concepts and Methods[EB/OL]. http://www.msu.edu/rstynes/, 1999.

③ SIEGFRIED J, ZIMBALIST A. The Economics of Sports Facilities and Their Communities[J]. *Journal of Economic Perspectives*, 2000, 14 (3): 95–114.

④ DWYER L, FORSYTH P. Impacts and Benefits of MICE Tourism: A Framework for Analysis[J]. *Tourism Economics*, 1997, 3(1): 21–28.

⑤ JOHNSON L, et al. *Meeting Make Their Mark: Characteristics and Economic Contribution of Australia's Meeting and Exhibitions Sector*[R]. Bureau of Tourism Research Occasional Paper No.26, Canberra, 1999.

得利益的商业类型的调查表明，在会展组织者之后，依次为：①向会展提供服务的商业；②食宿业；③国内航空公司；④食品及饮料杂货店；⑤国际航空公司。总体而言，上述商业大约占会展相关行业消费的75%。

不过，一般说来，特定产业的乘数效应往往基于复杂的投入产出表实现，在美国，通常使用区域产业乘数系统(regional industrial multiplier system，RIMS II)模型进行分析，该模型中的系列乘数的计算基于区域内产业之间的联系而进行，并提供了473个细分行业的最终需求产出乘数，包括酒店住宿业、餐饮业、文化艺术业、休闲业等。就大型事件而言，其在区域经济体系内并不是一个常态的事件，因此，产业之间的联系或许并不能得以完善地形成，相关产业体系的效能水平(φ)不能得到充分的发挥，基于会展乘数的经济效应分析也就显得不够准确。实际上，在大型会展期间，会展乘数效应被显著地高估了，其对当地的经济影响也必然地被夸大(Matheson，2004)①。

此外，诱发的投资是会展乘数效应发挥作用的另一个注入消费的动力来源。无论私人部门及公共部门之间的消费是否平衡，与会展相关的"新钱"所带来的投资都对收入和就业具有乘数效应。但是，在会展效应被普遍高估的情况下，过度投资可能成为某些地区会展业发展中的突出现象，因此，在全面评价会展对旅游目的地的经济贡献时，必须充分考虑由于会展能力过剩而造成的运营成本的消耗，而这些消耗都会通过相关产业体系效能水平(φ)削弱会展乘数效应的发挥。

进一步，设会展及相关产业体系内的平均边际消费倾向为ρ，则式(7-9)演变为：

$$M_{\text{actual}} = \varphi \frac{1}{1-\rho} \tag{7-10}$$

其次，从其他地区购买相关产品或服务是会展举办地会展效益的一次性"漏出"，而缴纳给国家的税款则在会展及其相关产业的每一个环节都构成了会展效益的"漏出"，之所以把缴纳给国家的税收视为"漏出"，关键在于会展举办地居民不能再消费该部分收益，②因而对会展效应的发挥也具有"链式"的连锁反应特点。设税率为比例税率(t)③，则式(7-10)演变为：

$$M_{\text{actual}} = \varphi \frac{1}{1-\rho(1-t)} \tag{7-11}$$

式(7-6)~式(7-11)构成了分析和衡量会展经济影响效应的基本关系框架，借此，可以构建衡量会展效应的一般性分析模型：

$$\text{TS} = \sigma\left[\sum_j (\phi V \delta_{V,j} \beta_{V,j} + \psi L \delta_{L,j} \beta_{L,j}) + G_f + G_f'\right] \varphi \frac{1}{1-\rho(1-t)} \tag{7-12}$$

---

① MATHESON V A. *Economic Multipliers and Mega-Event Analysis*[R]. College of the Holy Cross, Department of Economics, Working Paper No. 2004-02.

② 国家收税后也可能将其用到该地区内，但是，这主要取决于宏观经济政策的考量和方向。

③ 当然，也可以设定为定额税率，限于篇幅，此处仅考虑比例税率。

但是，作为复杂的作用过程，式(7-12)依然是相对简单的表达，在具体的实际应用过程中，还需要注意以下方面的问题，这也构成了会展乘数发挥作用的约束性条件和前提。

三、会展消费诱发效应

一个关于会展乘数效应的方法论争议来自一个内涵的前提假设，即会展举办地的生产能力未获得充分的利用，存在多余的生产能力。鉴于此，会展乘数在使用过程中也经常被误解，因为在会展举办的时候，如果会展举办地的生产能力已获得充分的使用，本地产品或服务供应商无法通过增加额外的人员雇佣或资本投入来增加产品或服务的供给，则一方面，随着消费主体消费总量的增加，捕获率(σ)将逐步下降；另一方面，会展消费的次生性经济影响及其对本地经济的整体性波及效应将不复存在。

Archer(1982)[1]的研究认为，乘数可以被分解为由它们而产生的各种效应，即初始的、产品诱发的和消费诱发的效应，因此，在会展的传统经济影响评价中，有几类其他的经济效应应该引起足够的重视，这些影响由于会展相关消费而产生，却与会展消费主体的消费没有直接关系，主要包括新的商业发展、诱发的投资、当地经济实体的净利润和成本，以及举办地旅游宣传的长期收益等方面。基于此，在实际研究中，有关研究者区分了Ⅰ型乘数和Ⅱ型乘数，其中，Ⅱ型乘数主要用于测算与会展相关的旅游对经济的影响，它既考虑了产品诱发的效应，也考虑了消费诱发效应；Ⅰ型乘数则不考虑消费诱发效应(Mules, 1999)[2]。不过，由于难以测算，在许多关于会展经济效应的研究中，这些影响都被忽略了。例如，新的商业发展，原则上得益于会展的举办，而实践中却难以被分离和测算。不过，在非计划库存为零的均衡产出状态下，对消费和产品的衡量是"一枚硬币的两个面"，产品诱发效应已经被反映在会展业内消费的增加中，所以，不应再重复加以计算，则会展实际的经济效应应该更接近Ⅰ型乘数值。

此外，会展就业乘数也是会展效应中广泛使用的乘数之一，其结果表现为产出的增加，因此，由会展消费引起的就业增量可以根据投入产出表用会展就业乘数求出。根据会展协会(Convention Liaison Council)的统计资料，美国的会议产业创造了150万个正规职业(岗位)，间接创造了140万个非正式职业(岗位)(Convention Liaison Council, 1993)[3]，但是，Dwyer 等(2000)[4]的研究指出，使用这些乘数会夸大所产生的就业量。实际上，根据投入产出表计算的就业产出模型，其内在假设是企业年销售额与就业水平之间存在恒定的比例关系，然而，不同的企业因企业性质、规模不同而不同，也有着不同的边际倾向来雇用员工以增加销售

① ARCHER B. Economic Impact: Misleading Multiplier[J]. *Annals of Tourism Research*, 1984, 11(3): 517-518.

② MULES T. Estimating the Economic Impact of an Event on a Local Government Area, Region, State or Territory[C]. in *Valuing Tourism: Methods and Techniques*, Bureau of Tourism Research Occasional Paper No. 28, Canberra 1999.

③ CONVENTION LIAISON COUNCIL. *Economic Impact Study*[M]. Wheat Ridge, CO: Convention Liaison Council, 1993.

④ DWYER L, et al. Economic Impacts of Inbound Tourism under Different Assumptions Regarding the Macroeconomy[J]. *Current Issue In Tourism*, 2000, 3(4): 325-363.

量。一些企业中，员工水平和营业额变化之间的关系并不明显；而另一些企业中，则可能通过提升现有雇员的努力以增加产量，在这种情况下，在职的工作人员将被要求增加额外的工作时间或强度来满足会展导致的峰值需求，或者在短期内增加少量的人员雇用需求，而后者仅仅为会展举办地外的地区提供了短暂的、新的就业机会，因此，根据投入产出表使用会展就业乘数也就存在明显的问题。

四、客观评价会展经济社会影响

1. 客观评价会展效应

在实实在在的经济效应之外，会展效应还表现在对会展举办地居民自身形象的提升和促进作用（Hughes，1993；Mules，1993；Garnham，1996）①，并能够带来巨大的"心理收益"（Getz，1997）②。事实上，由于会展经济效应如此显著，以至于对经济增长的影响是有关各方在承办会展中主要的考虑因素，这也得会展的负面影响被广泛忽略，甚至被刻意隐藏起来。尤其对于一些大型会展活动（mega events）而言，由于时限比较紧张，承办和举办过程中官僚式的果决行动取代了审慎的讨论和思考，并且，世界的瞩目使大型节事活动显得宏伟壮观和光彩夺目，尽量避免乏味和本地问题的凸显，一定程度上影响了相关人员关于大型节事活动的客观分析。

系列研究表明，会展举办地社区居民的收益并不总是正的，这也是举办地社区居民产生消极态度的主要原因。一方面，相关会展影响的研究主要集中于其累积效应上，而忽略了会展效应在社区内的"分配性效应（distribution effects）"（Mules，1998）③，会展所带来的交通阻塞、机动车事故及噪声等均成为了影响对社区居民生活的重要负面"分配性效应"。就社区居民家庭而言，这些不期而遇的后果对其产生的影响要远胜于心理上的自豪感，并且，由会展所引致的有形收益主要集中在旅游等某些特定产业上，而这可能仅仅惠及一小部分居民。另一方面，会展举办地住宿、餐饮等服务设施会由于会展的举办而显得紧张，相关产品或服务的价格也会提高，由此产生的"替代性效应（displacement effects）"使得会展旅游者会"替代"掉部分普通旅游者④，并且，相关会展也在价格的上升和交通拥挤等方面为会展举办地带来了显著的负面影响，甚至本地居民经常感到被排除在本地服务之外的压力。

---

① HUGHES H. Olympic Tourism and Urban Regeneration[J]. *Festival Management and Event Tourism*，1993，1（4）：157 – 162. MULES T. A Special Event as Part of an Urban Renewal Strategy[J]. *Festival Management and Event Tourism*，1993，1（2）：65 – 67. GARNHAM B. Ranfurly Shield Rugby：An Investigation into the Impacts of a Sporting Event on a Provincial City, the Case of New Plymouth, Taranaki, New Zealand[J]. *Festival Management and Event Tourism*，1997，4（3/4）：145 – 149.

② GETZ D. *Events Management and Event Tourism*[M]. New York：Cognizant Communication. Corporation，1997.

③ MULES T. Taxpayer Subsidies for Major Sporting Events[J]. *Sport Management Review*，1998，1（1）：25 – 43.

④ 这也是本章构建的会展经济效应一般分析框架中忽略的部分。

另有研究文献表明，一些大型会展活动的成本已经远远超过了其所带来的各种收益总和，其负面效应包括税收支出的机会成本（Mules，1998）[①]、成本和收益在举办地社区居民之间的分配（Soutar & McLeod，1993）[②]及替代效应的经济和社会成本（Olds，1998）[③]等。因此，在强调会展经济效应的同时，需要进一步强化对会展社会效应等方面的全面整体性分析。

延伸阅读 7 - 6：奥运场馆后续利用

对奥运会主办城市而言，场馆的赛后利用是最需要关注的内容之一。在这方面，一些国家在场馆赛后利用方面的经验值得认真研究和借鉴。

1. 雅典

雅典奥运会场馆的赛后利用坚持三项原则：一是不孤立地考虑某一场馆，而将其与周围地区的发展需要紧密结合，使对该场馆的利用成为该地区经济发展的一个助推器，实现场馆利用效益最大化；二是创造和开拓新的需求市场，拓宽场馆利用渠道，众多场馆的赛后利用需要协调，不能相互竞争；三是场馆赛后利用的招标面向国内外，而且让公共机构以及私人企业都参与进来，尽量让民间资本参与到赛后场馆的利用上，对场馆实行项目管理。

2. 韩国

1988 年汉城奥运会的场馆主要集中建在汉城的汉江以南地区，汉城综合运动场和奥林匹克公园是最具代表性的建筑。这些遗留下来的奥运场馆至今仍然在"辛勤工作"，成为市民运动、休闲的好去处。首先，政府专门成立办公室，负责对主要体育场馆宣传介绍，受理在体育场馆内举行非体育性活动的申请并进行安排等工作。在管理办公室的精心打理下，体育赛事经常举行，各种场馆物尽其用，综合运动场的陈列馆也逐步发展成为外国游客了解奥运会历史和韩国参与奥运会情况的窗口。其次，开发场馆的"副业"。管理办公室积极开发这些场馆的一些"副业"，如在这些体育场馆里举办各种各样的学习班，不仅向市民团体出租场地举行社会文化活动，同时对参观者开放等。奥林匹克公园现在已经变成具有文化气息的综合性公园，成为附近居民周末休闲的好去处。最后，功能多元化也是韩国体育场馆成功运作的经验。汉城体育馆在 2002 年世界杯足球比赛中被用作主赛场和开幕式、闭幕式的场地，由于建造昂贵，回收资金和维护都是大难题。设计者事

---

① MULES T. Taxpayer Subsidies for Major Sporting Events[J]. *Sport Management Review*, 1998, 1(1): 25 - 43.

② SOUTAR G, McLEOD P. Residents' Perceptions on Impact of the America's Cup[J]. *Annals of Tourism Research*, 1993, 20(3): 571 - 582.

③ OLDS K. A Special Event as Part of an Urban Renewal Strategy[J]. *Festival Management and Event Tourism*, 1998, 11(1): 2 - 46.

先考虑到了赛后的利用，有效地扩展了赛后利用的空间。他们采用许多新技术：自然采光和滑动屋顶提供了更多的视觉享受，活动座椅可满足各种体育赛事进行位置安排的需求，既可继续进行足球赛，也可进行韩国人最喜爱的棒球运动，还可进行大型演出。此外还有电影院、大型购物中心、游泳池和健身中心等附属建筑，而整个体育场还是个多功能的大型餐厅。

3. 悉尼

悉尼奥运会的筹办者在奥运会筹办期间就提出了后奥运战略，经营体育赛事，应对场馆闲置。悉尼奥运会的主会场能够容纳 11 万人，1999 年开始投入使用时出现了亏损。以后加大了经营体育赛事力度，2003 年悉尼举办世界橄榄球世界杯赛，194 个国家对这一赛事进行了电视转播，观众达 34 亿人次。赛事还拉动了相关的餐饮、住宿、购物消费，金额高达 10 亿澳元。这一赛事更为重要的意义是恢复了人们对经营使用奥林匹克公园和主体育场的信心，使其运营状况得到了改观。

资料来源：陈剑. 降低奥运经济风险的国际经验与对策建议[J]. 前线，2007，(10)：10 - 12.

2. 有待进一步研究的问题

无疑，本章的讨论主要集中于会展对于举办地"本地"经济影响量化衡量过程中涉及的一些概念和方法，但是，会展经济效应的研究应该包含更为广泛的内容。

首先，从区域角度而言，在实际的研究中，研究人员忽视了关于"漏出"的一个基本问题，即从会展消费主体和地区经济影响分布角度对会展相关消费进行的研究，尤其是关于会展，特别是影响较大的大型会展（比如奥运会），给会展举办地之外地区带来利益的研究依然十分薄弱。事实上，会展，特别是大型会展的经济效应绝不仅仅局限在举办地，特别是对于发展中国家，举办地举办会展要大量投资进行基础设施建设，而且从建材、机械到相关的化工、电子通信设备等都需要采购其他区域的大量产品，从而带动其他区域相关产业发展。在这一方面，Mistilis 和 Dwyer(1999)[①]做出了突破性的研究，而张亚雄和赵坤(2008)[②]基于区域间投入产出模型对北京奥运会投资对中国经济的拉动影响进行了富有创见性的分析。但是，囿于基础数据的缺乏，相关研究依然不够成熟，对于一些影响力较小的会展在较小空间尺度的区域影响来说尤其如此，显而易见，会展相关消费的分布应该是进一步研究的重要问题。

其次，除了上述会展经济效应以外，还有一些特殊的收益和成本与会展息息相关，但却难以被量化，比如，会展旅游对社会、文化和环境的影响可能是正的，也可能是负的，需

---

① MISTILIS N, DWYER L. Tourism Gateways and Regional Economies: the Distributional Impacts of MICE[J]. *International al Journal of Tourism Research*, 1999, 1(6): 441 - 457.

② 张亚雄，赵坤. 北京奥运会投资对中国经济的拉动影响：基于区域间投入产出模型的分析[J]. 经济研究，2008，(5)：4 - 15.

要采用成本收益方法正确地对其进行计算。尽管有研究者在评价特殊活动的影响的时候，已经对这类收益和成本予以了充分的注意(Crompton，1999)[①]，但是，在会展经济效应的研究中，却只做了极为表面的研究，或者甚至完全将其忽略了，使得支持举办某些会展的观点甚至明显地依赖于个人的或政治的信念，而不是建立在细致的经济核算基础之上(Foley，1991)[②]。因此，在关注会展经济效应研究的同时，会展相关研究应该具有更为开阔的视野，引入新的研究方法，为公众认识以及会展投入决策提供一个有用的分析工具。

最后，需要明确的是，式(7-12)衡量模型或许由于统计数据的缺失而少有应用，相关参数也大多缺乏具有可比性的经验性结果，系统的研究也相对缺乏，所以，为了全面、正确地回答上述现实经济问题，需要首先从投入产出乘数的基本原理入手，理清会展乘数作用的传导机制，密切结合会展产业的现实问题，合理量化和界定相关指标，纠正应用中出现的各种偏差，使会展经济效应分析更加符合实际，提高其应用效果。

第四节　会展活动投资对区域间经济拉动的影响：以 2008 年北京奥运会为例[③]

举办奥运会不仅是一项大型社会活动，而且能由此产生巨大的经济效应，形成"奥运经济"，从而推动主办国经济发展。自 1984 年洛杉矶引入市场机制办奥运会以来，奥运会的经济影响举世瞩目，国外许多研究机构也利用经济模型对随后各届奥运会的经济效益做了大量的研究。美国经济研究协会(Economics Research Associates，1984)利用投入产出模型的研究表明，洛杉矶奥运会拉动当地地区生产总值 23 亿美元。[④] Kim 等(1989)和 Brunet(1995)分别对 1988 年汉城和 1992 年巴塞罗那奥运会进行了分析，表明这两届奥运会分别带动韩国和巴塞罗那区域经济增长提高 1.4 和 0.03 个百分点。[⑤] Humphreys 等(1995)利用投入产出模型进

① CROMPTON J L. *Measuring the Economic Impact of Visitors to Sports Tournaments and Special Events*[R]. Ashburn, National Recreation and Park Association, 1999.

② FOLEY P. The Impacts of World Student Games on Sheffield[J]. *Environment and Planning C: Government and Policy*, 1991, 9(1): 65-78.

③ 本节内容来源于：张亚雄，赵坤. 北京奥运会投资对中国经济的拉动影响：基于区域间投入产出模型的分析[J]. 经济研究，2008，(3)：4-15.

④ Economics Research Associates. *Community Economic Impact of the 1984 Olympic Games in Los Angeles and Southern California*[R]. Los Angeles Olympic Organizing Committee: Los Angeles, 1984.

⑤ KIM J G, et al. *Impact of the Seoul Olympic Games on National Development*[R]. Korea Development Institute, 1989. BRUNET F. An Economic Analysis of the Barcelona'92 Olympic Games: Resources, Financing and Impact[C]. in Miquel, M. and M. Botella (eds.) *The Keys to Success: The Social, Sporting, Economic and Communications Impact of Barcelona'92*[M]. Servei de Publicacions de la UAB, Barcelona, 1995: 203-37.

行的研究结果显示，1996 年亚特兰大奥运会分别使当地经济在 1991—1997 年间每年多增长 51 亿美元。[1] Andersen(1999)则利用 CGE 模型研究悉尼奥运会对当地经济发展的影响，表明悉尼经济因此每年多增长 65 亿美元，占悉尼经济总量的 2.78% 。[2]

投入产出模型是分析投资、消费等需求因素对经济增长和产业结构变化影响的重要基础性工具，上述对奥运会经济效益的研究大多也是利用投入产出模型。但是，相关研究主要是针对奥运会举办城市的经济影响，事实上，作为一项主要在一个城市举办的超大型活动，其经济影响绝不仅仅局限在主办城市。

区域间投入产出模型系统、全面地反映了各个区域各个产业之间的经济联系，是区域之间产业结构和技术差异比较、分析区域间产业相互联系与影响的重要方法。[3] 作为一项庞大的系统工程，"奥运经济"会对主办城市、主办国经济、文化、社会发展等方方面面产生影响。同时，奥运会筹备期、举办期和奥运后期的各种影响效应也不尽相同。

一、区域间投入产出模型

区域间投入产出模型(Interregional Input-Output Model，简称 IRIO 模型)也称为 Isard 模型，其基本形式是把所有产业按区域进行划分，构建分区域、分部门的区域间贸易矩阵，是一个流入非竞争型模型。IRIO 模型的基本形式如图 7-1 所示。假定模型所包括的区域个数为 m，每个区域的部门数量相同，都为 n 个，而且分类方法和口径一致。[4] 其中，x_{ij}^{RS} 是区域 R 部门 i 产品对区域 S 部门 j 的投入或使用；F_i^{RS} 是区域 R 部门 i 的产品提供给区域 S 的最终需求；V_j^S 是区域 S 部门 j 的最初投入；x_i^R 和 x_j^S 分别是区域 R 部门 i 或区域 S 部门 j 的总产出。与单一区域的投入产出模型相比，从结构上来说，区域间投入产出模型将每一个区域的每一个部门的投入、产出结构都分别进行构建；从内容上来说，区域间投入产出模型将区域间产品和劳务的交流进行了内生化处理。在中间产品部分，详细记录了每个区域每个部门产品在

① HUMPHREYS J M, Plummer M K. *The Economic Impact of the State of Georgia of Hosting the 1996 Olympic Games*[M]. Mimeo, Seig Centre for Economic Growth; Georgia, 1995.

② ANDERSEN A. *Economic Impact Study of the Sydney 2000 Olympic Games*[R]. Centre for Regional Economic Analysis, University of Tasmania, Tasmania, 1999.

③ 彼得·尼茨坎普在主编的《区域和城市经济学手册》(2001)中指出："在区域建模中，投入产出分析发挥了主导性作用，它成了空间经济经验描述的一个强有力的工具"。区域间投入产出模型由区域经济学奠基者 Isard(1951)和发展经济学家 Chenery(1953)、Moses(1955)首先提出，逐步发展并获得了广泛的应用。日本、荷兰、欧盟等都定期研制区域间投入产出模型，Polenske(1991)等首先研制了美国区域间投入产出模型。我国是投入产出研究开展较好的国家，然而区域间投入产出领域一直是空白。参阅：ISARD W. Interregional and Regional Input-output Analysis: A Model of Space Economy[J]. *Review of Economics and Statistics*, 1951, 33: 318 – 328. CHENERY H. Regional Analysis[C]. in Chenery H, P. Clark & V. Pinna (eds) *The Structure and Growth of the Italian Economy, Rome*[M]. U. S. Mutual Security Agency, 1953: 96 – 115. MOSES L N. The Stability of Interregional Trading Patterns and Input-Output Analysis[J]. *American Economic Review*, 1955, 45(5): 803 – 832. POLENSKE K R. An Empirical Test of Interregional Input-Output Models: Estimation of 1963 Japanese Production[J]. *American Economic Review*, 1970, 60(1): 76 – 82.

④ 假定各区域部门数量相同完全是出于讨论和表述的方便，各区域部门数量不同并不影响区域间模型的建立。

本区域内和其他区域的投入和使用状况。

			中间使用							最终使用			总产出
			区域1			...	区域m			区域1	...	区域m	
			部门1	...	部门n		部门1	...	部门n				
中间投入	区域1	部门1	x_{11}^{11}	...	x_{1n}^{11}	...	x_{11}^{1m}	...	x_{1n}^{1m}	F_1^{11}	...	F_1^{1m}	X_1^1
		⋮	⋮		⋮		⋮		⋮	⋮		⋮	⋮
		部门n	x_{n1}^{11}	...	x_{nn}^{11}	...	x_{n1}^{1m}	...	x_{nn}^{1m}	F_n^{11}	...	F_n^{1m}	X_n^1
	...	...								...		...	...
	区域m	部门1	x_{11}^{m1}	...	x_{1n}^{m1}	...	x_{11}^{mm}	...	x_{1n}^{mm}	F_1^{m1}	...	F_1^{m1}	X_1^m
		⋮	⋮		⋮		⋮		⋮	⋮		⋮	⋮
		部门n	x_{n1}^{m1}	...	x_{nn}^{m1}	...	x_{n1}^{mm}	...	x_{nn}^{mm}	F_n^{m1}	...	F_n^{m1}	X_n^m
最初投入			V_1^1	...	V_n^1	...	V_1^m	...	V_n^m				
总投入			X_1^1	...	X_1^1	...	X_1^m	...	X_1^m				

图7-1　区域间投入产出模型的基本形式

由于 Isard 模型对基础数据的需求量非常大，使用起来比较困难，许多学者分别提出了一些对数据资料要求相对较少的模型，其中最重要的是 Chenery-Moses 模型（Multiregional Input-Output Model，简称 MRIO 模型或列系数模型）。为了分析北京奥运会投资对北京及其他地区经济的拉动作用，可以利用 MRIO 模型和 1997 年中国区域间投入产出模型的构建方法，构建 2000 年中国 3 区域、17 部门区域间投入产出模型[①]，用矩阵形式可以写为：

$$\begin{bmatrix} C^{11} & C^{12} & C^{13} \\ C^{21} & C^{22} & C^{23} \\ C^{31} & C^{32} & C^{33} \end{bmatrix} \begin{bmatrix} A^1 & 0 & 0 \\ 0 & A^2 & 0 \\ 0 & 0 & A^3 \end{bmatrix} \begin{bmatrix} X^1 \\ X^2 \\ X^3 \end{bmatrix} + \begin{bmatrix} \hat{C}^{11} & \hat{C}^{12} & \hat{C}^{13} \\ \hat{C}^{21} & \hat{C}^{22} & \hat{C}^{23} \\ \hat{C}^{31} & \hat{C}^{32} & \hat{C}^{33} \end{bmatrix} \begin{bmatrix} F^1 \\ F^2 \\ F^3 \end{bmatrix} = \begin{bmatrix} X^1 \\ X^2 \\ X^3 \end{bmatrix} \qquad (7-13)$$

其中，F^i 为各区域的最终需求，X^i 为总产出，A^i 为 3 个区域的直接投入系数矩阵，$\hat{C}^{RS}$ 为区域间贸易系数（Interregional Trade Coefficients）矩阵，为对角矩阵，其对角线上的元素 C_i^{RS} 为区域 R 流出到区域 S 的 i 产业产品占区域 S 该产业全部产品流入的比例：

①　3 区域指北京、周边（天津、河北和山东）和其他区域；17 部门分类以国家统计局 40 部门分类为基础，并对一些部门进行合并，具体分类是：1. 农业；2. 采选业；3. 食品制造及烟草加工业；4. 纺织服装业；5. 木材加工及家具制造业；6. 造纸印刷及文教用品制造业；7. 石化工业；8. 非金属矿物制品业；9. 金属制品业；10. 机械工业；11. 交通运输设备制造业；12. 电子、电器设备制造业；13. 其他制造业；14. 电力、蒸汽、热水、煤气及自来水的生产和供应业；15. 建筑业；16. 商业、货物运输及仓储业；17. 其他服务业。根据投入产出模型的基本假定，一个国家或一个区域的生产技术结构在短期内是相对稳定的。因此，可以假定 2000—2004 年各区域内生产技术结构和各区域间贸易结构不变，而 2005—2007 年各区域生产技术结构和各区域间贸易结构保持不变。这样，虽然奥运会投资分布在 2002—2007 各年，但无需将 2000 年区域间模型逐年延长，而只需将其延长至 2005 年即可。

$$C_i^{RS} = \frac{t_i^{RS}}{\sum_R t_i^{RS}} \qquad (7-14)$$

其中，t_i^{RS} 为部门 i 产品从区域 R 到区域 S 的流出量。进一步，构建中国区域间投入产出模型需要将各省（区）、市投入产出表进行规范化调整；对省（区）、市间的产品流动进行典型调查，同时根据其他统计资料进行推算；最后，采用 Chenery-Moses 模型方法计算和平衡调整。在实际的调查过程中，受调查规模限制，可采用典型调查数据和引力模型推算相结合的方法构建区域间贸易系数矩阵。引力模型方法由 Leontief 和 Strout（1963）提出①，利用引力模型计算区域间各产业产品的贸易量由以下公式决定：

$$t_i^{RS} = \frac{x_i^R d_i^S}{\sum_R x_i^R} Q_i^{RS} \qquad (7-15)$$

其中，x_i^R 为区域 R 的 i 产业的总产出（总供给），d_i^S 为区域 S 对 i 产业产品的总需求（中间需求与最终需求的合计），$\sum_R x_i^R$ 为全部区域产业的总产出（等于总需求）；Q_i^{RS} 为 i 产业产品从区域 R 到区域 S 的贸易参数（Trade Parameter），或称为摩擦系数。显然，利用引力模型的关键是对摩擦系数 R_i^{RS} 的估算。Leontief 和 Strout 提出了在不同的基础数据条件下相应的估算方法，并原引入了运输量分布系数（proportional distribution coefficient of interregional commodity flows）来推算不同产品的贸易参数。运输量分布系数方法假定从某一区域向其他区域的物资输送量的分配比例与物资中重要产品的分配存在近似性，因而这个分布系数可以被作为区域间产品流动的摩擦系数 Q_i^{RS}，用公式表示为：

$$Q_i^{RS} = \frac{H_i^{RS}}{\dfrac{H_i^{RO} H_i^{OS}}{H_i^{OO}}} \qquad (7-16)$$

其中，H_i^{RS} 为 R 区域到 S 区域的 i 产业中重要产品的运输量，H_i^{RO} 为 R 区域的 i 产业相应产品总的发送量，H_i^{OS} 为 S 区域的相应产品总的到达量，H_i^{OO} 为全部区域产业相应产品的总发送量（等于总到达量）。

二、区域间产业经济联系

1. 区域产业结构及贸易关联

Leontief 首先提出投入产出模型的轮廓线分析（Skyline Analysis）方法并用来分析一国产业和贸易结构。如图 7-2 所示，图中横轴为模型中的任一部门，图形的高度为由国内需求和

---

① LEONTIEF W, STROUT A. Multiregional Input-Output Analysis[C]//BARNA *Structural Interdependence and Economic Development*[M]. London: MacMillan, 1963: 119-150.

出口需求直接或间接诱发的产出，宽度为该部门产出占总产出的比例，阴影部分为进口，是非国内生产的部分，因此从国内需求和出口需求诱发的产出中扣除之后，剩余部分为国内生产的该部门产出。100%线是指该部门产出恰好能够完全满足国内需求，如果国内产出在100%线以上，则意味着该部门的产出除满足国内需求外，还可以满足出口需求；如果国内产出在100%线以下，则意味着该部门需要从国外进口。因此，国内产出线也是该部门的自给率线。

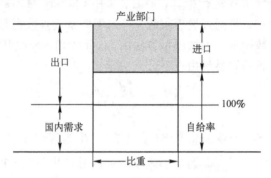

图 7-2　Leontief 轮廓线分析示意图

　　本节利用 Leontief 轮廓线分析我国三区域(北京、周边和其他区域)的产业结构和贸易关联，如图 7-3 所示。从产业结构看，第一，服务业在北京的经济发展中占有重要地位，而农业和制造业相对较弱，商业、货物运输及仓储业(16)和其他服务业(17)占北京总产值的比重达到 49.2%；第二，作为大规模都市经济体，与周边和全国其他区域相比，北京服务业较为发达，而产业结构的完备性不足，同时一些新兴和高技术产业(如电子、电器设备制造业(12)，石化工业(7)等)正在成为北京经济发展的主要动力。

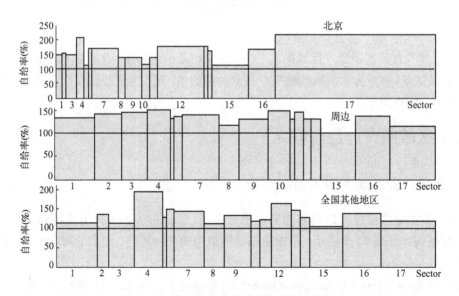

图 7-3　北京、周边和其他区域产业结构和贸易关联

从贸易结构看，区域间贸易对区域经济的影响明显。第一，除其他服务业(17)和建筑业(15)，北京所有部门的自给率均低于100%，表明北京当地的生产不能满足对这些部门产品的需求。同时，北京所有部门产品均大量向外流出，即在大量流入其他区域产品满足本地需求的同时，又在大量流出相同部门的产品。北京其他服务业(17)、纺织服装业(4)、其他制造业(13)和电子、电器设备制造业(12)产品流出比重均超过了产出的50%；第二，北京周边和其他区域绝大部分部门的自给率都超过100%，表明这些部门产品除可以满足本区域的需求外，还可以流出满足另外区域的需求。同时，这些部门也存在大量的产品流入。

2. 区域间产业间关联

后联系数和前联系数是利用投入产出模型进行产业间关联影响分析的主要方法之一。前者反映当任一部门增加一个单位最终需求时，对各个部门产出的影响；后者则反映各部门初始投入增加一个单位时，相应每一个部门产品投入的增加程度。在区域间投入产出模型中，我们可以定义一组区域内及区域间产业后联系数和前联系数：

$$\text{IBL} = \frac{\sum_i b_{ij}^{pq}}{\frac{1}{17 \times 3} \sum_p \sum_q \sum_i \sum_j b_{ij}^{pq}} \tag{7-17}$$

$$\text{IFL} = \frac{\sum_i d_{ij}^{pq}}{\frac{1}{17 \times 3} \sum_p \sum_q \sum_i \sum_j d_{ij}^{pq}} \tag{7-18}$$

其中，b_{ij}^{pq} 为区域间模型中 Leontief 逆矩阵 $\boldsymbol{B} = (\boldsymbol{I} - \boldsymbol{A})^{-1} = \begin{bmatrix} B^{11} & B^{12} & B^{13} \\ B^{21} & B^{22} & B^{23} \\ B^{31} & B^{32} & B^{33} \end{bmatrix}$ 中的元素，d_{ij}^{pq}

为区域间模型中分配系数逆矩阵 $\boldsymbol{D} = (\boldsymbol{I} - \boldsymbol{H})^{-1} = \begin{bmatrix} D^{11} & D^{12} & D^{13} \\ D^{21} & D^{22} & D^{23} \\ D^{31} & D^{32} & D^{33} \end{bmatrix}$ 中的元素，上标 p、q 代表

区域，下标 i、j 代表部门，$\boldsymbol{A}$ 和 $\boldsymbol{H}$ 分别为3区域直接投入系数矩阵和直接分配系数矩阵。区域内及区域间产业后联系数(IBL)反映当任一区域的任一部门增加一个单位最终需求时，对各区域所有部门所产生的全部生产需求；区域内及区域间产业前联系数(IFL)反映当各区域的每一部门增加一个单位初始投入时，各区域的每一部门需要提供投入的产品。

利用公式(7-17)和式(7-18)计算得到经正规化后的北京区域内、北京与周边和其他区域的区域间后联系数分别为0.4741、0.1607和0.3661，即北京的单位需求将会对北京、周边和其他区域相关所有部门产生0.4741、0.1607和0.3661单位的需求影响。北京区域内、北京与周边和其他区域的区域间前联系数分别为0.5178、0.1216和0.2300。即北京各部门增加单位初始投入，需要北京、周边和其他区域相应部门分别增加产出0.5178、0.1216和0.2300单位。

分部门的北京区域内、北京与周边和其他区域的后联系数和前联系数表明，北京电子及电器设备制造业(12)、机械工业(10)、交通运输设备制造业(11)、建筑业(15)和其他制造业(13)的发展对北京经济的带动影响较大；而石化工业(7)、建筑业(15)、金属制品业(9)、木材加工及家具制造业(5)和交通运输设备制造业(11)对周边区域相关部门的拉动较强；北京电子及电器设备制造业(12)、交通运输设备制造业(11)、纺织服装业(4)、机械工业(10)和木材加工及家具制造业(5)产品需求的增加需要其他区域各部门提供更多产品。

分部门前联系数计算结果表明，电子及电器设备制造业(12)、其他制造业(13)、采选业(2)、石化工业(7)、非金属矿物制品业(8)、金属制品业(9)的北京区域内前联影响较大，即更多的生产投入来自北京本地；而北京各部门初始投入增加需要周边区域采选业(2)、非金属矿物制品业(8)、石化工业(7)、金属制品业(9)和其他制造业(13)提供更多的产品；其他区域的区域间前联系数与周边区域的相似度较大，但电力、蒸汽、热水、煤气及自来水的生产和供应业(14)受到的产出诱发效应相对更大。

三、北京奥运会投资对经济拉动影响

1. 北京奥运会投资测算

根据投资性质，奥运会投资可以分为三个部分：一是用于奥运会比赛场馆及相关设施建设的投资，约237.16亿元，这部分投资为奥运会直接投资；二是为了兴办奥运会，新增加的用于城市基础设施建设等的投资，包括北京由于举办奥运会而新增加的基础设施投资和京外区域由于修建奥运场馆和举办相应奥运会比赛项目而新增加的当地基础设施投资，分别约为1068.70亿元和81.11亿元，这些投资也应作为奥运会直接投资；三是原有相关规划中的基础设施投资，但与奥运会紧密相关，比如环保交通等项目，约1438.30亿元，是奥运会的间接投资(表7-1)。

表7-1 奥运会直接投资与间接投资项目分类

项　　目	金额/亿元	项　　目	金额/亿元
直接投资	1386.97	间接投资	1438.3
1. 奥运会比赛场馆及相关设施建设	237.16	1. 环境保护项目	582.13
① 新建场馆项目	69.96	① 能源项目	318.95
② 改扩建场馆项目	26.9	② 水环境治理项目	183.28
③ 新建设施项目	132.6	③ 垃圾处理项目	14.43
④ 59个训练场馆	3.9	④ 绿化及环境监控项目	65.45
⑤ 残奥会专用设施	3.8	2. 交通及其他项目	856.17
2. 北京新增城市基础设施建设投资	1068.7	① 轨道交通项目	399.11
① 铁路民航项目	199	② 城市道路项目	190.94
② 电力项目	238.19	③ 公路项目	224.1
③ 信息通信项目	631.51	④ 交通枢纽项目	12.12
3. 其他省市新增城市基础设施建设投资	81.11[a]	⑤ 上水项目	29.9

注：a 为估算数值。

资料来源：北京2008奥组委《奥运行动计划》，2001年11月。

2. 北京奥运会投资的区域和年度划分

在新建和改扩建的奥运会场馆中，京外项目有 6 个，①建设投资总额 18 亿元。由于没有这些项目的详细预算，且新建场馆项目投资所占份额较大，本章将 18 亿元投资全部作为北京周边区域(天津、河北和山东)的新增奥运会投资，同时根据北京奥运会场馆建设投资与城市基础设施建设投资的资料推算，周边区域新增基础设施建设投资约 81.11 亿元，二者合计共为 99.11 亿元，是周边区域的奥运会直接投资，北京的奥运会直接投资为 1287.86 亿元。按照相关资料，结合 2002—2005 年的各项投资进度，把北京及周边区域的奥运会直接投资分在6 年内投入，分配结果见表 7 – 2。

表 7 – 2 奥运会直接投资在各年的分配/亿元

地区 \ 年份	2002	2003	2004	2005	2006	2007	合　计
北京	25.76	95.41	206.24	311.33	331.83	317.29	1287.86
周边	1.98	7.34	15.87	23.96	25.54	24.42	99.11

3. 北京奥运会投资对经济的拉动作用

利用投入产出模型可以计算各部门最终需求增加对分部门产出增长的乘数效应。考虑区域间模型的矩阵形式(7 – 13)，如果最终需求发生变化 $F^* = \begin{bmatrix} F^{1*} \\ F^{2*} \\ F^{3*} \end{bmatrix}$，那么将(7 – 13)式写为

$X^* = (I - A)^{-1} F^*$，可以计算其对产出的诱发影响：

$$X^* = \begin{bmatrix} X^{1*} \\ X^{2*} \\ X^{3*} \end{bmatrix} = \begin{bmatrix} (I - A^{11}) & -A^{12} & -A^{13} \\ -A^{21} & (I - A^{22}) & -A^{23} \\ -A^{31} & -A^{32} & (I - A^{33}) \end{bmatrix} \begin{bmatrix} F^{1*} \\ F^{2*} \\ F^{3*} \end{bmatrix} = \begin{bmatrix} B^{11} & B^{12} & B^{13} \\ B^{21} & B^{22} & B^{23} \\ B^{31} & B^{32} & B^{33} \end{bmatrix}^{-1} \begin{bmatrix} F^{1*} \\ F^{2*} \\ F^{3*} \end{bmatrix}$$

$$(7 – 19)$$

(1) 奥运会投资拉动北京经济年均多增长 2.02 个百分点

如表 7 – 3 所示，1386.97 亿元的奥运会直接投资在 2002—2007 年分别拉动北京市地区生产总值多增长 17.7 亿元、65.4 亿元、141.5 亿元、201.2 亿元、214.5 亿元和 205.1 亿元，年均多增长 140.9 亿元。根据北京市"十一五"规划，同时考虑 1996—2005 年间的北京经济增长态势，如果不考虑奥运会因素，假定北京 2002—2007 年地区生产总值年均增长 10%，平减指数年均上升 2.5%，照此计算，奥运会直接投资分别拉动 2002—2007 年北京地区生产总

---

① 分别是青岛国际帆船中心、天津体育场、秦皇岛体育场、沈阳五里河体育场、上海体育场和香港赛马场，其中前三个项目为新建场馆，后三个为改造项目。

值每年多增长 0.41、1.30、2.33、2.95、2.77 和 2.34 个百分点,年均多增长 2.02 个百分点。可以看出奥运会直接投资对经济的拉动作用在 2005 年和 2006 年最大,与奥运会基础设施建设的周期一致。

同样的方法,2002—2007 年周边区域地区生产总值因奥运会直接投资拉动分别多增长 8.3 亿元、31.5 亿元、67.9 亿元、109.9 亿元、117.2 亿元和 111.9 亿元,年均多增长 74.4 亿元;每年多增长 0.05、0.14、0.25、0.34、0.32 和 0.27 个百分点,年均多增长 0.2 个百分点。① 其他区域地区生产总值分别多增长 16.7 亿元、61.3 亿元、132.1 亿元、204.3 亿元 217.7 亿元和 208.2 亿元,年均多增长 140.1 亿元;每年多增长 0.02、0.06、0.10、0.13、0.14 和 0.13 个百分点,年均多增长 0.10 个百分点。② 奥运会直接投资对其他区域地区生产总值增长率的贡献较小,原因是其他区域的经济规模较大,而从金额看,对其他区域的拉动与北京基本相当。

表 7-3　奥运会直接投资对经济的拉动作用

年　　份	2002	2003	2004	2005	2006	2007
地区生产总值增量/亿元						
北京	17.7	65.4	141.5	201.2	214.5	205.1
周边	8.3	31.5	67.9	109.9	117.2	111.9
全国其他区域	16.7	61.3	132.1	204.3	217.7	208.2
对地区生产总值增长的拉动(%)						
北京	0.41	1.30	2.33	2.95	2.77	2.34
周边	0.05	0.14	0.25	0.34	0.32	0.27
全国其他区域	0.02	0.06	0.10	0.13	0.14	0.13

(2)奥运会投资拉动北京、周边、其他区域地区生产总值增长的比例为 40%、21% 和 39%

1417.31 亿元的奥运会直接投资拉动 2002—2007 年北京、周边区域和其他区域地区生产总值分别共增加 845.4 亿元,446.7 亿元和 840.3 亿元,也就是说,每 100 亿元奥运会直接投资将拉动北京地区生产总值增长 59.6 亿元、周边区域地区生产总值增长 31.5 亿元、其他区域地区生产总值增长 59.3 亿元,即奥运会直接投资拉动北京、周边、其他区域地区生产总值增长的比例大体为 40%、21% 和 39%,拉动京外区域的比重达到 60%。

---

① 假定不考虑奥运因素,其他区域 2002—2007 年地区生产总值年均增长 10.5%,平减指数年均上升 2.5%。
② 假定不考虑奥运因素,天津、河北、山东 2002—2007 年地区生产总值年均增长 10%~11%,平减指数年均上升 2.5%。

（3）奥运会投资对北京各行业的拉动作用

如表7-4所示，奥运会直接投资对北京市其他服务业和建筑业的拉动作用最大，占对北京经济增长全部贡献的比重达到30%和21%，表明一方面奥运会投资的大量基础设施建设带动北京建筑业快速增长，同时也带动为奥运会建设和相关活动提供各类服务的产业加快发展，成为北京奥运经济的重要表现。同时，北京制造业也受到直接有力的拉动，内部结构得到调整升级，奥运会投资对制造业拉动占对北京经济增长全部贡献的比重达到35.8%，电子、电器设备制造业，机械工业，金属冶炼及制品业，食品制造业，以及交通运输设备制造业等技术资金含量较高的现代制造产业发展得到进一步提升。

表7-4 奥运会直接投资对北京各行业增加值的拉动/亿元

年份 / 行业	2002	2003	2004	2005	2006	2007	合 计
1. 农业	0.3	1.3	2.7	4.1	4.4	4.2	16.9
2. 采选业	0.0	0.2	0.3	0.4	0.4	0.4	1.8
3. 食品制造及烟草加工业	0.5	2.0	4.2	6.2	6.6	6.3	25.9
4. 纺织服装业	0.2	0.7	1.5	2.2	2.3	2.2	9.0
5. 木材加工及家具制造业	0.2	0.9	1.9	2.8	3.0	2.9	11.7
6. 造纸印刷及文教用品制造业	0.2	0.6	1.3	1.7	1.8	1.7	7.3
7. 石化工业	0.4	1.4	3.1	3.7	4.0	3.8	16.4
8. 非金属矿物制品业	0.4	1.4	3.0	3.8	4.1	3.9	16.5
9. 金属冶炼及制品业	0.6	2.3	5.0	6.1	6.5	6.2	26.9
10. 机械工业	1.2	4.4	9.4	14.0	14.9	14.2	58.1
11. 交通运输设备制造业	0.4	1.6	3.4	5.0	5.3	5.1	20.8
12. 电子、电器设备制造业	2.1	7.7	16.5	22.1	23.6	22.6	94.5
13. 其他制造业	0.3	1.3	2.7	3.6	3.8	3.7	15.4
14. 电力、蒸汽、热水、煤气、自来水业	0.3	1.0	2.1	2.8	3.0	2.8	11.9
15. 建筑业	3.6	13.3	28.7	43.3	46.1	44.1	179.0
16. 商业、货物运输和仓储业	1.6	5.8	12.6	17.2	18.4	17.6	73.1
17. 其他服务业	5.4	19.9	43.0	62.2	66.3	63.4	260.1

（4）奥运会投资对北京周边区域各行业的拉动作用

与奥运会直接投资对北京各产业的影响不同，周边区域采选业、石化工业、金属冶炼及制品业、非金属矿物制品业、商业、货物运输和仓储业和农业等的拉动作用相对提升，而对建筑业、服务业、电子、电器设备制造业和机械工业等的带动影响有不同程度减弱。奥运会直接投资当中，场馆、基础设施建设项目比重较大，北京本地建材及相关设备生产不足以满足全部需求，因此对周边区域采选业和金属冶炼及制品业的拉动较大，分别占对周边区域经济增长全部贡献的10%左右（表7-5）。轮廓线分析显示，北京农业生产规模非常有限，需要流入大量产品，而周边区域自给率超过100%，存在大量流出，因此奥运会直接投资对周边区域农业的拉动作用增强。这一方面说明，相对周边区域而言，北京冶炼、采选业、农业等行业不够发达；另一方面，周边区域不仅存在这种经济结构的互补性，而且由于区位优势可以使这些钢铁、建材、矿产品及农产品等相对单位价值较低的产品的运输成本等大幅降低，因而具有竞争优势。同时，在奥运会直接投资的带动下，周边区域的这些产业不仅为办好奥运会做出了贡献，还为本地经济发展提供有力支持。

表7-5　奥运会直接投资对周边区域各行业增加值的拉动/亿元

年　份 行　业	2002	2003	2004	2005	2006	2007	合　计
1. 农业	0.5	1.8	3.9	6.2	6.6	6.3	25.3
2. 采选业	0.9	3.4	7.4	12.0	12.8	12.3	48.8
3. 食品制造及烟草加工业	0.2	0.8	1.7	2.8	3.0	2.9	11.4
4. 纺织服装业	0.1	0.5	1.0	1.7	1.8	1.7	6.8
5. 木材加工及家具制造业	0.0	0.2	0.4	0.7	0.7	0.7	2.7
6. 造纸印刷及文教用品制造业	0.1	0.5	1.2	2.0	2.1	2.0	7.9
7. 石化工业	0.6	2.4	5.2	8.5	9.1	8.7	34.5
8. 非金属矿物制品业	0.4	1.6	3.5	5.9	6.3	6.0	23.7
9. 金属冶炼及制品业	0.8	3.0	6.5	10.6	11.2	10.8	42.9
10. 机械工业	0.4	1.4	2.9	4.9	5.3	5.0	19.9
11. 交通运输设备制造业	0.1	0.3	0.7	1.0	1.1	1.0	4.2
12. 电子、电器设备制造业	0.5	1.7	3.7	5.4	5.7	5.5	22.5
13. 其他制造业	0.2	0.8	1.6	2.7	2.9	2.7	10.9
14. 电力、蒸汽、热水、煤气、自来水业	0.2	0.8	1.7	2.7	2.9	2.7	11.0
15. 建筑业	0.3	1.3	2.8	4.2	4.5	4.3	17.4
16. 商业、货物运输和仓储业	1.0	3.6	7.8	12.9	13.8	13.1	52.2
17. 其他服务业	2.0	7.4	15.9	25.7	27.4	26.2	104.6

　　（5）奥运会投资对其他区域各行业的拉动作用

　　虽然奥运会直接投资没有投向其他区域，但是对其经济发展的贡献却明显大于北京周边区域，而且从行业看，影响更为广泛，其他服务业、商业、货物运输和仓储业、石化工业、采选业、电子电器设备制造业、金属冶炼及制品业、电力煤气业、农业等受到的拉动作用都较大（表7-6）。

表7-6 奥运会直接投资对全国其他区域各行业增加值的拉动/亿元

年份 行业	2002	2003	2004	2005	2006	2007	合计
1. 农业	1.2	4.4	9.5	14.6	15.5	14.9	60.1
2. 采选业	1.6	5.8	12.5	18.5	19.7	18.8	76.9
3. 食品制造及烟草加工业	0.3	1.2	2.6	3.9	4.1	3.9	16.0
4. 纺织服装业	0.5	1.7	3.8	5.7	6.1	5.8	23.6
5. 木材加工及家具制造业	0.0	0.2	0.4	0.5	0.6	0.5	2.2
6. 造纸印刷及文教用品制造业	0.3	1.1	2.3	3.5	3.7	3.6	14.5
7. 石化工业	1.9	7.1	15.3	23.7	25.3	24.2	97.5
8. 非金属矿物制品业	0.3	1.1	2.5	3.7	4.0	3.8	15.4
9. 金属冶炼及制品业	1.2	4.6	9.9	15.5	16.5	15.8	63.5
10. 机械工业	0.5	1.7	3.6	5.5	5.8	5.6	22.7
11. 交通运输设备制造业	0.4	1.4	2.9	4.6	4.9	4.7	18.9
12. 电子、电器设备制造业	1.4	5.1	11.0	18.4	19.6	18.7	74.2
13. 其他制造业	0.4	1.5	3.2	4.9	5.2	5.0	20.2
14. 电力、蒸汽、热水、煤气、自来水业	1.2	4.4	9.4	14.6	15.6	14.9	60.1
15. 建筑业	0.1	0.3	0.6	0.9	1.0	1.0	3.9
16. 商业、货物运输和仓储业	2.3	8.4	18.1	28.0	29.8	28.5	115.1
17. 其他服务业	3.1	11.3	24.5	37.8	40.3	38.5	155.5

本节的分析表明,北京和周边区域与北京和其他区域的产业间关联存在明显的差别,比较奥运会直接投资对周边区域和其他区域各行业发展的拉动作用也有以下几个特点。首先,对这两个区域服务业的拉动作用都较大;其次,对周边区域非金属矿物制品业、金属冶炼及制品业和采选业等的拉动作用明显高于其他区域,这一方面体现了这些行业的特点,距离较近的周边区域这些产业相对比较发达,另一方面也说明它们能够利用自身的特点和区位优势,从奥运会投资中获得更大的收益;第三,其他区域的电力、蒸汽、热水、煤气、自来水业,电子、电器设备制造业和石化工业受到北京奥运会直接投资的带动作用明显高于周边区域,从绝对金额来讲更是如此,这一方面表明其他区域这些产业竞争优势较强,另一方面也表明从全国范围来看,奥运会投资需要全国在电力、石化等能源和基础产业和电子设备等高技术产业的更加广泛和有力的支持。

需要注意的是,作为产业和地区间经济分析的基础性工具,本节构建的中国区域间投入产出模型和分析方法在研究会展活动的经济影响中存在广阔的应用价值。但是,模型构建方法和实证分析依然存在需要改进的地方。例如服务业,由于基础数据缺乏,本节将商业、货物运输和仓储业之外的所有服务业进行了合并处理,但其结果是无法反映奥运会投资对庞大的北京服务业发展的结构性影响,利用本模型对其他问题的研究将存在同样的不足,在模型的应用中要给予充分的重视和必要的谨慎。

复习思考题

1. 什么是会展消费主体？会展消费主体与旅游者的关系是什么？
2. 为什么说只有会展消费主体的"新钱"才能导致会展经济社会影响的产生？
3. 什么是会展消费捕获率？
4. 什么是会展消费乘数？其发挥作用的条件是什么？
5. 什么是会展消费诱发效应？
6. 试分析区域间投入产出模型在分析会展经济社会影响过程中的应用。

附录一 国际博览会联盟(UFI)展览会分类标准

国际展览会联盟根据展览的内容和性质将展览分为 A、B、C 三个大类。其中：

A. 综合性展览会

A I . 技术与消费品展览会

A II . 技术展览会

A III . 消费品展览会

B. 专业性展览会

B I . 农业、林业、葡萄业及设备

B II . 食品、餐馆和旅馆生意、烹调及设备

B III . 纺织品、服装、鞋、皮制品、首饰及设备

B IV . 公共工程、建筑、装饰、扩建及设备

B V . 装饰品、家庭用品、装修及设备

B VI . 健康、卫生、环境安全及设备

B VII . 交通、运输及设备

B VIII . 信息、通信、办公管理及设备

B IX . 运动、娱乐、休闲及设备

B X . 工业、贸易、服务、技术及设备

C. 消费展览会

C I . 艺术品及古董

C II . 综合地方展览会

附录二 英国展览业协会
展览会分类标准

英国展览业协会的展览会分类首先是从行业的角度划分的，分为服务业及相关行业，农业、畜牧业、林业及渔业，烹调、食品生产及加工、饮料等14类，在行业分类基础上又进行了细分，具体如下。

1. 服务业及相关行业

1.1 工商广告、直接发函、运输、特许经营、市场营销、奖励、职业服务、不动产

1.2 娱乐业：游艺、设备

1.3 银行业：银行技术和系统、金融、保险、投资、福利

1.4 图书：图书馆设备、出版

1.5 商用设备：办公技术、办公室用品、文具（电脑等见7.2）

1.6 会议设备及服务：显示设备、展示设备及服务、商店装饰品（声像设备见7.1）

1.7 教育：职业、招聘、培训

1.8 印刷业：书画刻印艺术、贺卡、设计、包装、纸张（食品包装见3.2）

1.9 旅游业：节假日、旅游、度假

1.10 零售业：药品化妆品店用品、车库用品、杂货店用品、贩卖机

2. 农业、畜牧业、林业及渔业

2.1 农业：农用机械、牲畜饲养、驯马、农作、牲畜、兽医

2.2 渔业

2.3 林业

2.4 园艺：花卉种植及贸易、园林技术

2.5 烟草业：烟草加工

3. 烹调、食品生产及加工、饮料

3.1 烹调：面包饼干、饮料、糖果点心、即食食品、精制食品、旅馆及餐馆设备、肉类加工

3.2 食品加工：冷冻、食品包装

3.3 酒：啤酒、烈酒、葡萄酒

4. 汽车、飞机、船舶及防务

4.1 航空：飞机、航空设备、航空港设备、飞行技术

4.2 汽车：汽车配件及服务、商用汽车、轮胎（车库用品见1.10）

4.3 自行车、摩托车

4.4 航海：船舶、海运设备、航行设备、海洋学、海岸技术、码头设备、轮船、船舶制造、水下技术

4.5 防务：军用设备、海军设备

5. 服装、纺织品、鞋

5.1 服装：婴儿装、童装、时装、时装设计、服装饰件、帽、少年时装、内衣和胸衣、成衣

5.2 针织品：针织品、编织品

5.3 纺织品：制衣机械、纤维织品、针织机械、纱线、纤维

5.4 鞋：皮革、鞋、制鞋机械

6. 艺术品、嗜好品、娱乐、体育用品

6.1 古董、仿古家具及附属品

6.2 艺术：现代艺术、临摹画、雕塑

6.3 手工艺品：花草、农艺、手工制品、模型、模具

6.4 露营：露营车、露营设备

6.5 音乐、表演业、电影院、戏院

6.6 宠物、宠物店设备

6.7 集邮

6.8 运动：钓鱼、打猎、消闲、娱乐、运动设备（包括个有运动：高尔夫、网球、足球等）（运动设施建设见8.2；健美见11.1）

6.9 游泳池

7. 广播、计算机、电子、电信

7.1 广播：音像设备、电缆、卫星、电唱机、收音机、电信设备、电视机、录像机

7.2 计算机：计算机技术，计算机工艺、信息技术、大型系统、网络、个人电脑、软件、数据保护

7.3 电子：自动化、电光技术、激光、机器人

7.4 摄影：商业摄影、摄影设备、照相器材（电影、影院见6.5）

8. 建筑、施工、采矿、公共服务

8.1 空调设备、供暖设备、铅管材料、冷藏设备、卫生设备、换气设备

8.2 建筑：建筑材料、水泥、施工、施工设备、电气工程、照明、油漆、项目管理、运动设施建造

8.3 采矿：采矿设备、掘进设备

8.4 公共服务：地方政府、街道设备、城市规划、交通工程

9. 工业化工

9.1 工业化工：黏合物、腐蚀物、实验室设备、石化产品、塑料、橡胶、实验仪器、表面处理

9.2 玻璃艺术、陶瓷

10. 维修、保养、保护、保卫

10.1 清洁：保养、干洗、染色、清洗、环境保护、维修、服务管理

10.2 防火、健康与安全、工业保护、职业健康、政策、保卫

11. 药品、保健、制药

11.1 保健：残疾人用品、牙科设备、医院设备、医疗设备、药品、护理、齿科学、眼科学、光学设备、健美

11.2 矿泉疗法，顺势疗法

11.3 制药（药品化妆品店用品见1.10）

12. 家庭生活方式

12.1 美容品：化妆品、美发用品、香水

12.2 装饰：地毯、地面覆盖物、家具、庭院用品、家庭用品、室内设计、油漆、照明用品、

墙纸(工业地面铺设及油漆、照明见8.2)

12.3 母亲与孩子：保育、结婚用品

12.4 家庭用品：小五金、家用器皿、家庭用具

12.5 礼品：瓷器、玻璃器皿、首饰、纪念品、桌上用品、钟表

13. 工业制造

13.1 工程技术：铸造、机床、机械工程、金属加工、焊接、电线、电缆、木工加工

13.2 材料处理：控制和调节设备、液能、流体和液体处理、材料测试、衡量与测试、管道、粉末及固体、运输及批发、储存、仓库

13.3 分包(转承包)：产品精加工、加工工程

13.4 技术转让：工业及工程设计、再生、技术应用、发明

14. 能源、电力、水

14.1 电力和能源供应：电力工程、天然气工程、核电工程、发电站设备

14.2 水供应：引水、水处理

以下类别不列入上述行业分类，因为它们可以覆盖很多的行业，所以自成系统。

15. 综合贸易博览会

16. 国际博览会

使用分类系统时，可以使用以下限定标准：

－地区/国家/国际

－公众展览

－独家展览

参 考 文 献

[1] ARCHER B. Economic Impact: Misleading Multiplier [J]. *Annals of Tourism Research*, 1984, 11: 517 – 518.

[2] ARCHER B. The Value of Multipliers and their Policy Implications[J]. *Tourism Management*, 1982, 3(4): 236 – 241.

[3] ARROW K J. Vertical Integration and Communication [J]. *Bell Journal of Economics*, 1975, 6 (1): 173 – 183.

[4] BAIN J S. *Barriers to New Competition*[M]. Cambridge: Harvard University Press, 1956.

[5] BAIN J S. *Industrial Organization*[M]. New York: Harvard University Press, 1959.

[6] BRIASSOULIS H. Methodological Issues: Tourism Input – Output Analysis[J]. *Annals of Tourism Research*, 1991 18: 485 – 495.

[7] BURGAN B, MULES T. Economic Impacts of Major Sporting Events[J]. *Annals of Tourism Research*, 1992, 19: 700 – 710.

[8] CARLTON D W. Vertical Integration in Competitive Markets under Uncertainty[J]. *Journal of Industrial Economics*, 1979, 27(3): 189 – 209.

[9] CAVES, RICHARD E, P J WILLIAMSON. What is Product Differentiation, Really? [J] *Journal of Industrial Economics*, 1985, 34(2): 113 – 132.

[10] CHAMBERLIN E H. *The Theory of Monopolistic Competition* [M], Cambridge: Harvard University Press, 1933.

[11] CHAMBERLIN E. Monopolistic Competition Revisited[J]. *Economica*, 1951, 18:342 – 362.

[12] CHANDLER A D J. *Strategy Structure: Charters in the History of American Industrial Experience*[M]. MIT Press, Cambridge, Mass, 1964.

[13] COASE R H. The Nature of the Firm[J]. *Ecomomica*. 1937, 4(16): 386 – 405.

[14] CROMPTON J L, LEE S, SHUSTER T J. A Guide for Undertaking Economic Impact Studies: The Springfest Example[J]. *Journal of Travel Research*, 2001, 40: 79 – 87.

[15] CROMPTON J L. *Measuring the Economic Impact of Visitors to Sports Tournaments and Special Events*[R]. Ashburn, National Recreation and Park Association, 1999.

[16] DAUGHETY A F. Beneficial Concentration[J]. *American Economic Review*, 1990, 80: 1231 – 1237.

[17] DWYER L, FORSYTH P. Impacts and Benefits of MICE Tourism: A Framework for Analysis[J]. *Tourism Economics*, 1997, 3(1): 21 – 28.

[18] DWYER L, et al. Forecasting the Economic Impacts of Events and Conventions[J]. *Event Management*, 2000, 6(3): 191 – 204.

[19] FARRELL J, SHAPIRO C. Horizontal Mergers: An Equilibrium Analysis[J]. *American Economic Review*,

1990, 80(3): 107 – 126.

[20] GETZ D. *Events Management and Event Tourism* [M]. New York: Cognizant Communication. Corporation, 1997.

[21] GROSSMAN S, HART O. The Costs and Benefits of Ownership: A Theory of Vertical and Lateral Integration [J]. *Journal of Political Economy*, 1986, 94: 691 – 719.

[22] HOTELLING H. Stability in Competition[J]. *The Economic Journal*, 1929, 37(1): 41 – 57.

[23] KIHLSTROMT R E, RIORDAN M H. Advertising as a Signal[J]. *Journal of Political Economy*, 1984, 92: 427 – 450.

[24] KLEIN B, LEFFLER K B. The Role of Market Forces in Assuring Contractual Performance[J]. *Journal of Political Economy*, 1981, 89: 615 – 641.

[25] MANKIW N GREGORY. *Principles of Economics. 3rd Ed*[M]. Thomson-Southwestern, USA, 2004.

[26] MILGROM P, ROBERTS J. Price and Advertising Signals of Product Quality[J]. *Journal of Political Economy*, 1986, 94: 796 – 821.

[27] NELSON PHILLIP. Advertising as Information[J]. *Journal of Political Economy*. 1974, 81: 729 – 754.

[28] O'BRIEN, DANNY. Event Business Leveraging: The Sydney 2000 Olympic Games[J]. *Annals of Tourism Research*, 2006, 33(1): 240 – 261.

[29] OLDS K. A Special Event as Part of an Urban Renewal Strategy [J]. *Festival Management and Event Tourism*, 1998, 11: 2 – 46.

[30] PERRY M K, PORTER R H. Oligopoly and the Incentive for Horizontal Merger[J]. *American Economic Review*, 1985, 75: 219 – 227.

[31] RITCHIE J. Assessing the Impact of Hallmark Events[J]. *Journal of Travel Research*, 1984, 23(2):25 – 34.

[32] SALANT, et al. Losses From Horizontal Merger: the Effects of an Exogenous Change in Industrial Structure on Cournot-Nash Equilibrium[J]. *Quarterly Journal of Economics*, 1983, 98(2): 185 – 213.

[33] SHAPIRO C. Premiums for High Quality Products as Rents to Reputation[J]. *Quarterly Journal of Economics*, 1983, 98: 659 – 680.

[34] STIGLER, GEORGE J. The Economics of Information[J]. *Journal of Political Economy*. 1961, 69(3): 213 – 225.

[35] WILLIAMSON O E. The Vertical Integration of Production: Market Failure Considerations[J]. *American Economic Review*, 1971, 61: 112 – 123.

[36] WOLINSKY, Asher. Retail Trade Concentration Due to Consumers' Imperfect Information[J]. *Bell Journal of Economics*, 1983, 14(1): 275 – 282.

[37] 泰勒尔. 产业组织理论[M]. 张维迎, 译. 北京: 中国人民大学出版社, 1997.

[38] 马歇尔. 经济学原理[M]. 廉运杰, 译. 北京: 华夏出版社, 2005.

[39] 戴光全, 保继刚. 西方事件及事件旅游研究的概念、内容、方法与启发(上)[J]. 旅游学刊, 2003, 18(5): 26 – 34.

[40] 戴光全, 保继刚. 西方事件及事件旅游研究的概念、内容、方法与启发(下)[J]. 旅游学刊, 2003, 18(6): 111 – 119.

[41] 黄泰岩, 牛飞亮. 西方企业网络理论述评[J]. 经济学动态, 1999 (4): 63 – 64.

[42] 陈郁. 企业制度与市场组织[M]. 上海：上海三联出版社，1996.

[43] 刘大可，王起静. 会展经济学[M]. 北京：中国商务出版社，2004.

[44] 刘志彪. 现代产业经济学[M]. 北京：高等教育出版社，2003.

[45] 马广奇. 产业经济学在西方的发展及其在我国的构建[J]. 外国经济与管理，2000，25（10）：8－15.

[46] 石磊，寇宗来. 产业经济学：卷一[M]. 上海：上海三联书店，2003.

[47] 奥列佛·E·威廉姆森. 反托拉斯经济学：兼并，协约和策略行为[M]. 张群群，黄涛，译. 北京：经济科学出版社，1999.

[48] 吴昌南. 中国旅行社产品差异化研究[M]. 上海：上海财经大学出版社，2006.

[49] 夏同水，徐伟宣. 兼并效应与产品覆盖策略[J]. 管理学学报，2002，5(3)：50－55.

[50] 杨公朴. 产业经济学[M]. 上海：复旦大学出版社，2005.

[51] 杨瑞龙，朱春燕. 网络经济学的发展与展望[J]. 经济学动态，2004，(9)：19－23.

[52] 张维迎. 博弈论与信息经济学[M]. 上海：上海人民出版社，1996.